湖北省资源发展报告（2010）

低碳经济与
湖北可持续发展
研究

湖北省资源发展报告（2010）

低碳经济与湖北可持续发展研究

主　编　郝　翔

副主编　成金华　汤尚颖

编　委　易杏花　徐　翔　朱冬元
　　　　陈　艳　李彦军　刘云忠
　　　　李泽红　李晓琳

湖北長江出版集团

湖北人民出版社

鄂新登字 01 号
图书在版编目(CIP)数据

低碳经济与湖北可持续发展研究/郝翔主编.
武汉:湖北人民出版社,2011.8

ISBN 978 - 7 - 216 - 06889 - 5

Ⅰ. 低…
Ⅱ. 郝…
Ⅲ. 地区经济—经济可持续发展—研究—湖北省
Ⅳ. F127.63

中国版本图书馆 CIP 数据核字(2011)第 157550 号

低碳经济与湖北可持续发展研究　　郝　翔 主编

出版发行:湖北长江出版集团
湖 北 人 民 出 版 社
地址:武汉市雄楚大道 268 号
邮编:430070

印刷:武汉市福成启铭彩色印刷包装有限公司
印张:12
开本:787 毫米 × 1092 毫米 1/16
插页:1
版次:2011 年 8 月第 1 版
印次:2011 年 8 月第 1 次印刷
字数:219 千字
定价:38.00 元
书号:ISBN 978 - 7 - 216 - 06889 - 5

本社网址:http://www.hbpp.com.cn

前　　言

大力发展低碳经济已成为世界各国的共识。我国作为发展中的大国，在工业化不断加快的新形势下，如何通过发展低碳经济，减少土地、淡水、能源、矿产资源和环境状况对经济发展构成的制约，控制碳排放，促进经济、社会与人口、资源、环境的协调发展，构建新的人与自然和谐的发展环境，是当前我国发展过程中面临的巨大挑战和现实课题。

所谓低碳经济，是指在可持续发展理念指导下，通过技术创新、制度创新、产业转型、新能源开发等多种手段，尽可能地减少煤炭、石油等高碳化石能源消耗，减少温室气体排放，达到经济社会发展与生态环境保护双赢的一种经济发展形态。发展低碳经济，一方面是要积极承担环境保护责任，通过节能降耗，减少碳排放数量，为遏制全球气候变化创造条件；另一方面是要调整经济结构，提高能源利用效益，发展新兴工业，建设生态文明。这是摒弃以往先污染后治理、先低端后高端、先粗放后集约的发展模式的现实途径，是实现经济发展与资源环境保护双赢的必然选择。

低碳经济是以低能耗、低污染、低排放为基础的经济发展模式，是人类社会继农业文明、工业文明之后的又一次重大进步。低碳经济实质是能源高效利用、清洁能源开发、追求绿色 GDP 的问题，核心是能源技术和减排技术创新、产业结构和制度创新以及人类生存发展观念的根本转变。

湖北作为我国经济社会发展最为活跃的地区，具有教育、科技、产业、交通和区位等综合优势，在实现区域经济协调发展方面具有引导、示范和带动作用。湖北虽然在可持续发展领域取得了很大进步，但仍然存在着巨大的资源环境压力。随着低碳经济的日益发展，为湖北的可持续发展迎来了前所未有的机遇。当前，中国正处在经济发展的全面转型过程中，湖北作为一个传统产业占主导的地区，如何在全球化背景下利用好后发优势，积极开展节能减排工作，正确处理好资源开发利用和环境保护的关系，通过调整和优化产业结构，着力转变经济发展方式，形成发展低碳经济的经济社会环境，实现人与自然、人与社会的和谐，促进经济社会的可持续发展，仍然是湖北当前面临的现实难题。

本研究从低碳经济的内在要求出发，在具体分析湖北碳排放现状和发展低碳经济面临的形势的基础上，通过对湖北产业发展和生活方式现状的分析，提出了湖北发展低碳经济的路径及政策选择，对加快低碳经济发展进程，实现湖北经济社会的可持续发展就具有重大的理论和现实意义。

本研究立足湖北经济社会发展的现实，运用可持续发展理论，从低碳经济的内在要求出发，在系统梳理低碳经济现有研究成果的基础上，就湖北碳排放现状、发展低碳经济面临的主要形势、低碳产业发展现状、生活方式与低碳经济的要求、湖北发展低碳经济的基本思路等方面的问题进行了系统的分析和探讨，并提出了相关的政策建议。其主要内容和观点如下：

第一部分低碳经济研究综述。本部分着重介绍了以下问题：一是低碳经济的涵义、发展背景、发展过程，并从改善大气环境、提升能源安全、扩大就业、促进可持续发展、改善能源结构等方面阐述了发展低碳经济的意义。二是对低碳经济的研究进展进行了综述。重点介绍以下几方面的问题：首先是国内外学者对低碳经济的内涵及相关概念的研究情况，其次介绍国内外学者对经济发展、能源消费以及碳排放的关系研究情况，第三是介绍了国内外学者对碳排放交易机制研究情况和碳减排的机制及方法研究情况，最后总结了国内外学者对低碳经济的发展路径研究情况。三是对低碳经济研究情况进行评述。重点总结了我国学者在理论上和实践上对低碳经济研究上的贡献和研究不足，提出了今后的研究展望。

第二部分为湖北碳排放现状。降低二氧化碳等温室气体排放、减缓大气变暖进程是当今时代全球面临的共同课题。中国作为世界上最大的发展中国家和第二大能源生产国和消费国，以及仅次于美国的第二大碳排放国家，我国的碳排放问题已经成为国内外学术界和各国政府共同关注的焦点。中国政府已认识到能源消耗与碳排放和经济增长之间的关系，并在“十一五”规划中明确提出要将能源强度降低 20%，但 2006 年除北京外，其余省份都未能完成单位 GDP 能耗降低率的目标任务。湖北作为我国中部经济社会发展最为活跃的地区，了解湖北省碳排放的现状及发展趋势，对于寻找减排的技术路线和区域对策，进而实现整体的控制目标具有重要意义。

本部分内容利用统计年鉴相关数据，首先测算湖北省 1999—2008 年的碳排放水平，将湖北省碳排放平均水平与全国平均水平、中部六省的平均水平进行对比分析。通过综合比较，发现湖北省 1999—2008 年人均碳排放量低于同期全国水平，但始终位于中部五省前列。湖北省碳排放量由逐年稳定下降转为快速上升而后开始下降，其拐点分别为 2001 年、2005 年以及 2006 年。1999—2001 年湖北省碳排放稳定下降，主要原因是产业结构的优化及能源效率的提升；2001—2005 年湖北省碳排放快速上升，主要原因是能源效率的下降及能源消费结构中煤炭消费的大量增加；2006—2008 年湖北省碳排放又开始下降，主要原因是基于政策目标的改变以及能源效率的下降。1999—2008 年,湖北省碳排放量的影响因素主要集中在产业结构、能源消费结构、能源效率及经济发展规模上,即结构效应、技术效应和规模效应。

第三部分分析了湖北省发展低碳经济所面临的形势。作为中国近代工业的发祥地和重要的老工业基地,湖北已建立起具有一定特色的产业体系,形成了以汽车、钢铁、光电子信息为优势产业的格局。这些优势产业体系的建立,为湖北省发展低碳经济提供了雄厚的基础和后盾。在低碳经济上升为国家战略与武汉都市圈"两型社会"综合改革试验区建设背景下,湖北发展低碳经济具有良好的机遇。但是由于传统产业比重高、技术创新缓慢、相关制度不完善、低碳生活方式还没有养成,湖北发展低碳经济也面临着严峻挑战。

第四部分主要就低碳产业与湖北经济问题进行了探讨。湖北地处中部五省半包围之中,"得中独厚",区位优势明显;作为国家"两型社会"建设试验区,武汉城市圈拥有中央赋予的在资源节约、环境友好方面先行先试的权力,具有建立低碳经济示范区的良好基础和先决条件;湖北建设生态文明的条件和基础比较好,经济发展与人口、资源环境的关系还比较协调——所有这些都为湖北大力发展低碳经济提供了良好的支持和保障。但同时也必须清醒地认识到,湖北能源资源相对贫乏,缺煤、少油、乏气,能源资源消费对外依赖性强,环境容量有限,进一步发展面临较大的能源资源和环境压力;发展低碳经济的相关法律、法规、制度还需建立和完善;经济社会发展中产业结构性矛盾仍比较突出等。这些问题如不能及时解决,就会成为低碳产业发展的主要障碍。因此,发展低碳经济,就必须坚持节约发展、清洁发展、安全发展,调整与优化产业结构,大力发展低碳经济,加快发展新兴产业、总部经济、东湖高新技术开发区(中国光谷)、现代服务业和绿色物流业等低碳产业,把先进制造业、服务业的发展摆在更加突出的位置,逐步实现经济增长主要依靠第二产业带动向第一、第二、第三产业协同带动转变,促进全省产业结构转型升级,转变发展方式,节约能源资源,保护生态环境,逐步把湖北建设成为我国中部重要的优质农产品生产加工区、现代制造业聚集区、高新技术发展区、现代物流中心区,努力使湖北经济社会发展走在中西部前列,成为全国重要的经济增长极之一,实现湖北省经济"弯道超越"、"提档进位"。

第五部分主要探讨了湖北省居民低碳生活方式的状况及湖北居民生活方式的调整方向。本部分首先提出了对低碳生活方式的几点认识:认为低碳生活方式是经济社会发展的必然选择;低碳经济必须依托于低碳生活;低碳发展必须与经济社会发展的阶段性相联系。然后笔者从能源消费结构不合理、居民的消费状况不乐观、基础设施不能支撑低碳生活等三方面阐述了湖北居民培育低碳生活方式的困境。在此基础上,笔者从三方面分析了影响湖北居民生活方式转变的主要因素，即认识误区、技术制约、制度缺失。最后讨论了湖北居民生活方式调整方向：构建低碳消费生活方式，形成可持续消费需求；完善低碳生活设施建设，培育城市低碳生活方式；逐步实现湖北农村的低碳生活方式；企业应积极提供低碳化产品和服务。

第六部分主要探讨了湖北省发展低碳经济的路径选择的相关问题。面对湖北省的三大产业结构状况，处在国家“两型社会”建设的发展时期，特别是“一圈两带”的建设过程中，随着城市化、工业化推进，基础建设和产业升级转换的过程中，需要选择适合湖北经济发展的低碳经济发展路径，如何选择并准确定位低碳经济发展路径是非常关键的。本部分着重分析了湖北省发展低碳经济的选择路径原则，确定湖北省选择低碳经济发展路径的思想，厘清湖北省发展低碳经济的工作重点与发展目标等，对湖北省发展低碳经济的应该采取的步骤和实现未来的目标等方面进行论述，从而为湖北省发展低碳经济的制定相关政策提供决策建议。

第七部分主要就湖北发展低碳经济问题提出了相应的对策建议。本部分认为，湖北作为一个传统产业比较集中的地区，大力发展低碳经济对我国实施可持续发展战略具有积极的意义。大力发展低碳经济就必须以科技创新和机制体制创新为动力，以产业结构调整、能源结构调整、节约能源和增加碳汇为抓手，以低碳基础设施建设（硬件）和低碳文化建设（软件）为保障，全方位、多途径推进湖北省低碳经济发展。

低碳经济作为应对全球气候变化的重要理论，一经提出就得到了世界各国政府和学术界的高度重视和积极响应，但由于它的提出较晚，研究成果大多主要集中在对其本身和国家层面，将其与地区经济社会发展结合的研究还不多见。本研究在深入剖析低碳经济内涵的基础上，将其引入到地区经济发展中，并着力研究了区域在低碳经济发展中的责任和义务问题，对推动国家低碳经济的发展将产生积极的支撑作用。通过研究，我们认为以下几个方面的问题必须引起我们的高度重视：

1. 低碳经济与环境管理。低碳经济作为一种新的发展方式，对构建新的人与自然和谐发展的关系，解决全球气候变化问题将产生积极的作用，但从当前的现实来看，碳排放只是影响环境变化的一个重要因素，因此，仅仅强调减少碳排放，对保护环境仍然是不够的，也是不全面的：第一，近年来，对环境产生不利影响的因素不仅仅是碳，同时 SO_2、NO_2、化学需氧量、重金属、躁声、光等等对环境产生的破坏影响也是不能低估的，因此，在强调减少碳排放的同时，如何通过全面控制和减少废气、废水和废弃物排放的总量；第二，碳、SO_2、NO_2、化学需氧量、重金属、躁声、光等都对环境产生了不利影响，全面解决环境问题才是解决问题的关键，因此，必须将影响环境的因素都纳入到环境管理中，并建立全面、系统的管理机制，为解决环境问题提供制度保障。为此，本研究认为，有必要从系统解决碳、SO_2、NO_2、化学需氧量、重金属、躁声、光等对环境产生不利影响的因素出发，借鉴废气、废水等利用排污权交易机制治理环境的经验和做法，在提高技术水平、改进生产工艺的基础上，着力建立以废气、废水和废弃物为主要内容，全面、系统的环境交易和管理机制，为环境状况的改善和环境保护提供制度保障。

2. 低碳生活与低碳经济的关系问题。低碳生活作为低碳经济的重要支撑，虽然主要表现为低碳消费，但由于传统经济与低碳经济的矛盾使低碳经济的发展存在着社会发展的阶段性和技术进步的压力，因此，对低碳生活的理解必须与经济社会发展的阶段性相联系，从建立和提倡符合低碳经济要求的生活方式入手，在着力提高技术水平，使人们在享受现代生活的过程中实现低碳经济，不能因为为了发展低碳经济而抑制人们对美好生活的追求，同时，要处理好经济转型期经济发展与经济社会发展阶段的关系，实现区域、社会发展阶段与社会经济整体的协调与统一问题。

本项研究为湖北省高等学校人文与社会科学重点研究基地——中国地质大学（武汉）资源环境经济研究中心2010年度开放基金重点资助项目。全书由成金华统稿。初稿写作分工如下：第一部分朱冬元，第二部分陈艳，第三部分李彦军，第四部分易杏花，第五部分徐翔，第六部分刘云忠，第七部分李泽红、汤尚颖，资料整理：李晓琳。

《湖北省资源发展报告（2010）》课题组

2011年3月10日

目　　录

1 低碳经济研究综述

低碳经济作为应对全球气候变化的重要理论,一经提出就得到了世界各国政府和学术界的高度重视和积极响应,为此,本部分将对低碳经济内涵、发展背景、发展历程回顾的基础上就其研究进展进行系统的总结。

1.1 低碳经济

低碳经济作为一种全新的发展模式,其产生、发展都有其时代背景。

1.1.1 低碳经济的涵义

低碳经济是一种以能源的清洁开发与高效利用为基础,以低能耗、低污染、低排放为基本经济特征,顺应可持续发展理念和控制温室气体排放要求的社会经济发展模式。

低碳经济是新的经济发展形态。低碳经济本质上就是可持续发展经济。低碳经济的核心是能源技术和减排技术创新、产业结构和制度创新以及人类生存发展观念的根本性转变,涉及低碳产业、低碳能源、低碳技术和低碳消费,它是继农业革命、工业革命、信息革命之后,世界经济形态新出现的革命浪潮,即低碳革命。低碳经济已成为由工业文明向生态文明过渡的主要特征,成为未来社会经济发展和人民生活质量改善的主流模式。

发展低碳经济成为新的经济增长点。发展低碳经济实质上就是对当代社会经济发展进行一场深刻的能源经济、能源技术和消费行为的低碳革命,是构建一种二氧化碳排放量最低限度的现代社会经济发展模式与消费方式。低碳革命的基本目标是努力推进两个根本转变:一是将社会经济发展由高度依赖能源消费向低能耗、可持续发展方式的根本转变;二是将能源消费结构由高度依赖化石燃料向低碳型、可再生能源的根本转变。实现两个根本转变的中心环节是加快构建新型经济体系和产业结构,着力推进低碳能源与低碳技术发展,使整个经济社会活动低碳与无碳化。

当前,国际上有关低碳经济研究的主要内容有:

(1)能源消费与碳排放:包括与碳减排有关的能源消费结构的转换和低碳排放能源系统的建立。

(2)经济发展与碳排放:主要探讨不同经济发展模式、阶段、速度与碳排放的关系。

(3)农业生产与碳排放:包括土地利用变化、农业土地整治、农业生产水平与结构的变化等。

(4)碳减排的经济风险分析与减排对策研究。

此外,在研究方法上除了简单的相关分析、区域对比分析之外,一些基于大量数据的综合模型分析也越来越受到重视,如碳循环能源模型、动态综合评估模型、能源消费—碳减排经济关联模型等。然而,对于产生碳排放基础的内部各要素间能量转换过程及其相互作用和影响尚未获得令人满意的进展。

1.1.2 发展低碳经济的背景

低碳经济概念的形成和提出背景,大致有以下三个方面。

其一,应对气候变化,是低碳经济提出的最直接和最根本原因。由于人为排放的二氧化碳等温室气体,引起了全球气候变暖,反过来又影响到人类自身的生存和发展。降低碳排放强度就成为保护我们共同的地球的客观需要。

其二,发达国家迈过了以使用高碳能源为主要动力的发展阶段。换句话说,保持发达国家现有福利水平,可以不依赖高碳能源、特别是煤炭的生产和消费了。

实证研究表明,我国重化工产业的能源强度是服务业的三倍多。从工业化进程看,英国、美国等国家在20世纪就完全了工业化和城市化的历史任务,或者说走过了大量消耗煤炭、石油等化石能源的发展阶段。这些国家在后工业化阶段,生产的目的主要是满足人们的生活需求,除小汽车需要消费油品外,吃饭、住房等可以不依赖高碳能源的生产和消费。一般地说,发达国家工业化时的经济是以高能耗、高碳排放为主要特征的“高碳经济”;世界上还没有哪一个国家是依赖低碳能源实现工业化的。对于包括中国在内的发展中国家而言,摆脱贫困,提高人民生活水平仍是一项历史任务,是第一要务。因此,发展低碳经济对发展中国家而言是一个巨大的挑战。

其三,煤炭、石油等能源资源耗竭是发展低碳经济的内在要求。

从世界能源储量看,化石能源还可以开采利用较长时间。如在现有技术经济水平和开采强度下,煤炭可以用200多年,石油可以用40多年;海水中的氢能则是取之不尽用之不竭的未来资源。尽管如此,我们也应看到,人类使用化石能源的经济成本越来越高,技术要求越来越强。因此,发达国家把应对气候变化的重点放在节能、开发利用可再生能源、电动汽车等领域的技术开发上,正是出于对能源资源可持续利用的考虑。研究开发第三代核电技术、节能技术、太阳能风能等可再生能源的开发利用技术、氢能技术、电动汽车等,成为发达国家加大投入的领域。

在此背景下,“碳足迹”、“低碳经济”、“低碳技术”、“低碳发展”、“低碳生活方式”、“低碳社会”、“低碳城市”、“低碳世界”等一系列新概念、新政策应运而生,而能源与经济以至价值观实行大变革的结果,可能将为逐步迈向生态文明走出一条新路,即:摒弃20世纪的传统增长模式,直接应用新世纪的创新技术与创新机制,通过低碳经济模式与低碳生活方式,实现社会可持续发展。

1.1.3 低碳经济的发展历程

低碳经济的起源大致可以分为五个阶段:

1. 气候变化引发国际社会关注

在1979年第一次世界气候大会上,气候变化首次作为一个引起国际社会关注的问题提上议事日程。联合国于1988年建立了政府间气候变化专门委员会(Inter—governmental Panel on Climate Change, IPCC),以监测和报告全球气候变化。

1987年联合国环境与发展委员会主席布兰特兰的报告——《我们共同的未来——从一个地球到一个世界》拉开人类重新评价西方工业化及其后果,改弦更张走可持续发展道路的序幕。

2. 初步建立全球应对气候变化的体系规则

1992年6月,在联合国环境与发展大会上,150多个国家制定了《联合国气候变化框架公约》,其宗旨是将大气中的温室气体浓度稳定在不对气候系统造成危害的水平。

3. 初步建立全球应对气候变化的行动规则

1997年12月,在《联合国气候变化框架公约》第三次大会上,参加国通过了《京都议定书》作为《联合国气候变化框架公约》的补充条款。《京都议定书》提出了采用市场机制来解决环境问题的思路,并规定了《公约》附件——国家(发达国家和经济转型国家)的量化减排指标;即在2008—2012年间其温室气体排放量在

1990 年的水平上平均削减 5.2%。

4. 低碳经济的正式提出

"低碳经济"这一概念是由英国首相布莱尔于 2003 年 2 月 24 日发表的题为《我们未来的能源——创建低碳经济》的白皮书中提出的,并且英国政府为低碳经济发展设立了一个明确的目标,那就是英国将到 2050 年将其温室气体排放量在 1990 年的水平上削减 60%,从根本上把英国变成一个低碳经济的国家。

5. 低碳经济的发展时期

2006 年 10 月,前世界银行首席经济学家尼古拉斯·斯特恩牵头的《斯特恩报告》(Stern Review)指出,全球以每年 GDPN 1% 的投入,可以避免将来每年 GDP 5% 至 20% 的损失,呼吁全球向低碳经济转型。

2007 年 12 月,在印度尼西亚巴厘岛举行的联合国气候变化大会通过了"巴厘岛路线图",明确了气候变化谈判机制和时间表,确定了 2009 年 12 月在丹麦哥本哈根举行的缔约方第 15 次会议将成为"后京都时代"谈判的最后关口,制订出一项新协定,该"路线图"要求发达国家在 2020 年前将温室气体减排 25% 至 40%。"巴厘岛路线图"为全球进一步迈向低碳经济起到了积极的作用,具有里程碑的意义。在此背景之下,转变经济发展模式,从传统的高碳经济向低能耗、低排放、低污染的模式转型逐渐的被世界各国提上日程。

2009 年 7 月 8 日,八国集团峰会提出,到 2050 年,发达国家温室气体排放总量应在 1990 年或其后某一年的基础上减少 80% 以上,到 2050 年使全球温室气体排放量至少减少 50%。实现这个目标,全球经济就必须转型到低碳经济。这预示着从现在到 2050 年的未来 40 年,低碳经济将是国家竞争力和企业竞争力的重要体现。

1.1.4 发展低碳经济的意义

低碳经济提出的大背景,是全球气候变暖对人类生存和发展的严峻挑战。随着全球人口和经济规模的不断增长,能源使用带来的环境问题不断地为人们所认识,不止是烟雾、光化学烟雾和酸雨等的危害,大气中二氧化碳浓度升高带来的全球气候变化也已被确认为不争的事实。

气候变化既是环境问题,也是发展问题,归根到底是发展问题。发展低碳经济,可以带来以下好处:

(1)改善大气环境。气候组织研究报告指出,低碳经济可以达到改善大气环境的目的,主要理由是:约有70%的所需减排量都可以利用现有及接近商业化的技术在未来20年的时间里实现。单纯提高能源使用效率就可以减少20%至24%的能源需求量,并可每年节约数千亿美元。目前已经有一些低碳能源,(如风能、核能、太阳能等。)在进行大规模的利用,并且还有进一步发展的可能。利用甘蔗制造的生物燃料以及下一代纤维素生物燃料,由于比其他具有较低持续性的生物燃料对食品及土地的影响更小,在交通领域存在巨大潜力。还有一些即将发展的新技术:比如碳捕获和封存技术(CCS)、新型交通燃料、以及对能源使用进行监控的信息技术等,都为大量减排提供了潜力。保护世界自然的碳汇来源,即森林,具有巨大的效益。目前,森林砍伐所造成的二氧化碳当量排放占总量的15%至20%。

(2)提升能源安全。随着全球能源需求量的迅速上升,未来是否可以长期供应、石油和天然气等资源往往储存在世界范围内政治最不稳定的地区等问题,提高能源安全已经被提到了很多国家议程的首位。不解决气候和能源问题将导致未来气候效应和资源匮乏之间冲突的不断升级,同时获取气候和能源安全则会提高能源供应的多样性,扩大本地能源生产的范围,并降低对进口石油和天然气的依赖。大幅降低能源依赖对于发展中国家尤为有利。

(3)扩大就业,促进可持续发展。如果向低碳经济的转型成本可以随着时间的推移而获得,那意味着GDP的增长可能加速而不是放缓。对兴建CCS电厂、新能源、建筑节能、新能源汽车等方面的新的投资将促进产出并创造就业。如果边际成本可以通过融资获得,那么对其他产品和服务的消费抵消将是很小的,因此,总体GDP会提高。

(4)改善能源结构。新能源是与传统能源相对应的一种能源,它包括太阳能、风能、水能、核能、生物质能、海洋能、地热能、氢能等,有时候还常常包括新能源汽车。新能源是对传统能源的有效替代,可以大大缓解目前能源供应紧张局面,改善环境。新能源与传统能源相比,优越性首先体现在资源丰富,大多是无限的,而传统能源都是有限的。例如世界原油平均还够开采41年,天然气还够67年,煤炭还够164年。另外,传统能源大都排放二氧化碳等污染物,而新能源比较环保,是清洁能源。

发展低碳经济是全球性的共识与探索。发展低碳经济作为协调社会经济发展、保障能源安全与应对气候变化的基本途径,正逐渐被越来越多的国家认同。

1.2 低碳经济研究进展

低碳经济的概念首先由英国提出,近年来,国内外有关低碳经济方面的研究主要围绕低碳经济的概念与内涵、经济发展与碳排放的关系、碳排放交易机制、碳减排机制与方法的研究、低碳经济的发展路径及策略等问题展开。

1.2.1 低碳经济的内涵及相关概念阐释

当前，作为具有广泛社会性的前沿经济理念，低碳经济并没有约定俗成的严格定义。英国在《我们未来的能源——创建低碳经济》的白皮书中提出，低碳经济就是通过更少的自然资源消耗和更少的环境污染，获得更多的经济产出。随着实践的发展，国内外学者从不同的角度对低碳经济的概念给予了不同的表述。国外一些学者认为：低碳经济是一种后工业化社会出现的经济形态，核心是低温室气体排放，或低化石能源的经济，认为低碳经济是能够满足能源、环境和气候变化挑战的前提下实现可持续发展的唯一途径。国内普遍采用的低碳经济概念是“以低能耗、低排放、低污染为基础的经济模式，其实质是提高能源利用效率和创新清洁能源结构，核心是技术创新、制度创新和发展观的演变”。

此外，“碳锁定”、“碳足迹”、“碳中和”、“碳源”、“碳汇”、“碳交易”、“碳税”等与低碳经济相关的一系列新概念、新术语也相伴而生，这些概念与术语从不同的层面揭示了低碳经济的内涵与特征。

所谓碳生产力，通俗的讲，就是每排放一定量的碳，所能够生产出的 GDP 或产品的实物量。在全球都在控制二氧化碳排放的境况下，必需要实现碳生产力价值的最大化。低碳经济实质上就是一个提高碳生产力的过程。

碳锁定是由西班牙学者格利高里·乌恩鲁最早提出和使用的，是指自工业革命以来，对化石能源系统高度依赖的技术盛行于世，政治、经济、社会与其结成一个“技术——制度综合体”，并不断为这种技术寻找正当性，并为其广泛商业化应用铺设道路，结果形成了一种共生的系统内在惯性，导致技术锁定和路径依赖，阻碍替代技术（零碳或低碳技术）的发展。发展低碳经济的核心在于解除“碳锁定”。

碳足迹标示一个人或者团体的“碳耗用量”。“碳”，就是石油、煤炭、木材等由碳元素构成的自然资源。2007 年 12 月，联合国开发署发布 2007/2008 年人类发展报告《应对气候变化：分化世界中的人类团结》对于“碳足迹”作了如下评论：一个国家的碳足迹可以通过存量和流量进行衡量。国家碳足迹的深浅同过去和现在的能耗方式密切相关。尽管发展中国家总的碳足迹在加深，但发达国家更应承担排放的历史责任。

碳中和，是指计算出个人或者团体的二氧化碳的排放总量，然后通过植树、投资建设节能环保新设施等方式把这些排放量抵消掉，以此达到环保目的。该词是

1997年由英国伦敦的未来森林公司最早提出,倡导通过节能环保、植树绿化来应对全球气候变化。

碳税是根据化石燃料的碳含量征收的同内货物税,因而仅限于含碳燃料。长期以来,经济学家和国际组织一直主张征收碳税,因为同传统的命令控制型政策相比,碳税可以用较低的成本实现同样的减排目标,还可为探索清洁技术提供源源不断的动力。但在实践中,只有少数欧洲国家按照能源产品中的碳含量征收碳税。

碳交易是《京都议定书》为促进全球温室气体排减,以国际公法作为依据的温室气体排减量交易。在六种被要求减排的温室气体中,二氧化碳为最大宗,所以这种交易以每吨二氧化碳当量为计算单位,所以通称为"碳交易"。其交易市场称为碳市场。碳交易可以分成两大类:配额型交易,指总量管制下所产生的排减单位的交易;项目型交易,指进行减排项目所产生的减排单位的交易。

碳汇与碳源是两个相对的概念,《联合同气候变化框架公约》将碳汇定义为从大气中清除二氧化碳的过程、活动或机制,将碳源定义为向大气中释放二氧化碳的过程、活动或机制。碳源量和碳汇量是指在这个过程中的碳量。所以,低碳经济也被称为碳汇经济,是指由碳源碳汇相互关系及其变化所形成的对社会经济及生态环境影响的经济,即碳资源的节约与经济、社会、生态效益的提高。

上述概念都部分地把握到了低碳经济的特征,即"低碳排放",事实上,对低碳的理解可以分为三种情形:第一种情形是温室气体排放的增长速度小于困内生产总值的增长速度;第二种情形是零排放;第三种情形是绝对排放量的减少。实现以上三种情形低碳发展的前提条件是经济正增长。对于英国等发达国家来说,追求的目标应该是绝对的低碳经济;对于发展中国家而言,目标应该是相对的低碳发展。学者潘家华指出,低碳经济,重点在低碳,目的在发展,是要寻求全球水平、长时间尺度的可持续发展。

1.2.2 经济发展、能源消费以及碳排放的关系研究

全球气候系统的变暖已经成为不争的事实。追溯其原因,科学界以及各国政府已基本达成一致,认为人类活动导致地球大气层中的温室气体(尤其是二氧化碳)不断增多,气候正在发生变化。正是这种科学界的共识导致了国际上政治层面的重大决策,即制定了《联合国气候变化框架公约》与《京都议定书》。低碳经济正是在应对气候变化背景下产生的新概念,并被视作解决气候问题的根本出路。

在关于气候变化成因以及认识人类活动影响的研究中,政府间气候变化委员

会起了关键作用。从1990年至今,政府间气候变化委员会通过四次评估报告不断加深对人类活动引起近百年气候变化的认识。政府间气候变化委员会第三次评估报告(2001年)指出,过去50年观测到的大部分增暖"可能"归因于人类活动(66%以上可能性);第四次评估报告(2007年)也显示,人类活动"很可能"是气候变暖的主要原因(90%以上可能性),尤其是化石能源燃烧带来的CO_2排放对于全球气候变化将产生重大的影响,诸如冰川融化、海平面卜升、洪水、干旱、生态系统破坏、粮食减产等等,并强调到2050年必须将大气中二氧化碳浓度控制在一定的水平内,才可能避免发生极端气候变化后果。

2006年《斯特恩回顾:气候变化经济学》就对全球变暖可能造成的经济影响进行了全面分析,认为如果在未来几十年内不能及时采取行动,全球变暖带来的经济和社会危机将堪比世界性大战以及20世纪早期曾经出现的经济大萧条。如果当前以1%的GDP投入来应对气候变化,就可以避免未来气候变化可能造成的5%—20%的GDP损失。

在环境经济领域内,衡量环境变量与经济变量最常见的方法是"环境库兹涅茨曲线"。20世纪90年代以后,美国经济学家格鲁斯曼等(1991)等提出了"环境库兹涅茨曲线"概念,认为环境质量同经济增长一样也是呈倒"U"型关系,即在经济发展的初期阶段,随着收入的增加,环境污染南低趋高,到达某个临界点后,随着人均收入的进一步增加,环境污染又由高趋低,环境得到改善和恢复。近十几年来,围绕碳排放与经济增长、能源消费之间关系的研究逐渐成为热点,其中以支持CO_2排放EKC曲线存在的有效证据较多。如Rich—mond(2006)提出对于OCED国家而言,存在一定的证据表明EKC关系的存在,而对于非OCED国家而言则不存在EKC关系。随后,Huang(2008)对21个经济发达围家的温室气体排放与GDP情况进行了分析,发现有7个国家出现了EKc,Lantz和Feng采用模型对加拿大1970—2000年人均GDP、人口、技术和CO_2排放数据进行了回归分析,结果表明人均GDP与CO_2排放不相关,人口与CO_2排放成倒U型关系,而技术与CO_2排放成U型关系,Fang Ying等利用STIRAPT模型对1975—2000年不同经济水平的国家的人口、经济和技术水平对碳排放的影响进行了分析,认为这些因素对不同发展水平国家碳排放的影响是不同的。

改革开放以来,中国在经济发展取得显著绩效的同时也出现了资源消耗、碳排放增加等问题,目前已成为世界最大的碳排放国。围绕碳排放及其影响因素的关系问题,国内学者也进行了大量的实证研究。如徐国泉等通过建立中国人均碳排放的因素分解模型,显示经济发展对拉动中国人均碳排放的贡献率成指数增长,而能源效率和能源结构对抑制中国人均碳排放的贡献率都呈倒U型曲线关系。宋涛等对我国1960—2000年人均CO_2排放量与人均GDP之间的关系进行了实证研究,发现两者之间存在长期的协整关系,呈现倒U型环境库兹涅茨曲线关系。邹秀萍等利用1995—2005年中国30个省市区的面板数据定量分析了各地区碳排放与经济发展水平、产业结构、能源效率之间的关系,显示各地区碳排放与经济发展水平存在倒U型曲线趋势,而与能源消耗强度呈U型曲线关系,与第二产业产值的比重呈N型曲线关系。

1.2.3 碳排放交易机制研究

碳交易本质上是发展低碳经济的动力机制和运行机制。基于科斯理论的排污权交易有助于消除环境公共物品外部性特征,充分发挥市场机制的效率。目前世界上最大的排污权交易项目就是基于《京都议定书》跨国间的碳排放交易,在低碳时代,排污权作为一种稀缺资源,理应得到合理配置。如果在全球范围内实施温室气体排放许可证交易,那么各国的初始排放权分配实际上就是国家温室气体财产权结构的确定,其公平性将直接影响到各国社会经济福利水平的变化。因此,碳排放交易机制的研究集中在对初始排放权分配的公平性和有效性方面。

目前,国外许多学者进行了大量的研究,提出的分配原则主要有三种原则:第一种是按人口分配。该原则体现了人人享有同等环境与发展权利这样一个原理;第二种原则是按历史责任分配,这意味着在过去温室气体排放量大的国家应该承担主要削减责任;第三种是"继承祖父式"原则,即维持现状把排放权分配给现有的排放者。该原则实际上是"谁排放多谁得利益大"这样的一种不公平的分配。围绕这些原则的争论,实际上是发达国家和发展中国家关于减排温室气体经济利益的冲突和调和。一些专家,如Gmbb和sebenius(1992)提出了基于上述原则的"混合"分配原则,即部分按人口分配。Smith,Swisher和Ahuia(1993)认为全球减排温室气体的谈判必须考虑一个国家能够支付的可用资源。支付义务必须同时结合伦理问题和现实问题两方面的情况,前者是对全球气候变化负更多责任的国家,应该有义务出钱进行弥补;而后者是问题的解决,只有在那些有较多资源的国家愿意在全球成本中支付大部分时才更有可能。因此他们认为要将碳权排放所遵循的公平问题分为支付能力和基于累积人均排放的责任指数两部分。

我国学者通过对碳排放权的分配机制问题的研究,提出了按人口指标、GDP指标,或人口和GDP组合指标的三种分配机制。如陈文颖(1998)认为:若综合考虑公平、效率和全球收益这三个方面的因素,采用人均碳排放量和GDP碳排放强度(单位GDP碳排放量)的加权平均、以人均碳排放量为基准兼顾GDP碳排放强度这两种混和分配机制是较理想的选择。陈迎(2002)认为应重视温室气体减排的国内层次的公平问题,重视保障低收入人群的基本权益,还提出了三种不同类型排放权的新概念:(1)基本需求的排放权;(2)部分可贸易的排放权;(3)完全可贸易的排放权。潘家华(2009)提出了基于人际公平的碳排放概念,通过研究主要国家人均碳排放与经济发展之间的关联,比较测算不同国家人均累积碳排放在全球历史和未来排放总量中所占的比重,指出减排责任的分担,必须综合考虑各国的历史责任、现实发展阶段和未来发展需求。发达国家已经实现了工业化,需要率先垂范,深度减排,发展中国家仍然处于工业化进程之中,未来需要更多的排放空间,以满足其发展的需求。

1.2.4 碳减排的机制及方法研究

伴随人们对全球气候变暖影响的关注,国内外一些学者开始针对碳减排的机制进行分析,并形成了相关的理论、模型与分析指标。

低碳经济发展的最终途径是切断经济增长与温室气体排放之间的联系。在国外比较有影响是 GDP 与碳排放量的脱钩理论。所谓的脱钩就是指经济增长与二氧化碳气体排放不断减少的过程,建立脱钩指标的目的在于检验一国气候变化政策的有效性,并寻求影响连接与可能造成脱钩的因素,作为制定适当脱钩政策的依据。在脱钩研究方面,Sturluson(2002)认为脱钩指标虽然有很多缺点,诸如缺乏与环境容量的自动联系,难以兼顾各国国情以及受环境压力的最初水平和使其选择的影响等,但脱钩仍然是非常重要的。联合国经济合作与发展组织(2002)研究了环境压力与经济增长脱钩指标的国家差别,发现环境与经济脱钩的现象普遍存在于联合国经济合作与发展组织国家中,并且环境与经济的进一步脱钩是有可能的,从而得出结论:在联合国经济合作与发展组织国家,环境与经济的冲突,已经得到有效的控制,并在继续向好的方面转化。可以预计,在不久的将来,环境与经济的冲突,可以得到满意的解决。Tapio(2005)基于驱动力、压力、状态、影响、反应等框架设计了脱钩指标体系,主要反映也就是驱动力(经济增长等)与环境压力(温室气体减排)关系。当二氧化碳排放增长率与 GDP 增长率呈现出不平行的现象,即称经济体系发生了脱钩现象,如果 GDP 增长率高于二氧化碳排放增长率,称为相对脱钩;如果经济驱动力呈现稳定增长,而二氧化碳排放量反而减少,称为绝对脱钩。

在我国,在碳减排的研究方法上除了简单的相关分析、区域对比分析之外,一些基于大量数据的综合模型分析也越来越受到重视,如碳循环能源模型、动态综合评估模型、能源消费——碳减排经济关联模型等。陈文颖、高鹏飞、何建坤(2004)用 MARKAL—MACRO 模型研究碳减排对中国能源系统的影响。温宗国(2008)构建基于能量的 CNECCO 模型,采用了系统动力学方法模拟各经济部门的能量代谢，指出2005—2025年是我国CO_2排放量增加最快的时间段，并于2040年达到顶峰并趋于平稳，所面临的CO_2减排压力会越来越大，应在不同部门采取CO_2控制措施，实现排放量的削减。姜克隽(2009)等利用IPAC模型对我国未来中长期的能源与温室气体排放情景进行分析，设计了三个排放情景，介绍了情景的主要参数和结果，以及实现减排所需的技术，同时探讨到2050年中国实现低碳情景所需要的发展路径。

1.2.5 低碳经济的发展路径研究

近年来，世界各国都加大了发展低碳经济的力度。从西方发达国家发展低碳经济的实践来看，主要包括构筑产业结构低碳化、能源结构优化、技术创新、管理创新、金融创新、增加碳汇以及倡导低碳生活等诸多领域。在这方面，我国学者积极借鉴西方发达国家关于低碳经济发展的成功经验与政策措施，从不同角度提出了低碳经济的发展路径与策略。

1. 低碳产业研究

阎吴垠(2009)指出低碳经济条件下的新兴产业革命本身即意味着对现有产业制度进行创新，其核心在于改善现有高碳经济条件下产业制度的两个维度，即“高碳产业链条”与“高碳产业结构”。首先是缩短能源、汽车、钢铁、交通、化工、建材等高碳产业所引申出来的产业链条，把这些产业的上、下游产业链“低碳化”或降低其创造的单位GDP的碳强度。其次是调整高碳产业结构，逐步降低高碳产业特别是重化工业经济在整个国民经济中的比重，推进产业和产品向利润曲线两端延伸，即向前端延伸，从生态设计入手形成自主知识产权；向后端延伸，形成品牌与销售网络，提高核心竞争力，最终使国民经济的产业结构逐步趋向低碳经济的标准。

2. 低碳能源研究

冯之浚认为低碳能源是低碳经济的基本保证。低碳经济实质上是对现代经济运行与发展进行一场深刻的能源经济革命。人类所使用的能源是在沿着高碳到低碳、低效到高效、不清洁到清洁的方向、从不可持续到可持续的方向发展。胡兆光(2009)认为，在经济——能源系统中，低碳能源应是一种寻求帕累托改进的过程，即在不影响经济增长的前提下，最大限度地减少对能源需求与温室气体排放，应采用能源使用管理的方法，通过市场机制、政策引导、行政手段及法规等途径，调整能源使用方式，调整能源消费结构，提高能效，达到降低能源需求及节能减排的目的。

3. 低碳政策工具研究

胡振宇(2009)指出,从全球范围看,各国现有的应对气候变化的政策工具有三大类:一是管制手段。主要通过排放限额、用能/排放标准、供电配额等方式对 CO_2 排放或能源利用水平进行直接控制。二是财税手段。包括各种与能源环境相关的税收、补贴和资助等。按照庇古税的原理,旨在减少 CO_2 排放的各项税收较之排放标准、罚款等其他手段,在同样的排放控制量下成本相对要低。三是排放权交易。在排放限额的基础上进行的直接管制与经济激励相结合的减排手段,一般也称为"限额——交易(cap—and—trade)"制度。因此,为了加快低碳经济发展,我国急需创新财税和公共支出政策体系。

4. 低碳金融与货币市场研究

李建建等(2009)认为,碳金融是一种新兴金融,全世界碳交易市场正在构建之中。中国是否发展碳交易已不仅仅是个国际谈判的政治问题,从长期来看更是一个争夺未来新兴碳金融市场话语权的战略问题。管清友指出掌握低碳经济下的货币主导权至关重要。碳货币是指排放额低于碳排放指标分配的"节约量",相当于该国的一笔额外财富。碳货币成为财富后,减排技术落后而消费又很旺盛的国家将因此受到双重打击,其制造业要购买碳货币才能生存,其消费者也要购买碳货币才能继续享受,由此必然造成国家财富的流失。

5. 低碳技术创新研究

任力(2009)认为低碳技术的创新能力,在很大程度上决定了中国是否能顺利实现低碳经济发展。需要研发的低碳技术包括节能和清洁能源、煤的清洁高效利用、油气资源和煤层气的勘探开发、可再生能源、核能、碳捕集和封存、清洁汽车技术、农业和土地利用方式等涉及温室气体排放的新技术。王文军(2009)指出,低碳经济发展的技术经济范式就是实施"立体式"控制的经济发展模式,要求在污染源头进行治理,在生产的全过程进行控制,对产品的能耗与污染进行目标管理,从这个层次上来看,低碳经济是源头控制、过程控制、目标控制的完美结合。

6. 碳汇问题研究

李顺龙(2005)从温室效应、二氧化碳、经济发展以及森林碳汇之间的关系入手,论述了二氧化碳排放空间的资源性和商品性问题,系统研究了森林碳汇及其经济、贸易问题,提出了二氧化碳排放空间资源论,进行了森林固碳形式、森林碳循环研究，提出了森林碳汇经济测算的基本思路和方法，并结合我国林业发展战略规划，对我国森林碳汇潜力进行了预测。赵建军(2009)指出，森林是巨大的碳储存库，林业在应对气候变化中具有不可替代的地位。转变观念，树立大林业观，是生态文化建设的主题，也是中国未来提升竞争力的关键。

7. 低碳消费与低碳生活研究

陈晓春等认为，政府和社会应不断引导低碳经济的消费观念和消费行为。一是引导家庭合理消费，鼓励学习型消费；二是引导个人文明消费，诉求消费正义；三是引导企业低碳生产与消费，支持环保企业；四是政府要合理引导消费，坚持"低碳化"运作。

1.3 低碳经济研究评价

1.3.1 我国学者对低碳经济研究的主要贡献

近年来，国内学者在低碳经济方面的研究取得了一定的成绩，理论上取得了一定的突破。

第一，对低碳经济的界定和原则提出了不同的认识和观点，并进行了深入系统的探讨。

第二，探讨了低碳经济发展的必要性和现实意义，指出了发展低碳经济的区域层面、产业层面、机制层面和技术层面的层次结构。

第三，研究了低碳经济的评价指标体系，从衡量低碳经济发展水平的各种可能指标，包括人均碳排放水平、碳生产力水平、技术标准、清洁能源占一次能源消费比例、碳排放弹性以及进出口贸易等，以上述指标构建原则为基础，构建了低碳经济发展水平的衡量指标体系。

第四，发展低碳经济的路径和策略研究上，低碳经济涉及政府、企业和公众等相关利益群体，是政策、制度安排、生产方式和消费模式的大变革和结构重构，发展低碳经济需要优化产业结构，发展低碳农业，建设低碳城市和基础设施；任力认为发展低碳经济的措施，如实施低碳发展战略，调整产业与能源结构，加强低碳技术创新与制度创新，建立碳交易市场，促使企业承担低碳社会责任等。

第五，低碳技术研究上，提出低碳发展应从产业和能源结构调整、科技创新、消费过程优化及政策法规支持等方面着手，关键在于低碳技术创新，需大力发展碳埋存技术和煤基液态燃料技术创新，尽快形成低碳能源技术的大规模产业化的体系，外争合理碳排放空间，内求积极应对。

第六，在低碳金融及其平台研究上，专家学者们认为与低碳经济直接相关的新型金融——碳金融开始出现和迅速发展，给各国金融业带来了巨大的发展机会，指出低碳经济是碳生产力达到一定水平的经济形态，它的着眼点是未来国际竞争力和低碳技术产品市场。

第七，在低碳经济和消费方式关系研究上。研究表明低碳生活是一种简单、简约、俭朴和可持续的生活方式，低碳经济仅依靠先进技术是不够的，必须依托于“低碳生活”才能实现减排的目的，强调低碳经济需要“公民运动”，即养成低碳经济的生活方式。

第八，在低碳经济的制度建设研究上，专家学者指出低碳经济作为新经济发展模式，发展中国家应在发展战略、政策机制、技术创新等方面积极做好向低碳经济转型的准备，认为推动低碳经济的发展应加快完善中国相关的法律与政策，建立一个有利于低碳经济发展的政策法律体系。

第九，在国外低碳经济现状研究上。学者们还从各国的实际情况出发，总结了许多先进的低碳发展技术，并将其用于指导发展低碳经济的实践。

1.3.2 目前研究存在的不足

我国学者对低碳经济研究虽然做出了很大的贡献，但在以下几个方面还存在不足：

第一，对低碳经济内涵的理解还没有统一的认识，大多是学者结合自己所研究的领域，从不同的角度提出的各种各样的定义。

第二，对低碳经济的研究尚处于起步阶段，缺乏纳入发展经济学的坚实理论基础。

第三，政府的政策、实证研究以及低碳经济的发展水平等缺乏完善的评价体系。

第四，对促进低碳经济的各种措施和政策的实现方式和技术支撑方面的研究尚处于起步阶段。

第五，对不同发展模式（如碳交易）的研究仅停留在其应用方式和形式上，而对其内在机理、适用条件和应用模式等方面的研究还不够充分，大多数研究仅仅停留于对相关制度和做法进行简单介绍，至于对发达国家已经实施的制度和做法的效果则缺乏准确客观的测度和评价。

1.4 低碳经济研究展望

低碳经济属于经济范畴,但本质上讲,低碳经济首先是一个技术创新问题,其次才是一个经济问题,最终应归属于政治问题。

今后的研究方向将集中在以下几个方面:

第一,低碳经济的内涵。需要对低碳经济进行更系统、深入的理论分析,真正理解和把握低碳经济的科学内涵。

第二,低碳与经济增长。虽然低碳与经济脱钩在理论上被证明是可行的,但如何实施还需要进一步研究和论证。

第三,低碳技术及技术转让。低碳经济的发展与碳处理技术的进步息息相关,目前关于碳处理技术的研究尚处于起步阶段,有待进一步发展,同时,发达国家和发展中国家的技术所有权及其转让问题,也需要进一步的研究和论证。

第四,国家政策及措施。国家的相关政策和措施(如碳汇等)具体实施的可能性、执行方法和效果还需做进一步研究。同时,如何建立评价体系,如何选择标准尺度都需要给出具体方案。

第五,低碳经济的运行机理。加强对低碳经济内部运行机理的研究,尤其是对于揭示低碳经济最本质内容的理论研究和系统分析。

2 湖北碳排放现状

在人类的发展历史上,能源消费经历了木炭时代、煤炭时代继而是石油时代。自工业革命以来,在资本和能源密集型产业逐渐兴起与壮大的过程中,附带产生的大量 CO_2 等温室气体,成为近几十年来全球温度不断升高等一系列气候变化的罪魁祸首。根据 2007 年 IPCC 第四次评估报告,温室气体增加的主要来源是化石燃料燃烧,其导致的二氧化碳排放在 2004 年占总碳排放近 95.3%(不包括森林采伐及生物量减少所造成的二氧化碳增加)。国际社会很早就对此给予了高度重视,1992 年《联合国气候变化框架公约》的通过意味着全球合作应对气候变化已被提上议事日程,1997 年的《京都议定书》对主要工业国家的温室气体排放量做出了更为明确的规定,标志着全球性的减排工作已经正式开始。我国作为世界上最大的发展中国家和第二大能源生产国和消费国,以及仅次于美国的第二大碳排放国家,其碳排放问题已经成为国内外学术界和各国政府共同关注的焦点。虽然我国已认识到能源消耗与碳排放和经济增长之间的关系,并在"十一五"规划中明确提出要将能源强度降低 20%,但 2006 年除北京外,其余省份都未能完成单位 GDP 能耗降低率的目标任务。湖北作为我国经济社会发展较为活跃的地区,了解湖北省碳排放的现状及发展趋势,对于寻找减排的技术路线和区域对策,进而实现整体的控制目标具有重要意义。

2.1 湖北碳排放测算

为准确全面测算湖北的碳排放,笔者将湖北省碳排放平均水平与全国平均水平、中部六省的平均水平进行对比分析。在本章的分析中,碳排放的计算分别包括全国 1999—2008 年的碳排放的总体和平均水平、湖北省 1999—2008 年的碳排放的总体和平均水平、武汉市 1999—2008 年的碳排放总体和平均水平、以及中部其他省(包括湖南、安徽、河南、江西)1999—2007 年的碳排放总体和平均水平。以期通过综合比较,分析湖北省 1999—2008 年碳排放的阶段性特点、影响因素以及发展趋势。

2.1.1 基本数据及说明

本文中全国、湖北省和武汉市的碳排放总体水平和平均水平的测算，其原始数据均来自统计年鉴和官方网站。

具体来说，表2—1中的数据是计算全国的碳排放总体及平均水平的原始数据，其中能源消费总量、分类能源消费量及消费比例均来自《中国能源统计年鉴》（2000—2002，2003、2004、2008），人口数据来源于国家统计局；特别说明的是2008年电力（水电、核电、风电）消费约为2.54亿吨标准煤，约占能源消费总量的8.9%。由于其碳排放强度为0，故分类电力消费数据的缺失并不影响碳排放的总体及平均水平的计算结果。

表2—1 中国1999—2008年的能源、人口

年份	消费总量	煤炭		石油		天然气		水电、核电		人口
	10^8t	10^8t	(%)	10^8t	(%)	10^8t	(%)	10^8t	(%)	10^8 人
1999	13.01	8.847	68	3.018	23.2	0.286	2.2	0.859	6.6	12.58
2000	13.03	8.609	66.07	3.216	24.68	0.326	2.5	0.879	6.75	12.67
2001	13.49	8.606	65.28	3.274	24.27	0.364	2.7	1.046	7.75	12.76
2002	14.82	9.72	65.59	3.552	23.97	0.388	2.62	1.159	7.82	12.84
2003	17.09	11.56	67.64	3.886	22.74	0.451	2.64	1.194	6.99	12.92
2004	19.7	13.337	67.7	4.472	22.7	0.512	2.6	1.379	7	13
2005	22.47	15.529	69.11	4.719	21	0.629	2.8	1.594	7.09	13.08
2006	24.63	17.093	69.4	5.025	20.4	0.739	3	1.773	7.2	13.14
2007	26.56	18.459	69.5	5.232	19.7	0.93	3.5	1.938	7.3	13.21
2008	28.5	19.58	68.7	5.33	18.7	1.083	3.8	—	—	13.28

数据来源：能源消费总量、分类能源消费量及消费比例均来自《中国能源统计年鉴》（2000—2002，2003、2004、2008），2008年的能源数据来源于《中国统计年鉴》（2009），人口数据来源于《中国统计年鉴》（2009）。

表2—2中的数据是计算湖北省的碳排放总体及平均水平的原始数据，其中能源数据来源于《中国能源统计年鉴》（2000—2009）分地区能源消费量，人口数据来源于《中国统计年鉴》（2009年）。特别说明的是湖北省2008年部分数据暂缺，所以湖北省碳排放的计算只是从1999—2007年。

表 2—2 湖北省 1999—2008 年能源消费及人口数量

年份	能源消费总量	煤炭		石油		天然气		电力		人口
	10^4t	万吨	10^4t	万吨	10^4t	10^8m^3	10^4t	10^8kW/h	10^4t	万人
1999	5988	5993	4280.8	578.65	826.66	0.92	11.17	487.65	599.32	5942.49
2000	6269	6051	4322.23	669.77	956.83	0.91	11.05	503.02	618.21	5935.99
2001	6052	6096	4354.37	570.06	814.39	0.76	9.23	526.03	646.49	5974.56
2002	6713	6483	4630.81	595.43	850.63	0.91	11.05	567.43	697.37	5987.8
2003	7073	7238	5170.1	637.14	910.22	0.94	11.41	629.2	773.29	6001.7
2004	9120	8054	5752.97	754.01	1077.18	0.94	11.41	699.41	859.57	6016.1
2005	9851	8653	6180.84	822.13	1174.49	6.11	74.19	804.41	988.62	6031
2006	10797	9652	6894.42	851.1	1215.88	6.84	83.06	894.76	1099.66	6050
2007	11861	10535	7525.15	910	1300.03	8.63	104.79	1009.23	1240.34	6070
2008	12603	8500	6071.55	—	—	—	—	1076	1322.4	5711

数据来源:能源数据来源于《中国能源统计年鉴》(2000—2009)分地区能源消费量,人口数据来源于《中国统计年鉴》(2009)。

表 2—3 中的数据是计算武汉市的碳排放总体及平均水平的原始数据,其中能源数据及人口数据来源于《武汉市统计年鉴》(2000—2009 年);特别说明的是依据《武汉统计年鉴》,武汉能源消费总量中,天然气消费没有列入其内;同时通过查阅相关文献资料,武汉市天然气消费量较小,对碳排放量的影响很小,故在武汉市的碳排放量计算中,天然气的碳排放没有考虑在内。

表 2—3 武汉市 1999—2008 年的能源消费、人口

年份	消费总量	煤炭		石油		电力		人口
	10^4t	10^4t	(%)	10^4t	(%)	10^4t	(%)	10^4 人
1999	1683.39	917.01	54.47	390.49	23.20	375.89	22.33	740.2
2000	1760.64	926.39	52.62	430.29	24.44	403.96	22.94	749.19
2001	1671.55	863.67	51.67	365.58	21.87	442.3	25.11	758.23
2002	1688.26	950.27	56.29	412.45	24.43	325.54	19.28	768.1
2003	1915.1	1084.5	56.63	435.27	22.73	395.33	20.64	781.19
2004	2675.66	1435.1	53.64	530.24	19.82	710.32	26.55	785.9

年份	消费总量	煤炭		石油		电力		人口
	10^4t	10^4t	(%)	10^4t	(%)	10^4t	(%)	10^4 人
2005	2549.54	1742.1	68.33	584.18	22.91	223.26	8.76	801.36
2006	2650.79	1891.6	71.36	580.95	21.92	178.24	6.72	818.84
2007	2690.34	1863.9	69.28	611.07	22.71	215.37	8.01	828.21
2008	2584.53	1793.9	69.41	569.31	22.03	221.32	8.56	833.24

数据来源:《武汉市统计年鉴》(2000—2009 年)

表 2—4 到表 2—7 中的数据是计算中部六省 1999—2007 年的碳排放总体及平均水平的原始数据,又因为湖南、安徽、江西三省天然气的消费量,统计年鉴上从 2004 年才有记录,所以中部六省计算碳排放总体及平均水平时都剔除了天然气,以示公平。其中表 2—4 到表 2—7 中有关能源数据来源于《中国能源统计年鉴》2000—2009 年各年,人口数据来源于《中国人口统计年鉴》2000—2006 年,2006、2007 年的人口数据来源于《中国统计年鉴》2007、2008 年。其中山西省原油的消费量缺失,无法计算。

表 2—4 湖南省 1999—2007 年能源消费量及人口

年份	能源消费总量	煤炭		原油		电力		人口
	10^4t	万吨	10^4t	万吨	10^4t	10^8kw/h	10^4t	万人
1999	4087	3618	2584.34	481.58	687.99	376.74	463.01	6532
2000	4071	3335	2382.19	541.05	772.94	406.2	499.22	6562
2001	4622	4100	2928.63	440.43	629.20	439.68	540.37	6596
2002	5382	4287	3062.20	470.92	672.76	476	585.00	6629
2003	6298	4984	3560.07	507.82	725.47	546.95	672.20	6663
2004	7599	6040	4314.37	615.79	879.72	662.61	814.35	6698
2005	9110	8739	6242.27	660.86	944.10	674.42	828.86	6326
2006	9879	9439	6742.28	574.49	820.72	768.78	944.83	6342
2007	10797	10277	7340.86	671.67	959.55	890.58	1094.52	6355

数据来源:有关能源数据来源于《中国能源统计年鉴》2000—2009 年各年,人口数据来源于《中国人口统计年鉴》2000—2006 年,2006、2007 年的人口数据来源于《中国统计年鉴》2007、2008 年。

表 2—5　安徽省 1999—2007 年能源消费量及人口

年份	能源消费总量	煤炭		原油		电力		人口
	10^4t	万吨	10^4t	万吨	10^4t	10^8kw/h	10^4t	万人
1999	4683	5513	3937.94	292.83	418.34	312.96	384.63	6237
2000	4879	5909	4220.80	345.06	492.95	338.92	416.53	6286
2001	5118	6366	4547.23	288.27	411.82	359.62	441.97	6328
2002	5316	6679	4770.81	307.99	439.99	389.94	479.24	6338
2003	5457	7489	5349.39	334.92	478.47	445.44	547.45	6410
2004	6017	7823	5587.97	419.79	599.71	515.94	634.09	6461
2005	6518	8340	5957.26	414.49	592.14	581.65	714.85	6120
2006	7096	8831	6307.98	445.4	636.30	662.4	814.09	6110
2007	7752	9784	6988.71	451.08	644.41	768.7	944.73	6118

数据来源：有关能源数据来源于《中国能源统计年鉴》2000—2009 年各年，人口数据来源于《中国人口统计年鉴》2000—2006 年，2006、2007 年的人口数据来源于《中国统计年鉴》2007、2008 年。

表 2—6　河南省 1999—2007 年能源消费量及人口

年份	能源消费总量	煤炭		原油		电力		人口
	10^4t	万吨	10^4t	万吨	10^4t	10^8kw/h	10^4t	万人
1999	7380	8299	5927.98	560.52	800.76	672.09	826.00	9387
2000	7919	8725	6232.27	610.58	872.27	717.62	881.95	9488
2001	8244	9325	6660.85	598.2	854.59	808.41	993.54	9555
2002	9055	10333	7380.86	601.64	859.50	927.56	1139.97	9613
2003	10595	11420	8157.31	37.12	53.03	1054.64	1296.15	9667
2004	13074	14938	10670.21	704.54	1006.51	1299.63	1597.25	9717
2005	14625	18468	13191.69	668.82	955.48	1387.49	1705.23	9380
2006	16235	21003	15002.44	696.57	995.12	1534.21	1885.54	9392
2007	17841	23171	16551.05	713.83	1019.78	1864.14	2291.03	9360

数据来源：有关能源数据来源于《中国能源统计年鉴》2000—2009 年各年，人口数据来源于《中国人口统计年鉴》2000—2006 年，2006、2007 年的人口数据来源于《中国统计年鉴》2007、2008 年。

表 2—7 江西省 1999—2007 年能源消费量及人口

年份	能源消费总量	煤炭		原油		电力		人口
	10^4t	万吨	10^4t	万吨	10^4t	10^8kw/h	10^4t	万人
1999	2134	2435	1739.32	283.56	405.09	193.91	238.32	4231
2000	2505	2469	1763.61	331.18	473.12	209.39	257.34	4149
2001	2329	2584	1845.75	299.57	427.97	222.29	273.19	4186
2002	2933	2557	1826.47	297.27	424.68	246.56	303.02	4222
2003	3426	3089	2206.47	314.07	448.68	299.53	368.12	4254
2004	3814	3944	2817.20	363.41	519.17	389.2	478.33	4284
2005	4286	4243	3030.77	368.02	525.75	413.98	508.78	4311
2006	4661	4592	3280.07	417.99	597.14	453.28	557.08	4339
2007	5054	5170	3692.93	396.47	566.40	516.09	634.27	4368

数据来源:有关能源数据来源于《中国能源统计年鉴》2000—2009 年各年,人口数据来源于《中国人口统计年鉴》2000—2006 年,2006、2007 年的人口数据来源于《中国统计年鉴》2007、2008 年。

需要注意的是,表中消费总量及各类能源数据均折合成标准煤,其中 1t 原煤 =0.7143t 标煤,1t 原油 =1.4286t 标煤,10^8m^3 天然气 =12.143 万吨标煤,1 万千万时水电 =1.229 吨标煤。

表 2—1 至表 2—7 当中所列原始数据的指标略有差异,其主要原因是不同的统计年鉴,其统计指标本身就有差异,而笔者在计算碳排放的过程中,可以根据计算公式的变换调整统计数据,所以三表中的统计指标略有差异并不影响本章中的计算结果。

2.1.2 计算方法及影响因素

目前国内外对碳排放量的计算一般采用日本 Kaya 碳排放恒等式,此公式是 1989 年由日本教授 Yoichi Kaya 在联合国政府间气候变化专门委员会(IPCC)研讨会上最先提出①。Kaya 恒等式通过一种简单的数学公式将经济、政策和人口等因

① 叶祖达:《碳排放量评估方法在低碳城市规划之应用》[J],《现代城市研究》,2009(11):20—26。

子与人类活动产生的二氧化碳建立起联系，等式的一侧将主要排放驱动力分为乘法因子，而另一侧对应于二氧化碳排放量。根据该恒等式，碳排放量主要是由人口、生活水平、能源使用强度和碳排放强度决定的。

碳排放量的基本公式为：

$$C = \sum_i C_i = \sum_i E_i/E * C_i/E_i * E/Y * Y/P * P \quad (1)$$

上式中 C 为碳排放量；C_i 为 i 种能源的碳排放量；E 为一次能源的消费量；E_i 为 i 种能源的消费量；Y 为国内生产总值(GDP)；P 为人口。为便于计算将公式化简为：

$$C = \sum_i S_i * F_i * E \quad (2)$$

其中，S_i 代表 i 种能源在一次能源消费中的份额，F_i 代表 i 类能源的碳排放强度，E 为一次能源的消费总量。本书中笔者将采用上述碳排放量计算公式来计算我国、湖北省及武汉市的碳排量。

表 2—8 不同能源的碳排放系数(F_i)

项目	煤炭	石油	天然气	水电、核电
$F_i(t(C)\ /t)$	0.7476	0.5825	0.4435	0.0

从公式(1)可以分析影响碳排放量的五个因素，分别为：

1. 能源结构因素 $S_i = E_i/E$，即 i 种能源在一次能源消费中的份额；能源的消费结构将直接影响碳排放量的大小，根据下表的碳排放强度可知：F_i 煤炭 > F_i 石油 > F_i天然气 > F_i 电力，煤炭的碳排放强度最大，且远超过了石油和天然气，电力(主要指水电、风电、核电)的碳排放强度为 0，因此四者在能源消费总量中的比例将是在不同时空范围碳排放量不同的重要因素，由此可知，碳排放的强度在很大程度上取决于能源消费结构，若该地区的能源消费结构中煤炭消费比例高，则碳排放相对较高。

2. 各类能源排放强度 $F_i = C_i/E_i$，即消费单位 i 种能源的碳排放量；此因素对碳排放量没有明显的直接作用，因为每种类型的能源其碳排放强度是固定的，其作用只能是通过各类型能源在能源消费总量中的比例不同而间接对碳排放量起到影响作用，所以该因素对碳排放的影响也是通过能源消费结构起作用。

3. 能源效率因素 $I = E/Y$，即单位 GDP 的能源消耗；能源效率越高即单位 GDP 的能源消耗越大，能源利用率越低，则对碳排放量产生拉动作用。单位 GDP 的能源消耗与产业技术的发展密切相关，但是在这里必须指出的是技术进步虽然能够提高单位能耗的 GDP 产出，但时间固定效应也逐年增加，人均碳排放呈逐年增大的趋势。总起来说，由于能耗总量的过快增长，技术进步的作用难以改变人均碳排放不断增大的趋势。产业不同,如农业、工业、服务业,其能源强度不同;同一行业中,技术水平低则能源强度高,因此,提高能源效率和节约能源,就是降低能源强度,是减排的有效方向之一。因此,减缓全球变暖的努力应从转变能源结构、提高能源效率、控制能源总量多个方面入手①。

4. 经济发展因素 $R = Y/P$,“能源是人类进步和社会发展的物质基础,经济增长需要能源作动力。在一定的技术发展水平上,经济规模越大,能源需求越多,碳排放量也就越高”②,经济规模的不断增长,导致经济活动副产品(碳排放)的不断增加,另外随着经济发展水平的提高,人们生活消费的形式和内容更加多元化,在某些方面也增加了碳排放量。

5. 人口因素,人口越多,碳排放越多,中国作为人口大国,其碳排放量即将超过美国成为全球碳排放最多的国家。

由此可以得出,人均碳排放的基本公式为

$$C/P = \sum_i S_i * F_i * I * R \tag{3}$$

公式(3)表示,人均碳排放量的变化来自于 S_i 的变化(能源结构)、F_i 的变化(能源排放强度)、I 的变化(能源效率)以及 R 的变化(经济发展)。但在本章中为计算的方便,笔者采用公式(4) 来计算人均碳排放。

$$C/P = (\sum_i S_i * F_i * E)/P \tag{4}$$

2.1.3 计算结果

根据公式(2) $C/P = \sum_i S_i * F_i * E$

其中,S_i($S_i = E_i/E$)、E(能源消费总量)可以从上表1中直接得出,而 F_i($F_i = C_i/E_i$)则来自表2—8。这样就可以分别计算全国、湖北省以及武汉市历年和中部六省1999—2007年的碳排放量。先计算全国1999年、2000年的碳排放量 C_{1999}(单位108t)、人均碳排放量 C_{1999}/P(t/人)分别为:

$C_{1999} = \sum_i S_i * F_i * E$

$= (0.7476 * 68\% + 0.5825 * 23.2\% + 0.4435 * 2.2\% + 0.0 * 6.6\%) * 13.01$

$= 8.499$

$C_{1999}/p = 8.499/12.58 = 0.676$

---

① 牛叔文、丁永霞、李怡欣、罗光华、牛云翥:《能源消耗、经济增长和碳排放之间的关联分析——基于亚太八国面板数据的实证研究》[J],《中国软科学》,2010(5)。

② 国家发展和改革委员会能源研究所“中国可持续发展能源暨碳排放情景分析”课题组:《中国可持续发展能源暨碳排放情景分析(2003)》。

$C_{2000} = (0.7476 * 66.07\% + 0.5825 * 24.68\% + 0.4435 * 2.5\% + 0 * 6.75) * 13.03 = 8.454$

$C_{2000}P = 8.454/12.67 = 0.667$

依此类推，可以计算出全国2001年到2008年的碳排放量（$10^8 t$）和人均碳排放量（t/人），分别为：

$C_{2001} = 8.652, C_{2001}/P = 0.678$;

$C_{2002} = 9.508, C_{2002}/P = 0.740$;

$C_{2003} = 11.106, C_{2003}/P = 0.86$;

$C_{2004} = 12.103, C_{2004}/P = 0.985$;

$C_{2005} = 14.575, C_{2005}/P = 1.114$;

$C_{2006} = 16.034, C_{2006}/P = 1.220$;

$C_{2007} = 17.260, C_{2007}/P = 1.307$;

$C_{2008} = 18.030, C_{2008}/P = 1.358$;

湖北省1999年至2008年的碳排放量和人均碳排放量，依据公式（2）

$$C = \sum_i * S_i * F_i * E = \sum_i * E_i/E * F_i * E = \sum_i * F_i * E_i$$

其中，E_i 为 i 种能源的消费量，可以从表2中直接得出，$F_i(F_i = C_i/E_i)$ 则来自表2—8。湖北省1999年的碳排放量（$10^8 t$）和人均碳排放量（t/人）分别为

$C'_{1999} = \sum_i * F_i * E_i = 0.7476 * 4280.80 + 0.5825 * 11.17 + 0.4435 * 826.66$
$= 0.403194 C'_{1999}/P = 0.403194 * 10^4/5942.49 = 0.68$

依此类推，可以计算出湖北省2000年至2007年的碳排放量（$10^8 t$）和人均碳排放量（t/人），2008年由于数据缺失，无法计算。

$C'_{2000} = 0.380, C'_{2000}/P = 0.64$;

$C'_{2001} = 0.374, C'_{2001}/P = 0.63$;

$C'_{2002} = 0.396, C'_{2002}/P = 0.66$;

$C'_{2003} = 0.494, C'_{2003}/P = 0.82$;

$C'_{2004} = 0.694, C'_{2004}/P = 1.15$;

$C'_{2005} = 0.731, C'_{2005}/P = 1.21$;

$C'_{2006} = 0.590, C'_{2006}/P = 0.98$;

$C'_{2007} = 0.643, C'_{2007}/P = 1.06$;

武汉市1999年—2008年的碳排放量和人均碳排放量，依据公式（2）$C = \sum_i * S_i * F_i * E$，由于武汉市统计年鉴中缺少天然气的消费量；同时通过查阅相关文献资料，武汉市天然气消费量较小，故在碳排放量计算中，天然气的碳排放没有列入其内。计算方法同全国的碳排放量和人均碳排放量一样。其中，S_i

$(S_i = E_i/E)$、E(能源消费总量)可以从上表2—3中直接得出,而 $F_i(F_i = C_i/E_i)$ 则来自表2—8。

$$C''_{1999} = \sum(0.7476 * 54.47\% + 0.5852 * 23.20\% + 0.0 * 22.33) * 1683.39 = 0.091$$

$$C''_{1999}/P = 0.091/0.07402 = 1.23$$

依此类推,可以计算出武汉市2000年至2008年的碳排放量(10^8t)和人均碳排放量(t/人)。

$C''_{2000} = 0.094, C''_{2000}/P = 1.26$;

$C''_{2001} = 0.086, C''_{2001}/P = 1.13$;

$C''_{2002} = 0.095, C''_{2002}/P = 1.24$;

$C''_{2003} = 0.106, C''_{2003}/P = 1.36$;

$C''_{2004} = 0.138, C''_{2004}/P = 1.76$;

$C''_{2005} = 0.164, C''_{2005}/P = 2.05$;

$C''_{2006} = 0.175, C''_{2006}/P = 2.14$;

$C''_{2007} = 0.179, C''_{2007}/P = 2.11$;

$C''_{2008} = 0.167, C''_{2008}/P = 2.01$;

全国、湖北省以及武汉市1999年至2008年的碳排放量和人均碳排放量计算结果如表2—9所示。

表2—9　全国、湖北省、武汉市1999—2008年的碳排放量及人均碳排放量

(10^8t、t/人)

	年份	1999	2000	2001	2002	2003	2004	2005	2006	2007	2008
全国	碳排放	8.50	8.45	8.65	9.51	11.11	12.10	14.58	16.03	17.26	18.03
	人均碳排放	0.68	0.67	0.68	0.74	0.86	0.99	1.11	1.22	1.31	1.36
湖北	碳排放	0.40	0.38	0.37	0.40	0.49	0.69	0.73	0.59	0.64	—
	人均碳排放	0.68	0.64	0.63	0.66	0.82	1.15	1.21	0.98	1.06	—
武汉	碳排放	0.09	0.09	0.09	0.10	0.11	0.14	0.16	0.18	0.18	0.17
	人均碳排放	1.23	1.26	1.13	1.24	1.36	1.76	2.05	2.14	2.11	2.01

注:其中全国2008年电力(水电、核电、风电)消费约为2.54亿吨标准煤,约占能源消费总量的8.9%。由于其碳排放强度为0,故分类电力消费数据的缺失并不影响统计结果。

中部五省(山西数据缺失,故不计算该省的碳排放)1999—2007年的碳排放量的计算方法同湖北省,唯一不同的是在计算中,由于湖南、安徽、江西三省中天然气的数据不全,因此,对中部五省碳排放的计算均省略了天然气,计算结果如表

2—10 所示。

表 2—10　中部五省 1999—2007 年的碳排放量及人均碳排放量(10^8t、t/人)

	年份	1999	2000	2001	2002	2003	2004	2005	2006	2007
湖南	碳排放	0.233	0.223	0.256	0.268	0.308	0.374	0.522	0.552	0.605
	人均碳排放	0.357	0.340	0.388	0.404	0.463	0.558	0.825	0.870	0.952
湖北	碳排放	0.368	0.379	0.373	0.396	0.440	0.493	0.530	0.586	0.638
	人均碳排放	0.620	0.638	0.624	0.661	0.732	0.819	0.880	0.969	1.052
安徽	碳排放	0.319	0.344	0.364	0.382	0.428	0.453	0.480	0.509	0.560
	人均碳排放	0.511	0.548	0.575	0.603	0.667	0.701	0.784	0.832	0.915
河南	碳排放	0.490	0.517	0.548	0.602	0.613	0.856	1.042	1.180	1.297
	人均碳排放	0.522	0.545	0.573	0.626	0.634	0.881	1.111	1.256	1.385
江西	碳排放	0.154	0.159	0.163	0.161	0.191	0.241	0.257	0.280	0.309
	人均碳排放	0.363	0.384	0.389	0.382	0.449	0.562	0.597	0.645	0.708

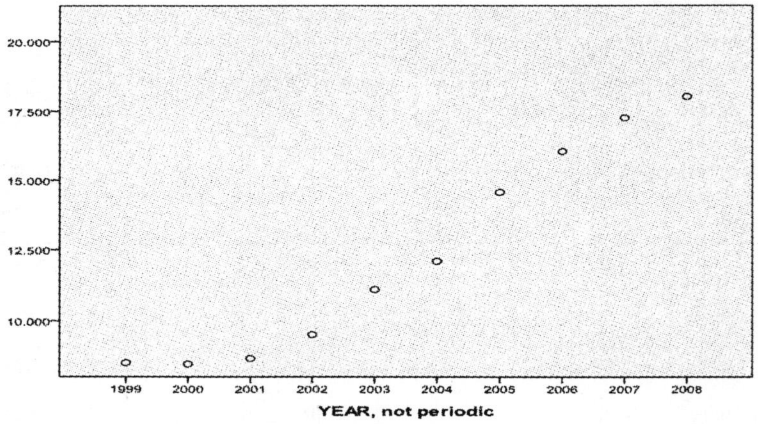

图 2—1　中国 1999 年—2008 年碳排放量散点图

通过对我国 1999 年—2008 年碳排放总量的时间序列分析，可以发现，其碳排放总量与时间具有明显的线性关系（如图 2—1）。同时运用时间序列法，分析了中国碳排放量的长期趋势（图 2—1），并计算出了基于长期趋势线性方程 $Y=a+bt$（表 2—11）的中国 2009 和 2010 年的碳排放量，其中 Y 代表碳排放总量，t 代表时间。

分析可得：$a=5.738$，$b=1.215$，故 $Y=5.738+1.215t$（见表 2—11）。

表 2—11　统计检验各指标值

Coefficients					
	Unstandardized Coefficients		Standardized Coefficients	t	Sig.
	B	Std. Error	Beta		
DAY, not periodic	1.215	.098	.975	12.384	.000
(Constant)	5.738	.609		9.423	.000

通过以上长期趋势线性方程,我们可大致得出 2009 年我国碳排放总量为 19.103亿吨,2010 年碳排放总量为 20.318 亿吨(图 2—2)。

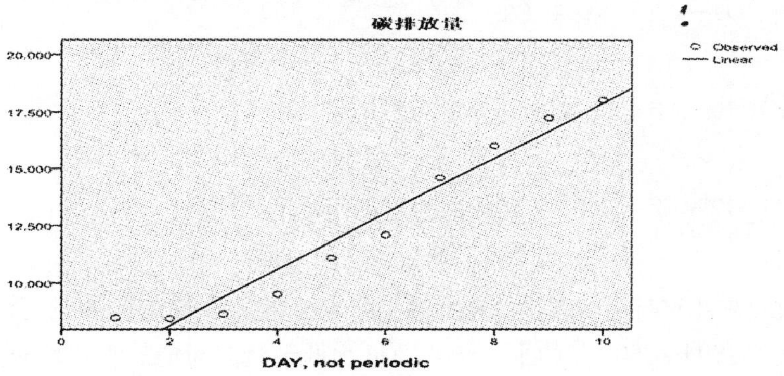

图 2—2　碳排放量预测值与实际值的比较

从我国碳排放的总体趋势来看,未来几年我国的碳排放仍然处于稳定上升阶段,但从长远发展趋势看,随着我国能源利用技术的不断发展、能源利用效率的不断提高,能源消费结构的不断完善,我国当前由于工业特别是重化工业在国民经济结构中急剧增加,从而引起的 GDP 能源强度跳跃性增长将随产业结构的稳定而平缓,并且随产业结构的优化和产业技术升级及高附加值产品比例提高而再度呈持续稳定下降的趋势。实际上我们从图 2—1 中也可以看出,从 2005 年开始我国碳排放量的增长速度已经开始减缓,特别是最近几年国家新政策、新观念的不断出台、提出如构建两型社会、注重绿色 GDP 等,都对碳排放量起到了一定的遏制作用。

2.2 湖北碳排放评价

2.2.1　湖北省碳排放量与全国的比较

1. 湖北省与全国碳排放量增长速度的比较

为便于分析湖北省碳排放量的发展趋势,笔者将全国人均碳排放量和湖北省人均碳排放量,全国及湖北省 10 年碳排放总量的年均增长速度进行了对比。根

据年均增长率的计算公式①:平均年增长速度 = 平均发展速度 - 1 = 环比速度乘积 - 1,通过变换公式也可以计为:

$$年均增长率 = \sqrt[(n-1)]{期末值/期初值} - 1 \quad (5)$$

要说明的是,n 代表期初到期末的年份,如 1999 到 2008 年共计 10 年,n—1 = 9,在有的书中开根号的是 n,此时的 n 代表是 2008—1999,也是 9。笔者在本章中计算碳排放量的年均增长速度,就用公式(5)。湖北省 2008 年的碳排放量由于统计数据的缺失没有计算出来。所以,在比较湖北省与全国碳排放量的年均增长速度时,只计算 1999—2007 年的。

全国 1999—2007 年碳排放总量的年均增长速度:

$$S_v = \sqrt[8]{17.26/8.499} - 1 = 9.26\%$$

湖北省 1999 年至 2007 年碳排放总量的年均增长速度:

$$H_v = \sqrt[8]{0.643/0.403} - 1 = 6.01\%$$

武汉市 1999 年至 2007 年碳排放总量的年均增长速度:

$$W_v = \sqrt[8]{0.179/0.091} - 1 = 8.82\%$$

通过对湖北省与全国碳排放总量的年均增长速度计算结果的对比分析,可以看出湖北省 1999—2007 年的平均增长速度远低于全国同期的平均增长速度,即便是作为湖北省的大城市武汉市,因为集聚了大量的工业,同时还有大量的人群聚集,所以其人均碳排放量水平明显高于全国人均碳排放量水平,但其碳排放总量的年均增长速度也低于全国平均增长速度。同时从表 2—9 数据及下图 2—3 可以看出湖北省 1999—2008 年人均碳排放量从整体上也低于全国平均水平,只有 2004 年和 2005 年的人均碳排放量水平高于全国平均水平。

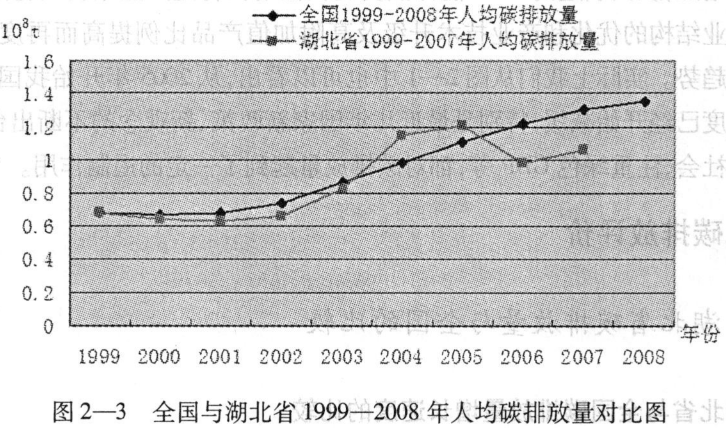

图 2—3　全国与湖北省 1999—2008 年人均碳排放量对比图

① 朱胜:《统计学原理》[M],北京:中国统计出版社,2009。

2. 原因分析

(1)能源效率因素。从前面的分析可知,在影响碳排放的五个主要因素当中,影响人均碳排放量的剔除掉人口因素,只剩四个。首先看能源排放强度 $F_i = C_i/E_i$,因为固定不变,因此对碳排放量的影响忽略不计。其次看能源效率因素 $I = E/Y$,即单位 GDP 的能源消耗,从表 2—12 和图 2—4 当中不难发现湖北省能源效率整体高于全国水平,而根据碳排放的计算公式,能源效率 E/Y 越大,能源利用率越小,碳排放就越大,而湖北省的能源效率一直高于全国,因此此因素不应作为湖北省人均碳排放量低于全国的依据。

表 2—12　全国与湖北省 1999—2008 年能源效率对比表

年份	全国 能源消费总量(10^4t)	全国 GDP(10^8 元)	全国 能源效率($t/1^04$ GDP)	湖北省 能源消费总量(10^4t)	湖北省 GDP(10^8 元)	湖北省 能源效率($t/10^4$GDP)
1999	130100	89677.1	1.451	5988.00	3857.99	1.552
2000	130300	99214.6	1.313	6269.00	4276.32	1.466
2001	134900	109655.2	1.230	6052.00	4662.28	1.298
2002	148200	120332.7	1.232	6713.00	4212.82	1.593
2003	170900	135822.8	1.258	7073.43	4757.45	1.487
2004	197000	159878.3	1.232	9120.00	5633.24	1.619
2005	224700	183217.4	1.226	9851.00	6520.14	1.511
2006	246300	211923.5	1.162	10797.00	7581.32	1.424
2007	265600	257305.6	1.032	11861.00	9230.68	1.285
2008	285000	300670	0.948	12603.00	11330.38	1.112

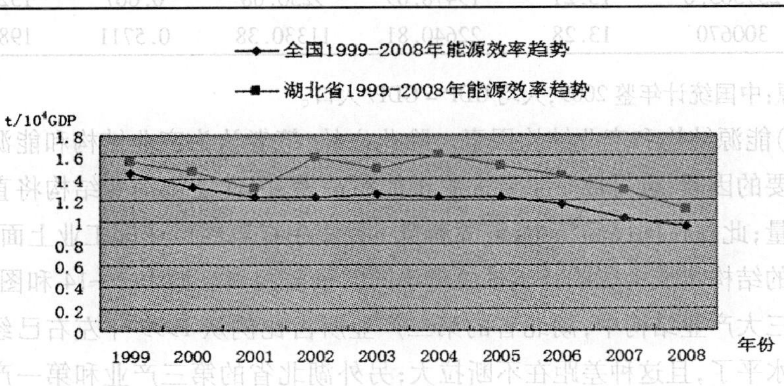

图 2—4　全国与湖北省 1999—2008 年能源效率变化趋势图

数据来源:中国统计年鉴 2009

(2)经济发展因素。影响人均碳排放量的还有经济发展因素 $R = Y/P$,即人均

GDP 水平。经济的发展变化对碳排放量的影响主要集中在工业产值的变化以及人们生活方式的多元化引起的碳排放量变化。从一般意义上讲，当一国经济处于快速发展时期时，特别是发展中国家，那么经济的快速发展对碳排放量主要起拉动作用。从表 2—13 和图 2—5 当中容易发现，湖北省人均 GDP 低于全国平均水平，同时，全国 1999—2008 年人均 GDP 年均增长速度为：

$$G_V = \sqrt[n-1]{期末值/期初值} - 1 = \sqrt[9]{22640.81/7128.55} - 1 = 13.70\%$$

同期湖北省人均 GDP 的年均增长速度为：

$$G'_V = \sqrt[n-1]{期末值/期初值} - 1 = \sqrt[9]{19839.57/6429.21} - 1 = 13.21\%$$

湖北省人均 GDP 的增长速度也慢于全国平均水平。由此可见，湖北整体的经济发展落后于全国平均水平是导致湖北省碳排放量无论是年均增长速度还是人均排放水平均低于全国平均水平的一个重要原因。

表 2—13　全国与湖北省 1999—2008 年人均 GDP 对比表

年份	全国 GDP（亿元）	全国 人口（亿人）	全国 人均 GDP（元/人）	湖北省 GDP（亿元）	湖北省 人口（亿人）	湖北省 人均 GDP（元/人）
1999	89677.1	12.58	7128.55	3857.99	0.59425	6492.21
2000	99214.6	12.67	7830.67	4276.32	0.5936	7204.06
2001	109655.2	12.76	8593.67	4662.28	0.59746	7803.55
2002	120332.7	12.84	9371.71	4212.82	0.59878	7035.67
2003	135822.8	12.92	10512.6	4757.45	0.60017	7926.84
2004	159878.3	13	12298.33	5633.24	0.60161	9363.61
2005	183217.4	13.08	14007.45	6520.14	0.6031	10811.04
2006	211923.5	13.14	16128.12	7581.32	0.605	12531.11
2007	257305.6	13.21	19478.09	9230.68	0.607	15207.05
2008	300670	13.28	22640.81	11330.38	0.5711	19839.57

数据来源：中国统计年鉴 2009，人均 GDP = GDP/人口。

（3）能源结构和产业结构因素。除此之外，笔者认为产业结构和能源结构是两个重要的因素，碳排放量主要来源于能源消费，因此能源消费结构将直接影响碳排放量；此外在国民经济中，能源消费主要集中在第二产业即工业上面，所以三大产业的结构将成为影响其碳排放量不同的重要因素。如表 2—14 和图 2—6 所示。在三大产业结构中，湖北省的第二产业所占比例从 1999 年左右已经开始低于全国水平了，且这种差距在不断拉大；另外湖北省的第三产业和第一产业均高于全国水平，从产业角度分析碳排放量，我们知道碳排放量主要集中在第二产业，因此从这个角度讲，湖北省的产业结构为湖北省碳排放量起到了重要的抑制作用。

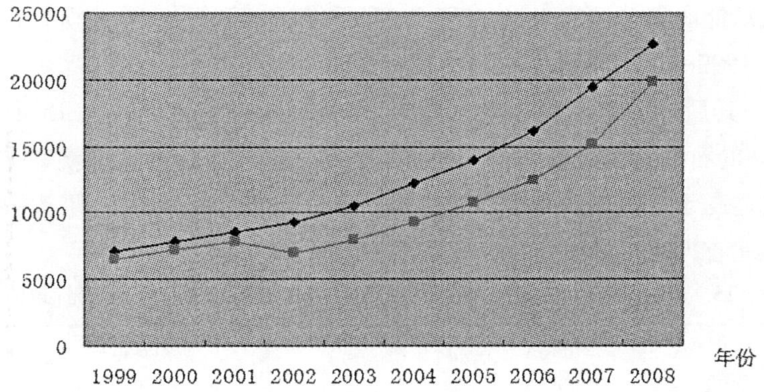

图 2—5 全国与湖北省 1999—2008 年人均 GDP 变化趋势图

表 2—14 全国与湖北省 1999—2008 年三次产业产值占 GDP 的比重(单位:%)

年份	全国			湖北省		
	第一产业	第二产业	第三产业	第一产业	第二产业	第三产业
1999	16.47	45.76	37.77	16.95	48.94	34.11
2000	15.06	45.92	39.02	15.49	49.66	34.85
2001	14.39	45.15	40.46	14.85	49.63	35.53
2002	13.74	44.79	41.47	14.21	49.16	36.63
2003	12.8	45.97	41.23	14.78	47.77	37.45
2004	13.39	46.23	40.38	16.17	47.46	36.37
2005	12.24	47.68	40.08	16.5	42.78	40.72
2006	11.34	48.68	39.98	15.04	44.39	40.57
2007	11.13	48.5	40.37	14.93	42.97	42.1
2008	11.31	48.62	40.07	15.71	43.81	40.48

数据来源:原始数据来自于《中国统计年鉴》2000—2009 年各年,其中每次产业的产值占 GDP 的比重由每次产业的产值除以 GDP 得来。

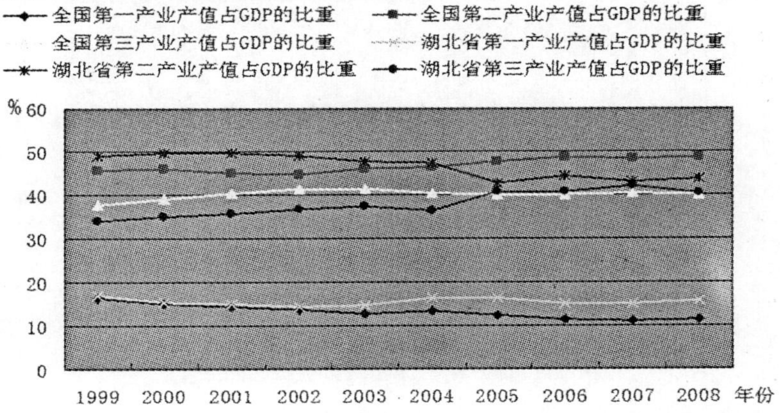

图 2—6 全国与湖北省三大产业结构的比较

其次从能源消费结构来看,如表2—15和图2—7所示,虽然湖北省的煤炭消费比例在1999—2003年一直高于全国平均水平,但2003年之后煤炭的消费比例开始下降,其后就一直远低于全国水平;另外从图2—7和表2—15中很容易发现,湖北省的石油、天然气的消费比例均低于全国平均水平;这也就意味着湖北的电力消费远高于全国平均水平,而电力消费的碳排放量为零,这便从另一个侧面反映了湖北省人均碳排放量低于全国平均水平。

表2—15 全国与湖北省1999—2008年各类能源占能源消费总量的比重(单位:%)

年份	全国			湖北省		
	煤炭	石油	天然气	煤炭	石油	天然气
1999	68	23.2	2.2	71.49	13.81	0.19
2000	66.07	24.68	2.5	68.95	15.26	0.18
2001	65.28	24.27	2.7	71.95	13.46	0.15
2002	65.59	23.97	2.62	68.98	12.67	0.16
2003	67.64	22.74	2.64	73.09	12.87	0.16
2004	67.7	22.7	2.6	63.08	11.81	0.13
2005	69.11	21	2.8	62.74	11.92	0.75
2006	69.4	20.4	3	63.85	11.26	0.77
2007	69.5	19.7	3.5	63.44	10.96	0.88
2008	68.7	18.7	3.8			

数据来源:《中国统计年鉴》2000—2009年各年,比重值为各类能源折合为标准煤后与能源消费总量(标准煤)的比值。其中2008年湖北省的数据缺失,另外,湖北省消耗的电力数没有折合成标准煤,故此没有计算电力的比值。

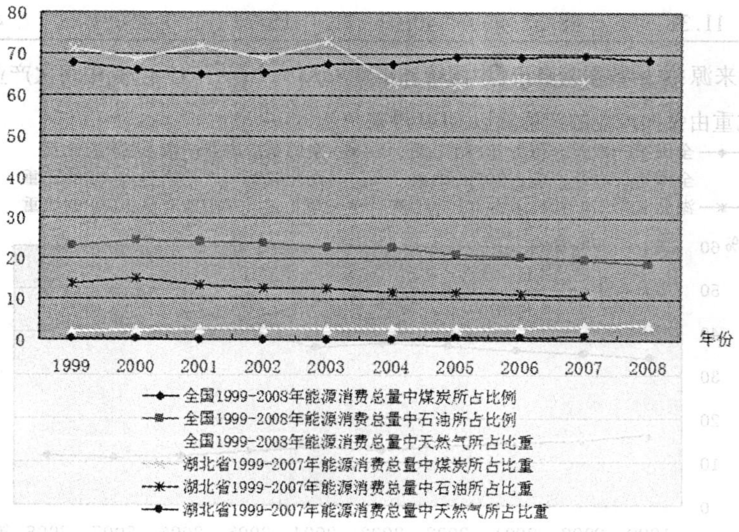

图2—7 全国与湖北省主要能源消费结构比较

2.2.2 湖北省与中部其他省份碳排放量的比较

1. 湖北省与中部其他省份人均碳排放量的比较

从图 2—8 可知，湖北省人均碳排放量在中部六省当中始终处于前列，只是到了 2004 年才位于河南之后。

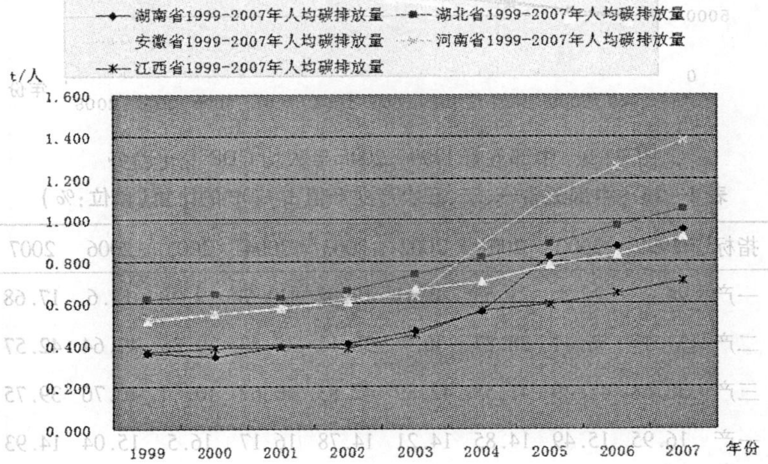

图 2—8 湖北省与中部其他省份人均碳排放量的比较

2. 原因分析

首先看经济发展因素，由图 2—8 和图 2—9 不难发现，人均碳排放和经济发展密切相关。各省 1999—2007 人均碳排放量的变动趋势和各省 1999—2008 年人均 GDP 的变动趋势基本一致，但在增长速度方面，河南省的人均碳排放量的增长速度明显快于其 GDP 的增长速度。从图 2—9 很容易说明湖北省人均碳排放量始终位于前列的重要原因在于湖北省经济发展水平。

其次，从产业结构和能源结构来看，总的来说，中部五省的第二产业产值占总产值的比重都比较高（见表 2—16），以 2008 年为例，比值最低的是湖北省，比重为 43.81%，最高的是河南省，比重为 56.92%。这就是河南省的人均碳排放量在 2003 年以后明显高于其他四省的一个重要原因。

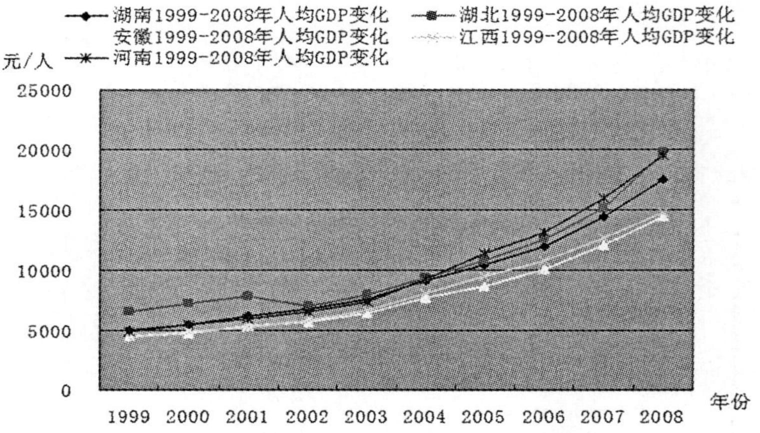

图 2—9　中部五省 1999—2008 年人均 GDP 变化趋势

表 2—16　中部五省一、二、三次产业产值占 GDP 的比重(单位:%)

地区	指标	1999	2000	2001	2002	2003	2004	2005	2006	2007	2008
湖南	一产	24.21	22.1	21.55	20.41	19.02	20.5	19.28	17.6	17.68	17.99
	二产	37.11	36.41	36.87	36.7	38.15	38.83	39.88	41.64	42.57	44.22
	三产	38.68	41.49	41.58	42.89	42.83	40.67	40.84	40.76	39.75	37.79
湖北	一产	16.95	15.49	14.85	14.21	14.78	16.17	16.5	15.04	14.93	15.71
	二产	48.94	49.66	49.63	49.16	47.77	47.46	42.78	44.39	42.97	43.81
	三产	34.11	34.85	35.53	36.63	37.45	36.37	40.72	40.57	42.1	40.48
安徽	一产	27.53	25.56	23.43	22.27	19.1	19.97	17.98	16.49	16.3	15.98
	二产	35.92	36.41	38.65	37.99	39.13	38.76	41.32	43.19	44.66	46.62
	三产	36.55	38.03	37.92	39.75	41.76	41.26	40.7	40.32	39.04	37.4
江西	一产	25.05	24.22	23.26	21.87	19.95	19.22	17.93	16.83	16.47	16.36
	二产	35	34.98	36.13	38.43	42.9	45.31	47.27	50.18	51.65	52.7
	三产	39.94	40.8	40.61	39.7	37.15	35.46	34.8	32.99	31.88	30.94
河南	一产	24.86	22.99	22.31	21.35	17.45	19.28	17.87	15.50	14.77	14.44
	二产	43.85	45.4	45.37	45.87	48.2	48.89	52.08	54.39	55.17	56.92
	三产	31.29	31.61	32.32	32.78	34.35	31.83	30.05	30.1	30.05	28.63

数据来源:《新中国六十六年统计汇编》

从能源结构来看(见图 2—10),中部五省都是以煤炭为主要能源,各省煤炭的消费比重达到了 60%,尤其是河南省,煤炭的消费比重达到了 90% 以上,由碳排放的计算公式容易得知，煤炭的碳排放系数最大，煤炭消费的比重越高，碳排放越大。这是导致河南省人均碳排放量在 2003 年以后明显高于其他四省的另一个重要原因。

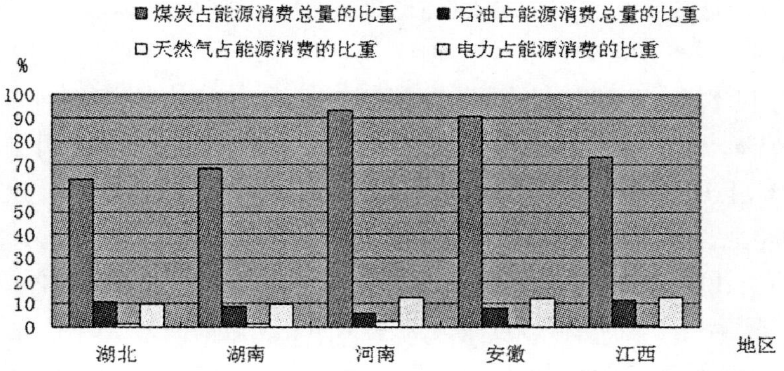

图 2—10　中部五省 2007 年能源消费结构图

最后，从能源效率来看，从表 2—17 中容易发现，湖北省的能源效率始终高于其他四省，能源效率越高，意味着每万元 GDP 消耗的能源越多，则碳排放越高。这也是导致湖北省人均碳排放量始终位于前列的重要原因。

表 2—17　中部五省 1999—2007 年能源效率表（单位：t /10^4 GDP）

	1999	2000	2001	2002	2003	2004	2005	2006	2007
湖南	1.27	1.15	1.21	1.3	1.35	1.35	1.4	1.31	1.17
湖北	1.55	1.47	1.3	1.35	1.31	1.45	1.52	1.42	1.28
安徽	1.73	1.68	1.58	1.51	1.39	1.26	1.21	1.16	1.05
江西	1.15	1.25	1.07	1.2	1.22	1.1	1.06	1	0.92
河南	1.63	1.57	1.49	1.5	1.54	1.53	1.38	1.31	1.19

数据来源：《中国能源统计年鉴》2000—2008 年，能源效率由能源效率 = 能源消费总量/GDP 计算得来

2.2.3　湖北省碳排放量趋势特征分析

通过对湖北省 1999—2007 年长期趋势图的分析（见图 2—11），我们可以看出，这一时期湖北省的碳排放量主要经历了三个阶段：碳排放量稳定下降阶段（1999—2001 年）；碳排放量快速上升阶段（2001—2005 年）；碳排放量显著下降阶段（2005—2007 年）。

第一阶段：1999—2001 年，碳排放量稳定在低水平阶段

这一时期我们可以看到,虽然湖北省经济发展水平在不断提高,人均GDP由6492.21元增长到7803.55;但人均GDP的增长速度为9.64%,慢于全国1999—2001年人均GDP的增长速度9.80%,也慢于湖北省1999—2008年的平均增长速度13.21%。这是导致这一时期湖北省碳排放量稳定在低水平阶段的一个原因。

从湖北省这一阶段的产业结构来看,第一产业从1999年的16.95%下降到2001年的14.85%,下降2.1个百分点;第二产业从1999年的48.94%上升到2001年的49.63%,上升了0.69个百分点;第三产业从1999年的34.11%上升到2001年的35.52%,上升了1.41个百分点。在总的碳排放量中,第一产业、工业、建筑业、交通运输邮电业、批发等服务业、其他服务业碳排放所占比重分别约为2.5%、80%、1%、5%、1%、10%左右,其中工业碳排放占绝大部分比重,为71%—84%之间①,在这一阶段,第一产业的下降幅度较大,碳排放量相对较高的第二产业,先降后升,总体趋于稳定;而第三产业逐渐成为湖北省的第二大支柱产业,其比重与第二产业逐渐缩小,因此从产业结构来看,第三产业的快速发展,第二产业发展速度一般,是导致这一时期湖北省碳排放量稳定在低水平阶段的重要原因。

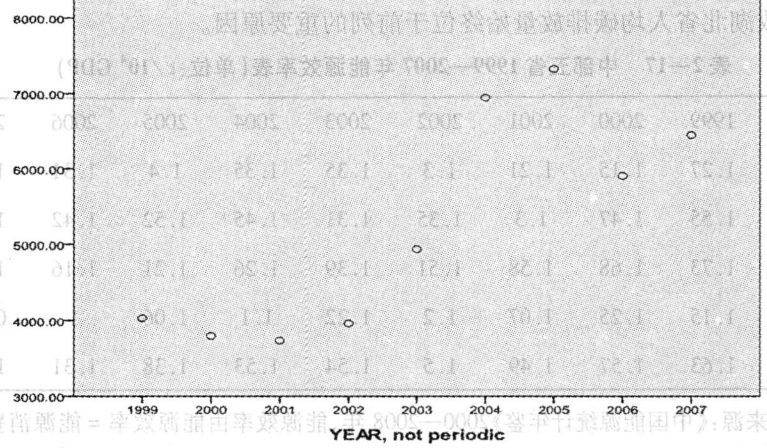

图2—11　湖北省1999—2007年碳排放散点图

从图2—4和表2—12中我们可以看到,导致湖北省在这一阶段碳排放量稳定下降的一个重要原因在于能源效率的下降,在本阶段能源效率从1999年的1.552,下降到2001年的1.298,即每万元GDP的能源消耗由1.552吨标准煤下降到1.298吨标准煤。能源效率的下降促使能源利用率的提高,直接表现为降低碳

① 胡初枝、黄贤金、钟太洋、谭丹:《中国碳排放特征及其动态演进分析》[J],《中国人口资源与环境》,2008(18)。

排放,由此,能源效率的下降是导致这一时期湖北省碳排放量稳定在低水平阶段的又一个重要原因。

另外,在能源消费结构中,各能源的消费总量基本保持稳定,特别是碳排放强度最高的煤炭消费量基本保持不变,有的能源消费类型如天然气还呈下降趋势,因此能源结构的变化对碳排放量的贡献值较小。

综上所述,湖北省 1999—2001 年产业结构的优化及能源效率的下降在这一阶段对碳排放起了主要的抑制作用,另外,湖北省这一时期经济发展慢于全国平均水平,也间接降低了同期湖北省的碳排放水平。

第二阶段:2001—2005 年,碳排放量快速上升阶段

从产业结构的变化来看,这一时期,湖北省第一产业从 1999 年的 14.85% 上升到 2005 年的 16.5%,上升 1.65 个百分点;第二产业从 2001 年的 49.63% 下降到 2005 年的 42.78%,下降了 6.85 个百分点;第三产业从 2001 年的 35.53% 上升到 2005 年的 40.72%,上升了 5.2 个百分点。其中第二产业降幅最大,而第三产业所占比重上升的速度也较快,其基本可与第二产业相持衡。同期湖北省的整体经济发展水平,即人均 GDP 的增长速度也并不乐观。人均 GDP 由 2001 年的 7803.55 元增长到 2005 年的 10811.04,人均 GDP 的增长速度为 8.49%,明显慢于全国 2001—2005 年的人均 GDP 的增长速度 12.99%,也明显慢于湖北省 1999—2008 年的平均增长速度 13.21%。在经济发展速度缓慢和产业结构不断优化的过程中,为什么碳排放量处于快速上升阶段呢?

在这里,有两点值得注意:一是能源效率,二是能源消费结构。

首先看能源效率,从表 2—12 中不难发现 2001—2005 年湖北省的能源效率在逐年增加,由 2001 年的 1.298 攀升到 2005 年的 1.511,其中 2004 年甚至达到了 1.619,创历史最高,从图 2—4 也可发现,同期湖北省的能源效率远高于全国平均水平。能源效率的不断升高说明湖北省每万元 GDP 所耗费的能源在不断上升,这就不难解释,在经济发展速度缓慢的同时,能源消费总量快速增加的事实。从表 2—13 中还可以发现,该时期能源消费总量在不断快速增加,由 2001 年的 6713.00 增加到 2005 年的 9851.00,年均增长速度为 12.95%,远高于同期人均 GDP 的增长速度 8.49%。

其次分析湖北省 2001—2005 年的能源消费结构。从图 2—12 容易发现,2001—2005 年湖北省能源消费总量中,煤炭消费的比重基本保持平稳,保持在百分之六十几到七十几,而同期湖北省能源消费总量快速增加,这就意味着湖北省煤炭消费的绝对量在逐渐增加,且速度明显。由前面碳排放量的影响因素可知,能源消费结构影响碳排放量,而煤炭的碳排放强度最大,即煤炭消费比例越大,碳排放越高。

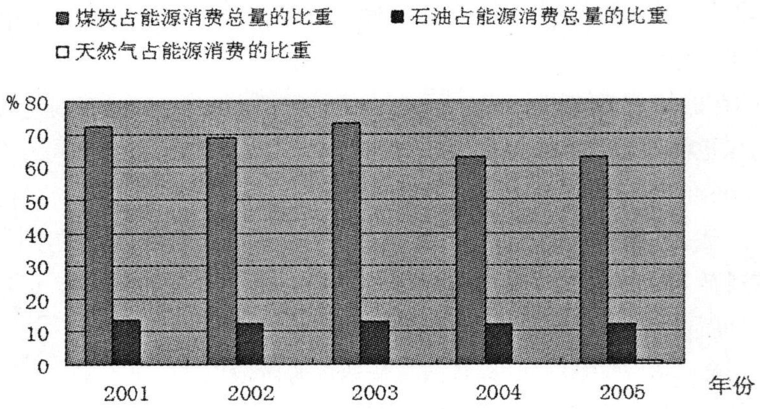

图2—12　湖北省2001—2005年能源消费结构图

由此可知,2001—2005年,湖北省在经济发展速度缓慢和产业结构不断优化的过程中,由于能源效率增加,能源利用率逐年下降,能源消费结构不合理对碳排放量起拉动作用,导致同期湖北省碳排放量快速上升。

第三阶段:2005—2007年,碳排放量显著下降阶段

如果单从影响碳排放的上述几个影响因素来看,首先看经济发展因素,2005—2008年湖北省人均GDP绝对数由10811.04元上升到19839.57元,增长接近1倍,年均增长率为22.43%;既快于同期全国人均GDP的年均增长速度17.36%,也远远快于湖北省1999—2008年人均GDP的年均增长速度13.22%。经济的快速增长一般是伴随能源的大量消耗,碳排放增加是必然的,与此阶段碳排放量的显著下降不符。

其次,从能源结构和产业结构因素来看,在能源消费结构方面,煤炭消费比例先升后降,从2005年的62.7%增加到2006年的63.9%,然后又下降到2007年的63.4%;石油消费比例呈逐渐下降趋势由2005年的11.9%下降到2007年的11.0%;天然气的消费比例从2005年的0.8%增长到2007年的0.9%。在产业结构方面,湖北省这一阶段三大产业比例的变动都处于非线性状态,其中第一产业的比例先降后升,第二产业的比例先升后降,第三产业的比例处于微降阶段,单变动值均不大,达不到1%。该因素没有发生显著变化,也不是这一时期碳排放量显著下降的理由。

再次,从能源效率因素来看,2005—2008年湖北省能源效率明显下降,由2005年的1.511下降到2008年的1.112,能源效率的快速下降是导致该阶段碳排放量下降的一个重要原因。

排除上述主要原因,湖北省在这一时期碳排放量显著下降的最主要原因是2006年3月,全国人大审议通过的《国民经济和社会发展第十一个五年规划纲

要》提出，到 2010 年单位 GDP 能耗比 2005 年下降 20% 左右，主要污染物排放量减少 10%，并作为具有法律效力的约束性指标。2006 年 4 月，国务院成立了国家应对气候变化及节能减排工作领导小组，召开了全国节能减排工作电视电话会议，发布了《节能减排综合性工作方案》和《中国应对气候变化国家方案》。在此大背景下，湖北工业发展就必须完成节能减排的硬指标。由此可知，湖北省 2006 年碳排放量的快速下降正式基于上述政策目标。

2.3 基本结论

根据以上分析，我们做了如下总结，并提出了相应的治理措施。

2.3.1 主要结论

通过湖北省与全国人均碳排放量的比较以及中部五省人均碳排放量的比较分析，得出如下结论：

首先，1999—2008 年，湖北省人均碳排放量低于全国水平，其中能源消费结构及产业结构的优化是造成这种现象的主要原因。

其次，1999—2007 年，湖北省人均碳排放量始终位于中部五省的前列，其经济发展水平高和能源效率高是主要原因。

第三，湖北省碳排放量由逐年稳定下降转为快速上升而后开始下降，其拐点分别为 2001 年、2005 年以及 2006 年。

第四，近 10 年，对湖北省碳排放量的影响因素主要集中在产业结构、能源消费结构、能源效率及经济发展规模上，即结构效应、技术效应和规模效应。其中在第一阶段起主导性作用的是产业结构的优化及能源效率的提升；第二阶段起主导作用的是能源效率的下降及能源消费结构中煤炭消费的大量增加；第三阶段是基于政策目标的改变以及能源效率的下降导致人均碳排放量下降。

2.3.2 针对性措施

根据以上分析，现提出如下治理措施：

1. 优化能源消费结构，增加石油、天然气、水电、核电所占比重。在影响地区碳排放量的因素中，碳排放强度是其中一个重要因素，而且之所以能源消费结构的完善能够抑制碳排放量，其重要的媒介即碳排放强度。从上述分析中我们可以看到 F_i 煤炭 > F_i 石油 > F_i 天然气，煤炭的碳排放强度最大，且远超过了石油和天然气。因此，通过能源替代，增加石油、天然气、水电、核电所占比重，改变以煤炭为主的能源结构，湖北碳排放将得到极大的缓解。为此，湖北的能源工业要以电力为中心，煤炭为基础，大力发展水电，积极开发利用石油和天然气，积极发展核能、太阳能等新能源，在增加能源总量的同时，更注重能源的品质。

2. 提高能源效率、节约能源。当前国际社会提出的主要减排措施之一是提高能源利用效率。从上面的分析也可以知道，能源效率对抑制湖北碳排放作用显著。因此，在能源结构调整困难的情况下，提高能源效率、节约能源应作为湖北国民经济发展的一项长远战略方针，这不仅符合湖北经济增长方式从粗放型向集约型根本转变的需要，而且有利于降低经济增长对能源的依赖，使之成为最有效的碳减排途径。

3. 加强碳减排等能源技术领域的研发力度与国际合作。由于技术上和经济上的原因，湖北目前煤炭为主的能源结构调整的幅度和速度都难以有突破。燃煤排放的 CO_2 是湖北碳排放的主要来源之一。为此，湖北必须通过加大燃煤排放的 CO_2 捕获与埋存等能源减排技术的研发力度与国际合作，以此来减少煤炭对环境的影响，这样就能够确保煤炭继续成为湖北能源的重要部分之一。

4. 优化产业结构，实现产业技术升级，增加高附加值产品比例。在三大产业中要积极发展第三产业；坚持走科技含量高、经济效益好、资源消耗低、环境污染少、人力资源优势得到充分发挥的新型工业化道路，大力发展高产、优质、高效农业。逐步增加第三产业在三大产业中的比重，降低第一、第二产业的比重；积极发展高新技术产业，提高能源的利用效率；同时要加强对低碳生活的宣传和推广力度，倡导低碳生活，实现全民参与。

3 湖北省发展低碳经济面临的形势

在目前全球气候不断变暖、环境不断恶化的背景下，发展低碳经济，限制温室气体排放，降低环境污染已逐渐成为世界各国的共识。2009 年末闭幕的哥本哈根气候大会把低碳经济的发展推向了前所未有的高潮，未来的国际经济竞争很可能是低碳经济的竞争。低碳经济是以低能耗、低污染、低排放为基础的经济模式，其实质是能源高效利用、清洁能源开发和发展绿色 GDP，核心是能源技术和减排技术创新、产业结构优化升级、制度创新以及人类生存发展观念的根本性转变。低碳经济是全球经济社会发展的大势所趋，是后金融危机时代一场遍及全球的新革命。

目前，湖北正处于加快推进工业化和城市化的关键时期，改善能源结构、推动产业升级以及实现经济发展超越都离不开"低碳经济"这一新引擎。湖北省也应顺应时代的潮流，响应国家的号召，把发展低碳经济作为本省今后工作的重中之重，为低碳经济发展创造良好的社会环境和经济环境。湖北省要做好发展低碳经济的重要工作，首先要对本省发展低碳经济所面临的各种形势有客观的、深入的了解和认识，要充分认识到本省发展低碳经济所具备的优势和面临的困难。然后，要扬长避短充分发挥自身所具备的优势，把这些优势充分运用到发展低碳经济的工作中，克服发展低碳经济过程中遇到的各种困难，切实做好发展低碳经济的工作。

3.1 湖北发展低碳经济面临的基础和条件

低碳经济就是以低能耗、低污染、低排放为基础的经济模式。加快能源结构调整，推进能源发展方式转变，大力发展低碳经济，对于能源资源相对贫乏、环境容量有限的湖北而言意义重大，是加快推进发展方式转变、积极应对国际金融危机、实现"弯道超越"、"提档进位"的重要途径。湖北省要想发展好低碳经济，就要结合本省的实际情况，从实际出发，这就要求我们首先要对湖北省发展低碳经济面临的基础和条件有一个充分的、详细的认识。

3.1.1 湖北发展低碳经济的基础

大力发展低碳经济是湖北的现实需要，同时，由于资源禀赋丰富和产业体系完善，湖北也具有加快推进低碳经济发展的良好基础，主要体现在以下几点：

1. 低碳产业基础良好

湖北是中国近代工业的发祥地，是我国重要的老工业基地之一。具体到某些产业而言，湖北已建立起具有一定特色的产业体系，形成了以汽车、钢铁、光电子信息为优势产业的格局。这些优势产业体系的建立，为以后湖北省发展低碳经济提供了雄厚的基础和后盾。

(1)机械汽车产业。湖北省机械汽车工业经过半个多世纪的建设和发展，已经形成“一主两带”的产业基础。“一主”即以汽车产业为主导，机床工具、电工电器、仪器仪表、石化通用机械、重型矿山机械、食品包装机械、通用基础件、工程机械、农业机械、内燃机、文化办公设备、民用机械等门类齐全、实力较雄厚的13大产业。“两带”即以东风公司十堰、襄阳、武汉为基地的汽车产业集聚带，以宜昌、荆州、武汉、黄石为基地的重大技术装备产业集聚带。已形成了东风有限、神龙、三环、凯迪电力、武锅、长动、武船等一批大集团大公司为支撑的产业格局。东风公司与日本日产公司实现跨国重组、与法国标致—雪铁龙集团提升合作层次、与日本本田公司扩大合作领域等，标志着东风公司跨入了国际性大公司行列；三环集团重组省汽车集团后实力进一步增强。作为中国三大汽车零部件生产基地之一，湖北省整车生产能力已达到80万辆，基本形成了“轿、重、中、轻、专”并举，“高、中、低”档车型齐全的产品结构。在整车快速发展的带动下，湖北省零部件产业日趋壮大，配套能力较强，在国家重点支持发展的60种关键零部件中，除电喷、ABS、安全气囊等少数产品外，其余产品均有研发和批量生产能力。目前湖北省拥有零部件企业700多家(其中规模以上的310家)，年配套能力已超过60万辆份。行业排名前10位的大公司完成工业产值占全省机械汽车工业60%以上。

全省机械汽车工业涌现出了一批具有较强竞争力的大型企业和企业集团，其中年产值过百亿元的企业有5家，完成工业产值占全省机械汽车工业总产值的40%以上。目前全省汽车年产能达85万辆，主要汽车零部件配套能力超过70万辆份，规模以上整车、改装车、汽车零部件企业达到749家，资产总额1911亿元，从业人员23.2万人。

(2)钢铁产业。钢铁是湖北重要经济支柱之一，产业分布主要在武汉、黄石、鄂州等区域。受资源制约，湖北钢铁规模其实在全国并不算大，但技术水平、产品附加值都在国内处于领先地位。武钢硅钢称雄国外市场,产量居全国之首,各型板材使我国由净进口转为净出口;新冶钢从“优”到“特”,产品伴“神六”飞天。2002年以来,湖北钢铁行业出口交货值以年均73%的速度增长。2008年,湖北省钢铁行业完成增加值332.8亿元,钢产量达1991万吨、铁产量达1893万吨,钢材产量达2151万吨,同比增长12.4%、9.6%、15.4%,分别列全国8、6、7位,目前钢铁产业从业人员13.84万人。

(3)信息产业。经过十多年的建设和发展,湖北省信息产业已形成了以光通信、移动通信、激光、显示器、化成箔电子材料和软件产业为特色的发展格局。光纤光缆产业规模国内第一、世界第三,光通信设备及光电器件研究开发和生产规模居国内前茅;中小型电台和移动通信基站天馈系统产量居全国第一位;激光产业规模国内第一;手机、显示器、空调各形成1000万台产业规模;化成箔电子材料已形成5000万平方米产量,规模居全国第一位;软件产业蓬勃发展,在国内也有一定的基础和优势。湖北省信息产业已由过去单一的制造业转向制造业、软件业与信息服务业为一体的现代信息产业发展,产品由投资类为主导转向投资类、消费类、基础类共同发展的良好局面。“武汉·中国光谷”通过对光电子信息的开发,产业、人才、资源等要素的优化组合,迅速发展成为中国最大的光电子信息产业基地。

近5年,以武汉“中国光谷”领衔的湖北省信息产业以年均31.4%的增长速度持续迅速发展,在中部六省中位列第一。信息产业规模从2000年的120亿元增长到2007年的755亿元,净增635亿元,增长5倍多。目前,湖北信息产业已有规模以上企业263家,其中,产值10亿元以上企业15家。随着富士康、中芯国际等大型企业从建设期转向生产期,湖北省信息产业的发展后劲将大大增强。

根据湖北省信息化发展战略,到2010年,湖北互联网宽带上网用户将达到400万户,数字电视用户达到400万户,电话普及率达到73%;电子信息产业总产值达到1200亿元,工业增加值达到340亿元;软件及信息服务业销售收入达到400亿元,继续保持中部第一。

(4)轻工业。湖北省是全国轻工大省之一,拥有农副食品加工、食品制造、饮料、原盐、皮革、家具制造、造纸及纸制品、文教体育用品制造、日用化工、塑料制品、家用电器具制造、照明电器、工艺美术品等22大类、40余个行业,形成了产品齐全、系统完备的轻工业体系。

湖北轻工业的重点行业食品饮料、家用电器、造纸、塑料、原盐等在全国占有重要地位,有较强的比较优势。农副食品加工业列全国第10位,食品制造业列全国第12位,饮料制造业列全国第8位,造纸及纸制品业名列全国第10位,塑料制品业名列全国第11位,家电制造业列全国第10位。并拥有京山轻机、安琪酵母、凯乐科技、玉立砂带、白云边酒业、枝江酒业、中国劲牌等一批全国知名的本土轻工企业和"金龙泉"啤酒、"舒蕾"化妆品、"东贝"冰箱压缩机、"统一"果汁、"金皇"首饰、"联乐"软床垫、"大桥"鸡精、"今晨"牙刷、"金兰"首饰等中国名牌产品。

随着湖北对外开放度的提高和投资环境的改善,可口可乐、百事可乐、飞利浦、百威啤酒、红牛饮料、海尔、小天鹅、华润、青啤、娃哈哈、汇源、TCL、农夫山泉等一大批国内外知名轻工企业和品牌落户湖北,进一步壮大了湖北轻工业。

(5)医药产业。湖北医药产业是湖北省经济发展新的增长点,已经形成了生物医药、化学合成原料药及制剂、中成药、中药饮片、卫生材料、医疗器械、制药机械和医药包装等门类品种齐全,产学研力量雄厚,传统医药与现代生物技术、新医药协同发展的医药工业体系,正在成为湖北新型工业化重要支柱产业。

近年来,湖北医药生产企业发展迅速,一大批产品和工艺技术在国内外处于领先地位,B族维生素产量和出口量分别占全国的60%、50%。其中,VB1生产工艺属国内先进水平,VB2新菌种工艺技术达到国际领先水平,其产量占全国的98%,生产能力为国内第一,世界第三;氨基酸系列产品有16种出口,有3个产品填补国内空白,可替代进口;布洛芬生产国内第一、世界第四。目前,全省生物技术和新医药在研和待产业化的科研项目成果超过200项,生物医药产品批文65个,其中国家一类新药1个、二类新药5个、三、四类新药20个;在功能基因、人工生长因子、人畜用生物制剂、溶栓普酶TPA、生物工程疫苗等一些领域的研究已居国内领先和国际先进水平。此外,湖北省基本形成地道中药材种植、医药生产、专用药品生产、医药科研等四种类型的医药产业基地。

(6)石油化学产业。石油化学工业是湖北省工业行业的支柱产业之一,经过多年的发展,已经形成以大中型企业为骨干,以石油开采和石油加工、农用化工、基本化工原料、橡胶加工等为主体以及化工科研、教育、设计、地质勘探、安装施工等相配套的生产建设体系。

湖北省现有规模以上石油、石化和化工企业600多户,大型25家,中型50家。

"十五"以来,湖北省石化行业利用高新技术改造传统行业,形成了一大批具有特色的企业。中石化股份公司武汉分公司和中石化股份公司荆门分公司是我国中部地区的主要的原油加工企业。中石化集团江汉石油管理局是国内中部地区仅有的一家石油开采企业。湖北双环化工集团有限公司是亚洲最大的联碱生产企业。湖北宜化集团有限公司是我国重要的磷化工、盐化工及化肥生产综合性生产企业。中石化股份公司湖北化肥分公司是国内第一批利用引进技术建设的大型化肥生产企业。沙隆达集团公司是我国最大的农药生产企业。湖北楚源精细化工集团股份有限公司是国内最大的染料和染料中间体生产企业。武汉葛化集团有限公司是国内最早的大型氯碱和聚氯乙烯生产企业之一。宜昌兴发集团有限公司是国内最大的黄磷及磷制品生产企业。湖北洋丰集团公司是最大的磷复肥生产企业之一。武汉有机实业有限公司是亚洲最大的氯化苄、苯甲酸钠等食品添加剂生产企业。湖北还有其他一批具有一定产品特色和生产规模的企业。

从前面的分析我们可以看出,依托先进装备制造业的产业优势,湖北具有大力发展风电机组、核电设备以及环保机械等低碳产业的设备仪器等;依托大农业和大林业的产业优势,能大力发展碳汇产业;依托东风汽车产业优势,大力发展节能汽车和电动车生产;依托武汉“中国光谷”和电子信息的产业优势,大力发展节能照明、太阳能光电以及高科技信息产业等;同时,湖北还具备发展风能、核能、太阳能和生物质能的传统优势。目前风能和生物质能已形成产业基础,作为湖北低碳技术产业的龙头,武汉凯迪电力和东湖高新,已形成了以脱硫、生物发电、生物柴油、环保工程为核心的产业链。

2. 技术基础雄厚

低碳经济的实现关键靠低碳技术的突破,湖北省科技创新实力位居全国前列。全省现有各类科技活动人员近 20 万人,科技活动人员总数居全国前 5 位。拥有各类科研机构 1158 家、普通高等院校 85 所,建有国家实验室 1 个、国家重点实验室 14 个、国家工程(技术)研究中心 15 个,其中进入国家“211 工程”建设的重点高校和国家重点实验室的数量居全国前 3 位。历年承担国家科技计划项目及资助经费额居全国前 4 位。在光纤通信、激光、空间地理信息、病原微生物、植物功能基因等若干领域代表了我国最高水平,湖北作为我国重要研究开发基地的地位日益凸现。因此,湖北具备研发、实施低碳经济的人才基础。尤其是在风电、核能、生物质能以及光电子技术自主研发方面,传统科教优势更为明显。

高新技术产业是低能耗、低污染、高技术含量、高附加值的产业,是低碳经济发展模式中潜力巨大、前景广阔的产业之一。

湖北省历来重视高新技术产业的发展,提出了“逐步把湖北建设成为我国中部重要的高新技术发展区”,先后制定出台了《中共湖北省委、湖北省人民政府关于增强自主创新能力建设创新型湖北的决定》、《湖北省人民政府关于加快发展高新技术产业的若干意见》、《省人民政府关于加快软件产业发展的若干意见》等一系列政策措施,不断加大资金投入力度,有力的促进了全省高新技术产业的发展。同时,各地、各部门也加强了对高新技术产业发展的领导,狠抓政策落实,提升服务水平,优化投资环境,全省高新技术产业呈现良好的发展态势。2003—2008 年湖北省高新技术产业发展情况如表 3-1 所示,高新技术产业的总产值不断提高,由 2003 年的 1117.81 亿元到 2008 年的 3351.77 亿元,增长了 3 倍多,平均年增长率为 24.56%;高新技术产业的增加值也不断的提高,由 2003 年的 376.7 亿元到

2008年的1108.13亿元，也增加了近3倍。

表3-1　湖北省2003—2008年高新技术产业发展情况　　单位:亿元

时间	2003	2004	2005	2006	2007	2008
总产值	1117.81	1290.6	1617.9	2093	2598.2	3351.77
增加值	376.7	431.8	533.2	685.7	873.5	1108.13
1.电子信息	57.8	74.67	90.5	119.1	130.4	189.6
2.生物技术与新医药	42.85	39.4	51.1	63.6	79.2	82.23
3.新材料	86.74	114.5	147	160.9	231.7	311.42
4.先进制造	111.32	138.1	134	209.5	277.3	333.57

资料来源:根据《湖北省统计年鉴2009》整理而得

2008年，湖北省高新技术产业实现了快速增长，高新区建设步伐进一步加快，高新技术产业呈现出加速发展的良好态势，经济运行效益较好。湖北省高新技术产业增加值历史性地突破了1000亿元大关，达到1105亿元，同比增长24.2%；高新技术产业总产值达到3352亿元，同比增长24.0%；高新技术产品销售收入3168亿元，同比增长26.9%；高新技术产品出口交货值294亿元，同比增长27.6%；实现利税296亿元，同比增长14.8%。

一是高新技术产业持续快速增长。高新技术产业规模的快速壮大，促进了全省工业结构的调整，对全省经济增长的贡献不断提高，高新技术产业增加值占GDP的比重由2001年的5.96%提高到2007年的9.41%，2008年达到了10.68%，比上年提高1.27个百分点。电子信息、生物医药、新材料、先进制造、新能源等特色高新技术产业群进一步发展壮大，2008年，四大重点高新技术领域共实现增加值923.20亿元，占全省高新技术产业的比重达到83.55%。其中，新材料产业实现增加值310.81亿元，增长35.5%；电子信息产业实现增加值194.43亿元，增长24.4%；生物医药产业实现增加值82.80亿元，增长20.3%；先进制造产业实现增加值335.16亿元，同比增长16.6%。

二是湖北省高新区发展势头良好。高新区呈现出“速度快、变化大、环境优、质量高”的发展态势，对区域经济发展的贡献不断增强。2008年7月，咸宁高新技术产业园区经湖北省政府批准正式成立，全省省级以上高新区数量累计达到14个，全省14个高新区高新技术产业实现工业总产值1350亿元，同比增长23.26%，占全省的40.28%；实现高新技术产业增加值447.75亿元，同比增长23.11%，占全省的40.52%；高新技术产品销售收入1300亿元，同比增长12.43%，占全省41.04%，高新区发展呈现出“速度快、变化大、环境优、质量高”的态势，对区域经济发展的贡献不断增强。

从技术进步的投入主体来看,企业作为技术创新的主体之一,其作用和地位也日趋突出。全省现已建立国家企业技术中心14个、省级企业技术中心152个;武汉邮电科学研究院、省医药工业研究院等20家科研院所转制为企业或整体进入企业;企业科技创新投入不断增长,初步成为科技投入的主体(见表3-2)。其中科技活动经费筹集额年均增长14.35%,"R&D"经费支出年均增长10.48%。同时公共知识创新平台建设取得重要成果,以高等院校和重点科研机构为主体的区域知识创新体系已成为国家知识创新体系的重要依托。技术转移和创业服务体系不断完善,一批中小企业脱颖而出,成为技术创新和高新技术产业发展的"排头兵"。科技基础条件平台建设迈出重要步伐,完成了全省科技条件资源普查,建设了湖北科技资源共享管理平台;湖北科技信息网与全国高校文献保障系统、中国科技网的互联互通和资源共享等重点工程(项目)相继启动,为低碳经济发展奠定了基础。

表3-2 湖北省2003—2008科技活动经费情况 单位:万元

时间	科技经费筹集额	科技经费支出	R&D经费内部支出
2003	1182487	1147325	548173
2004	1363286	1305311	567558
2005	1716672	1739892	841514
2006	1908685	1894829	947512
2007	2309623	2286837	1124990
2008	3120569	3017439	1493636

资料来源:根据《湖北省统计年鉴2009》整理而得

3. 低碳经济市场广阔

低碳经济主要将在能源、建筑、交通运输、城市建设等方面发挥巨大作用,当前,湖北正处于工业化中期和城市化加速推进期,在清洁能源、节能技术、环保产业等方面市场巨大,同时,湖北节能减排和环境治理的压力较大,这也是低碳经济重点关注的行业领域。

4. 国家政策优势叠加

"两型社会"与湖北低碳经济发展具有高度统一性,是国家给予湖北最大政策优势,赋予了武汉城市圈在推进低碳经济发展过程中"先行先试"的政策权限,为低碳经济的技术创新和制度创新提供了政策条件;中部崛起战略规划把中部定位为能源原材料基地,对于湖北加大新能源开发和低碳经济发展具有重大意义;国家战略性新兴产业发展规划相继出台,对于湖北大力发展新材料、新能源、生物医药等新兴低碳产业具有推进作用;湖北东湖高新区获批成为国家自主创新示范区,有利于加快低碳技术创新步伐。

3.1.2 湖北发展低碳经济的条件

从国内外低碳经济发展动态与实践情况来看,低碳经济发展是大势所趋,是新一轮全球经济的增长点。有关专家预测,低碳经济将是第五次经济浪潮,必将给社会经济生活各个层面带来巨大变化。目前国家有关部门正在研究如何在我国发展低碳经济,并将其上升到国家战略层面。对于湖北而言,走低碳能源发展道路,并不是没有可能,但要取决于一定的条件。

1. 需要尽快制定湖北低碳经济发展战略

湖北省人民政府已将发展低碳经济提到议事日程,在 2009 年 12 月省政府颁布了国内第一个省级政府规范性文件《湖北省人民政府关于发展低碳经济的若干意见》,就湖北省低碳经济发展的指导思想、基本原则、主要目标、主要任务、发展低碳相关产业、推动低碳技术的研究与应用、保障措施等方面,作出了相关的战略性部署,具有制度创新意义和宏观导向作用。但部分重要规划内容仍需进一步细化、充实,以提高其前瞻引导性、实务可操作性。根据国内外低碳经济发展的新形势与湖北省能源供需现状,为抢占先机,必须尽快制定更完善的湖北低碳经济发展战略。

一是要与"两圈一带"发展战略相结合。为构建湖北成为中部崛起战略支点,加快发展步伐,湖北省委省政府结合本省实际提出了"两圈一带、双轮驱动"发展战略。而低碳经济战略是提升"两圈一带"战略的重要载体。为确保"两圈一带"战略的有效实施,应把低碳经济发展战略融于"两圈一带"之中。

二是要与"两型社会"建设战略相结合。2007 年 12 月武汉城市圈获批全国资源节约型和环境友好型建设综合配套改革试验区,2009 年 9 月,国务院批复了武汉城市圈改革试验总体方案。作为"两型社会"试验区,如何推动经济转型升级、方向何在,显然切入点是节约能源资源和保护生态环境,关键是转变发展方式,而低碳经济因具有低能耗、低污染、低排放特征,发展低碳经济与"两型社会"建设正合其时,因此,低碳经济应与"两型社会"建设总体方案有机结合,通盘运作。

三是要与产业结构调整战略相结合。发展低碳经济,就是要优先发展低碳产业。所谓低碳产业是指能源利用效率高、排放低、污染少的产业及应用前景广的新能源产业等,包括先进制造业、节能建筑、服务业和新能源、资源的循环利用等。目前,湖北第二、三产业增加值在全省生产总值中的比重基本相同,但能耗所占比重相差较大。2008 年,第二、三产业每万元增加值能耗分别为2.05 吨标煤和0.35 吨标煤。按此计算在湖北省单位生产总值能耗构成中,工业单位增加值能耗是非工业部门的8.1 倍左右,工业增加值占 GDP 的比重每提高 1 个百分点,需要多消耗能源约 120 万吨标煤。与此同时,工业内部不同行业能耗差别也较大,2008 年,火力发电业、非金属矿物制品业、黑色金属冶炼及压延加工业、有色金属冶炼及压延加工业、化学原料及化学制品制造业、石油加工等这六大行业万元增加值综合能耗为3.72 吨标准煤,比电子信息等七大先进制造业高出 2.8 倍。可见降低工业增加值单位能耗将是降低全省万元 GDP 能耗的主要可行手段之一,而发展先进制造业是最有效的途径。要把服务业的发展放在更加突出的位置,逐步实现经济增长主要依靠第二产业带动向第一、第二、第三产业协同带动转变。要通过发展低碳产业,促进全省产业结构转型升级,从而实现发展方式的根本转变。

四是要与节能减排战略相结合。根据国家总体部署,“十一五”时期,湖北单位 GDP 能耗水平要下降 20%,主要污染物排放减少 10% 以上,大气环境质量优良率达到 85% 以上。要实现上述目标,必须大力降低煤炭、石油等高碳产品的消费量。有关专家预测,“十二五”时期,我国很有可能制定并出台降低碳排放量的考核政策。因此,发展低碳经济,是实现节能减排的一项重要举措。

2. 需要大力发展低碳基础产业,培育新的经济增长点

低碳基础产业主要包括节能产业、环保产业以及清洁能源产业等,其中,核心是新能源产业发展。低碳基础产业是后金融危机时代新的经济增长点,湖北大力发展低碳经济,首先就是要重点培育和扶持好这些低碳基础产业。

一是大力发展环保产业。环保产业是包括环保产品制造、资源综合利用、环境服务等领域,涵盖制造业和服务业的新兴产业,是环境保护的重要物质基础和技术保障。湖北环保产业发展潜力非常大,但由于投融资渠道单一、投资结构不合理、产业集中度低以及污水和垃圾处理收费机制不健全等原因,未来需要进一步引导和解决。当前及今后一段时期,关键要把环保产业作为“两型社会”建设的重要内容、新的经济增长点来谋划,特别是要把环保监测仪器等制造业和环境服务业作为未来发展的重点。

二是积极开展节能产业。节能产业是新兴战略性产业之一,主要包括工业、建筑、家电、照明以及汽车节能等。在工业节能上,可以组建工业节能减排技术改造项目储备库;在建筑节能上,重点加强节能环保新材料、新工艺的研制;在家电节能上,推进高效节能家用电器的开发和生产;在照明节能上,加快开发新型紧凑型荧光灯、金属卤化物灯、LED灯和太阳能照明；在节能汽车上，加快东风公司电动车研发力度，大力发展新能源汽车，抢占世界汽车发展制高点。

三是发展清洁能源产业。清洁能源产业关联度高，对于改善能源结构、推动节能减排、提高能源利用效率作用明显，应力争把清洁能源产业打造成为湖北新的支柱产业。在核电上，做好中长期发展规划编制工作，科学选址，有序推进，积极研发，带动核电项目和相关产业集群发展；在风能上，加快全省风能资源勘测力度，重点研发磁悬浮风力发电技术等关键技术，推进风电设备制造业发展；在生物质能上，力争自主掌握核心技术，与林业、森工有机结合，做好能源基地林建设；在太阳能上，积极稳妥推广太阳能热利用产品应用，发展太阳能产业集群，同时加快光伏产业发展步伐，充分利用武汉“中国光谷”，开辟光伏产业发展新路径。

3. 需要大力发展高新技术产业，加快推进传统产业低碳化

高新技术产业是低能耗、低污染、高技术含量、高附加值的产业，是低碳经济发展模式中潜力巨大、前景广阔的产业之一。湖北要充分利用科教优势，关键要在推进产业化上下功夫。以东湖、襄阳两个国家级高新区为主要载体，围绕电子信息、生物医药等重点和优势领域，加快实施一批高新技术产业化重大项目。要完善智力资本股权激励政策，引导科研人才走向市场，创办科技型企业，加快培育、壮大一大批高新技术企业，不断提升高新技术产业国际竞争力。

节能减排是低碳经济发展的重要环节，而传统产业是碳排放的大户，因此，要利用低碳经济的理念改造和提升传统产业，加快推进传统产业低碳化。汽车、钢铁、有色金属、石油化工、电力、建材、纺织等是湖北的传统支柱产业，这些产业多为高耗能、高排放产业，是节能减排的压力所在。在推进传统产业低碳化过程中，要重点抓好石化、钢铁、有色等重点行业和企业的节能减排，加快节能减排技术的研发、推广和应用，科学规划产业发展，做好“去产能化”工作，同时探索形成有利于促进节能减排的长效机制。

4. 需要拓展低碳生产方式，倡导低碳消费方式

总体上看，湖北的中长期建设中面临的突出问题既带有区域经济的特殊性，也体现了我国经济发展现阶段的某些共性。这些问题的根源在于：粗放型经济增长方式与能源资源供给、环境生态承载力之间的矛盾日益尖锐；国民经济已经进入工业化加快发展的时期，而传统经济生产方式转换速度仍然慢；能源和重要战略资源短缺日益突出，环境生态承载力日益脆弱。因此，加快生产方式的转变，推进“两型社会”建设是刻不容缓的严峻使命。低碳经济之所以超出了环境保护的范畴，是因为低碳经济不仅仅是一种生产约束条件，更是一种现代生产方式。

要嵌入全球价值链就要发展低碳产业链，而低碳经济产业链网的系统性、联动性等内在特性，是便于统筹城乡发展、统筹区域发展、统筹经济社会发展、统筹人与自然和谐发展、统筹国内发展和对外开放的，应该在生态经济社会复合大系统中构建起一种全新的生态秩序，推进生产力和生产关系、经济基础与上层建筑相协调，推进经济、政治、文化建设的各个环节、各个方面之间相协调，进而在经济发展的基础上，推动社会全面进步与人的全面发展，促进社会主义物质文明、政治文明、精神文明相协调发展，最终形成生态文明型社会。低碳经济生产方式的建立和完善，最终要求实现能量资源的高效利用，从而达到降低二氧化碳排放的目的。

引导城乡居民转变消费观念，优化消费过程，积极创建低碳型消费模式。加强政府对企业和公众的引导，在不影响人民生活质量的前提下，鼓励消费领域节能和减少碳排放。推广碳排放标志认证。实行低碳标志认证制度有助于促进企业努力生产低排放型产品，也有助于诱导消费者积极选购"低碳商品"，从而把温室气体减排同商品销售的竞争挂起钩来，既能激发企业参与的积极性，也能提高消费者的环保意识，引导居民建立可持续消费观。

以太阳能产业及其产品消费为例，湖北省目前具有发展太阳能热利用产业群的条件，桑夏、天普、华扬、皇明、力诺太阳能等知名企业纷纷落户湖北，加上黄石东贝太阳能、秭归的湖北华阳太阳能已投产多年，只要政府出台适当的政策扶持，"十二五"期间湖北完全有可能成为国内最大的太阳能热利用产业基地。根据湖北省产品质量研究院提供的测算数据，如果湖北推广应用达到全国保有量的平均数400万平方米，每年将节约标准煤6亿吨；十年将获得30亿的环境效益，为在湖北建设资源节约型、环境友好型社会作出巨大贡献。

3.2 湖北发展低碳经济面临的机遇

发展低碳经济为湖北实现经济方式的根本转变提供了难得的机遇。走低碳发展道路，既是应对全球气候变化的根本途径，也是可持续发展的内在需求。发展低碳经济有利于突破湖北经济发展过程中资源和环境瓶颈性约束，走新型工业化道路；有利于顺应世界经济社会变革的潮流，形成完善的促进可持续发展的政策机制和制度保障体系；有利于推动产业升级和企业技术创新，打造湖北未来的核心竞争力。

3.2.1 发展低碳经济已成为国家战略

低碳经济是一种生态经济和生态文明,是人类社会继农业文明、工业文明及信息化浪潮之后的又一次重大进步,人类将走向低碳化时代。低碳经济是以低能耗、低污染、低排放为基础的经济发展模式。低碳经济的实质是能源高效利用、能源清洁开发、GDP 绿色增长;核心是能源技术和减排技术创新、产业结构和制度创新以及人类生存发展观念的根本转变。

早在 2007 年 9 月 8 日,中国国家主席胡锦涛在亚太经合组织(APEC)第 15 次领导人会议上,本着对人类、对未来高度负责的态度,对事关中国人民、亚太地区人民乃至全世界人民福祉的大事,郑重提出四项建议,明确主张"发展低碳经济",令世人瞩目。他在这次重要讲话中,一共说了四次"碳":"发展低碳经济",研发和推广"低碳能源技术","增加碳汇","促进碳吸收技术发展"。他还指出:"开展全民气候变化宣传教育,提高公众节能减排意识,让每个公民自觉为减缓和适应气候变化做出努力"。这也是对全国人民发出了号召,提出了新的要求和期待。他还建议建立"亚太森林恢复与可持续管理网络",共同促进亚太地区森林恢复和增长。

2007 年 12 月 3 日,联合国气候变化大会在印尼巴厘岛举行,15 日正式通过一项决议,制订了引世人关注的应对气候变化的"巴厘岛路线图",该"路线图"要求发达国家在 2020 年前将温室气体减排 25%—40%。"巴厘岛路线图"为全球进一步迈向低碳经济起到积极作用,具有里程碑意义。

2007 年 12 月 26 日,国务院新闻办发表《中国的能源与政策》白皮书,着重提出能源多元化发展,并将可再生能源发展正式列为国家能源发展战略的重要组成部分,不再提以煤炭为主。

2008 年,联合国环境规划署确定"转变传统观念,推行低碳经济"为该年世界环境日(6 月 5 日)主题。

2008 年"两会"上,政协委员提出了低碳经济的议题,认为:中国能否在未来几十年里走到世界发展前列,很大程度上取决于中国应对低碳经济发展调整能力。

2009 年 9 月,胡锦涛主席在联合国气候变化峰会上承诺:"中国将进一步把气候变化纳入经济社会发展规划,并继续采取强有力的措施。一是加强节能,提高能效工作,争取到 2020 年单位国内生产总值二氧化碳排放比 2005 年有显著下降。二是大力发展可再生能源和核能,争取到 2020 年非化石能源占一次能源消费比重达到 15% 左右。三是大力增加森林碳汇,争取到 2020 年森林面积比 2005 年增加4000万公顷。森林蓄积量比2005年增加13亿立方米。四是大力发展绿色经济,积极发展低碳经济和循环经济,研发和推广气候友好技术。

2009年12月7日至8日,在丹麦首都哥本哈根召开了《联合国气候变化框架公约》缔约方第15次会议,85个国家元首或政府首脑,192个国家的环境部长出席了这次会议。中国人民共和国总理温家宝在这次会议上向全世界承诺:到2020年,单位GDP的二氧化碳排放量比2005年减少40%—45%。这一具有挑战性的目标,表明了中国走"低碳化"发展道路的决心和信心,赢得了与会各国特别是发展中国家的赞誉。会议将2010年定为低碳年。由此"低碳经济"进一步成为全球聚焦的热点。

2010年3月召开的全国人大、全国政协会议上,生态环保、可持续发展成为两会主题,低碳经济成为全国政协的"一号提案",与低碳有关的议案、提案占总量的10%左右。温家宝总理也在《政府工作报告》中强调,"要努力建设以低碳排放为特征的产业体系和消费模式。"同时,温家宝也在工作报告中指出:国际金融危机正催生新的科技革命和产业革命。发展战略性新兴产业,抢占经济科技制高点,决定国家的未来,必须抓住机遇、明确重点、有所作为。要大力发展新能源、新材料、节能环保、生物医药、信息网络和高端制造业。

总之,低碳经济正在成为一场改变人类生产模式、生活方式、价值观念的革命,正在成为世界各国应对气候变化、保障能源安全、维护本国权益的基本途径和战略选择。向低碳经济转型已经成为我国的重大发展战略。在此背景下,湖北省应该积极响应国家的号召,把握住国家大力发展低碳经济的契机,把发展低碳经济作为本省今后发展和工作的重点,使本省的低碳经济发展水平在全国都处于先进的行列。

3.2.2 发展低碳经济已成为世界各国的共识

由于人为排放的二氧化碳等温室气体,引起了全球气候变暖,对人类社会的生存和发展产生了巨大影响。因此,降低碳排放强度已经成为我们保护自然环境的客观需要,发展低碳经济也成为全球经济的一个重点和热点问题。

从《京都议定书》到"巴厘岛路线图"再到哥本哈根会议,碳排放的问题越来越被世界各国所重视。目前,面临国际金融危机后的新一轮国际竞争,许多发达国家将以高能效、低排放为核心的"低碳革命"作为刺激经济复苏,实现可持续发展的重要战略选择,着力发展"低碳技术"抢占产业制高点。

1. 英国

英国是低碳经济的倡导者和先行者，"低碳经济"最早见诸于政府文件是在2003年的英国能源白皮书《我们能源的未来：创建低碳经济》。白皮书强调：要通过科学创新优先发展可再生能源，并确立最有可能产生实质性突破的6个技术领域，包括二氧化碳吸收、能源效率、氢的生产和存储、核能（特别是废物处理）、潮汐能。英国充分意识到了能源安全和气候变化的威胁，提出了将以发展低碳经济作为英国能源战略的首要目标。英国首相布朗2006年6月26日发表演讲说，发展中国家不应再延续发达国家历史上的那种高能耗的发展模式，因为旧模式带来了巨大的环境成本，发展中国家可以考虑发展低碳经济的新模式。

2008年11月26日，英国议会通过了《气候变化法案》，使英国成为世界上第一个为减少温室气体排放、适应气候变化而建立具有法律约束性长期框架的国家，并成立了相应的能源和气候变化部。按照该法律，英国政府必须致力于发展低碳经济，到2050年达到减排80%的目标。英国正在着力将"低碳经济模式"向全世界推广。

2009年7月15日，英国发布了《英国低碳转换计划》、《英国可再生能源战略》，标志英国成为世界上第一个在政府预算框架内特别设立碳排放管理规划的国家。目前，英国已初步形成了以市场为基础，以政府为主导，以全体企业、公共部门和居民为主体的互动体系，从低碳技术研发推广、政策发挥建设到国民认知姿态等诸多方面，都处在了世界领先位置。通过这一系列的发展，英国成功突破了发展低碳经济的瓶颈，为实施低碳计划奠定了扎实的基础。

2. 欧盟

欧盟一直是气候变化的倡导者，积极推动国际温室气体的减排行动，也是推动全球发展低碳经济的最重要的力量。近些年来，欧盟将低碳经济看作"新的工业革命"，并采取了一系列有效的措施促进低碳产业发展，以带动欧盟经济向高能效、低排放的方向转型。

2005年，欧盟启动了排放交易机制，按照这一机制，欧盟各成员国应制订每个交易阶段二氧化碳排放的"国家分配计划"，为有关企业提出具体的减排目标，并确定如何向企业分配排放权。2006年3月，欧盟委员会发表了《欧盟能源政策绿皮书》，提出鼓励能源的可持续性利用，发展可替代能源，加大对节能、清洁能源和可再生能源的研究投入。

2008年底，欧洲议会通过了欧盟能源气候一揽子计划，包括欧盟排放权交易机制修正案、欧盟成员国配套措施任务分配的决定、碳捕获和储存的法律框架、可再生能源指令、汽车二氧化碳排放法规和燃料质量指令等内容，规定欧盟到2020年将温室气体排放量在1990年基础上至少减少20%，将可再生清洁能源占总能源消耗的比例提高到20%，将煤、石油、天然气等化石能源消费量减少20%。欧盟各国积极响应，如英国的长期目标是实现全欧洲到2020年减少30%，2050年减少60%的减排总体目标；法国考虑创造“零碳经济”；瑞典大力推行“环保车计划”；德国将环保技术产业确定为新的主导产业重点培育，计划在2020年成为第一大产业；丹麦则在全球率先建成了绿色能源模式，成为世界低碳经济发展典范，形成由政府、企业、科研、市场关联、互动的绿色能源技术开发社会支撑体系。

2009年3月，欧盟委员会宣布在2013年之前投资1050亿欧元支持欧盟地区的“绿色经济”，促进就业和经济增长，保持欧盟在“绿色技术”领域的世界领先地位，款项全部用于环保项目以及与其相关的就业项目，其中540亿欧元将用于帮助欧盟成员国落实和执行欧盟的环保法规，280亿欧元将用于改善水质和提高对废弃物的处理和管理水平。因此，在发展低碳产业问题上，欧盟不仅提出的口号最响，行动也走在了其他国家和地区之前。从排放指标的制定，到科研经费的投入、碳排放机制的提出、节能与环保标准的制定，再到低碳项目的推广等，欧盟率先出击，步步为营，推出了全方位的政策和措施，统领各成员国大力发展低碳产业。

3. 美国

低碳革命是继全球IT革命之后，既适应人类历史发展趋势，又已拥有足够技术储备和产业基础，能够创造出巨大投资机会和就业机会，可能迅速发展壮大的新的经济增长点。随着金融系统的逐步稳定，美国经济显现出企稳向好趋势，但主要靠净出口和政府的财政刺激政策拉动，私人投资和私人消费对GDP仍为负贡献。而低碳革命在刺激投资、带动出口、创造就业、拉动经济增长、提高全要素生产率以及令美国摆脱石油依赖上颇值得期待。

美国希望通过推动低碳经济，谋求国家战略转型。2007年美国参议院提出《低碳经济法案》，奥巴马政府上台后，将应对气候变化和研发清洁能源及提高能源效率置于优先位置，主张应对气候变化、发展低碳经济的重点是转变能源战略和能源利用方式，具体步骤包括投资清洁能源领域并在此领域开拓新的就业机会，缓解就业压力；投资开发下一代清洁能源技术，每10年投资1500亿美元，使美国逐步转向低碳经济；开展石化燃料清洁技术，提高能源效率及美国的世界竞争力等。

奥巴马不仅在美国国内积极推动气候立法，更热衷于绿色外交、四处打清洁能源合作牌。2009年1月，奥巴马宣布了“美国复兴和再投资计划”，以发展新能源作为投资重点，计划投入1500亿美元，用3年时间使美国新能源产量增加1倍，到2012年将新能源发电占总能源发电的比例提高到10%，2025年，将这一比例增至25%。2009年6月28日，美国众议院通过了《美国清洁能源和安全法案》。这是美国第一个应对气候变化的一揽子方案，不仅设定了美国温室气体减排的时间表，还引入温室气体排放权配额与交易机制（CAP&TRADE）。奥巴马的绿色新政代表着世界顶尖科学家对未来社会发展的战略共识，其意图是抓住这次绿色革命的时机，通过大力发展低碳经济，带领美国走出经济危机，将世界带到智能化高科技绿色能源时代，从能源资源型社会走向能源科技型社会。如果他成功了，未来美国仍将是世界霸主。

4. 日本

近年来，日本通过对内不遗余力地研究替代，对外千方百计寻求多样化能源，为了适应日本工业领域高科技的飞速发展，日本在能源储备、自主开发、与能源出口国合作等方面采取了既有效果又有效率的政策。

2004年由日本环境省发起的《面向2050年的日本低碳社会情景》研究计划，是为2050年实现低碳社会目标而提出的具体的对策。2008年5月，这个研究小组发布了《面向低碳社会的12大行动》，对住宅、工业、交通、能源转换等都提出了预期减排目标，并提出相应的技术与制度支撑。

2006年5月，日本经济产业省编制了《新国家能源战略》，提出将温室气体减排中期目标定为2020年与2005年相比减少15%，长期目标定为2050年比现阶段减少60%—80%；2020年要使70%以上的新建住宅安装太阳能电池板，太阳能发电量提高到目前水平的10倍，到2030年要提高到目前水平的40倍。2008年5月和6月，日本国会分别通过了《能源合理利用法》修正案和《推进地球温暖化对策法》。2008年6月，日本首相福田康夫以政府的名义提出日本新的防止全球气候变暖的对策，标志着日本低碳战略正式形成，它包括应对低碳发展的技术创新、制度变革及生活方式的转变，其中提出了2050年日本的温室气体排放量比目前减少60%—80%的长期目标。

2008年6月11日，日本国会通过了《通过推进研发体系改革强化研发能力及提高研发效率》，以法律形式对《第三期科技基本计划》出台以后政府形成的促进科技创新和研发的新理念、新措施予以肯定，以提高日本科技水平和促进创新为基本理念，以人才战略为中心，从多角度对完善创新环境、提高研发效率做出了具体规定。此外，日本政府还制定了两方面具体措施：一是限制措施，比如日本《建筑循环利用法》规定，改建房屋时有义务循环利用所有建筑材料，使得日本由此发明了世界先进的混凝土再利用技术；二是提供补助金，日本政府正在探讨恢复对家庭购买太阳能发电设备提供补助的制度，降低对中小企业购买太阳能发电设备提供补助的门槛。

日本是世界重要的经济大国，也是能源消费大国。日本通过制定正确有效的能源政策和与之相对的能源法律制度来发展低碳经济，迅速调整其过于依赖石油的能源政策，妥善解决了能源安全问题、环境问题，为保持经济增长，构筑可持续发展的经济社会奠定了基础，并使其摆脱了依赖石油型的传统能源政策束缚，发展成为能源多样化的国家。

发达国家在低碳经济的发展上走在我国前面，也已经积累了一定的经验。湖北在向低碳经济转型中，面临着特定的制约因素，通过借鉴发达国家发展低碳经济的成功经验，积极开展低碳经济发展的相关政策和技术研究，可以探索适合湖北实际的低碳经济发展之路。

3.2.3 "两型社会"综合改革实验区建设是低碳经济的动力保障

2007年12月14日，武汉城市圈被国家发改委批准为"资源节约型、环境友好型社会建设"综合改革试验区。建设资源节约型社会，是指在经济、政治、文化、社会各方面，特别是在生产、流通、消费等领域，通过采取法律、经济和行政综合措施，降低资源消耗强度，提高资源利用效率，以最少的资源获取最大的经济和社会效益。建设环境友好型社会，须以环境承载能力为基础，通过对生产和消费过程的有效监控，将人类活动规制在环境容量之内，减少污染产生量，实现排放无害化，降低对生态环境的不利影响。

低碳经济与"两型社会"建设有着十分密切的关系。低碳经济是以低能耗、低排放、低污染和高能效、高效率、高效益（三低三高）为基础的经济模式。低碳经济的实质是提高能源效率和清洁能源结构，核心是能源技术创新和制度创新。低碳经济是涉及到生产方式、生活方式、价值观念和国家权益的一场深刻的变革，是科学发展的必然选择。这种经济模式的表现形态大致可以分为三种：第一种形态是温室气体排放的增长速度小于国内生产总值（GDP）的增长速度；第二种形态是零排放；第三种形态是绝对排放量的减少。"两型社会"建设意为资源节约型和环境友好型社会的建设。它作为一种人与自然和谐共生的社会形态，目的是通过人与自然的协调来促进人与人、人与社会之间的和谐，实现人类的生产和消费活动与自然生态系统的可持续发展，构建经济社会环境协调发展的社会体系。

1. 低碳经济与"两型社会"建设的基本内涵是一致的

低碳道路或低碳经济旨在针对包括自然资源和环境容量在内的资源要素，通过提高效率、降低污染来进一步发展生产力，促进社会经济发展的可持续性。低碳经济要做到降低能耗，提高能效，突出低碳或无碳排放。“两型社会”建设，要求在社会经济的生产、流通、消费的废物排放等各个领域，通过采取行政、法律、经济和社会等综合性措施，以资源和环境承载力为基础，促进国民经济发展和社会进步，提高资源和环境的利用效率，以最少的资源消费和污染排放获取最大的经济社会效益，并最终推动人类社会经济与自然生态系统的和谐，实现全面、协调、可持续发展。“两型社会”建设的核心目标是节能减排。因此，低碳经济与“两型社会”建设的基本任务是相辅相成的。

2. 低碳经济是“两型社会”建设的重要实践

“两型社会”建设涵盖的范围虽然比低碳经济宽，但与其有着密切的关联。发展低碳经济，必须树立低碳观念，使“低碳消费”观念深入人心；必须发展低碳能源、培育优化低碳产业；必须开发低碳技术。此外，提高能源利用率等都是资源节约、环境友好的“两型”社会建设的应有之义和客观要求。而低碳经济具有经济增长、扩大就业、节能减排三重效益，也可以有效地实现上述目标。因此，低碳经济的发展对“两型社会”建设的影响重大，能为“两型社会”建设提供强大推动力。

3. “两型社会”建设是低碳经济的动力保障

促进物质文明、社会文明、生态文明三者协调发展，实现经济效益、社会效益、生态效益协调发展，是“两型社会”建设的根本目的，即以尽可能少的资源消耗和尽可能小的环境代价，获取最大的经济产出和最少的废物排放，追求经济社会环境的协调发展。在“两型社会”建设中，必须牢固树立和落实科学发展观，以人与自然和谐发展为目标，以生态环境对经济社会的承载能力为基础，以遵循自然规律为核心，来创造并维持良好的生态环境。通过推动太阳能光伏产业、环保产业的发展，以及重点扶持新能源设备、节能环保等产业集聚发展对于发展低碳经济可以起到很好的促进作用。所以，低碳开放经济概念是窄的低碳经济，“两型社会”建设是广的低碳经济。

总之，从长远看，低碳经济与武汉城市圈“两型社会”的发展目标是一致的。低碳经济倡导以较少温室气体排放实现经济发展目标，强调经济发展与环境保护相协调。从技术经济特征看，低碳经济实质上是提高能源效率和改善清洁能源结构，核心是能源技术创新和制度创新。这一技术经济特性与武汉城市圈建设“两型社会”，转变经济增长方式，走新型工业化道路，降低污染排放等做法是一致的。因此，武汉城市圈应以建设“两型社会”为契机，发展低碳经济，加快产业升级和产品、产业结构调整，改善不合理的能源结构，提高资源和能源利用效率。武汉城市圈试验区的主题是“两型”，核心任务是“两新”，即新型城市化和新型工业化。“两新”又集中体现在“两低”上，即低碳经济和低碳社会。武汉城市圈在实施这一宏伟目标中，要把“两低”的要求，体现在“两型”社会建设的方方面面。

3.3 湖北发展低碳经济面临的挑战

发展低碳经济已经成为了世界经济发展的新潮流，也是湖北经济未来发展方向的必然选择。但是，低碳经济是一种全新的经济发展模式，和传统的经济发展模式是不一样的，它有自己的特点，它的发展需要建立在一定的基础和条件之上。湖北能源资源十分匮乏，缺煤、少油、乏气，能源需求对外依存度较大。当前，湖北省正处于工业化中期，工业结构偏重，能源消耗以煤为主，能源供求矛盾日益突出，环境压力不断加大。湖北在发展低碳经济的道路上必然要遇到困难和挑战，这些困难和挑战主要集中和表现在以下几个方面。

3.3.1 传统产业仍然占主导地位，产业结构调整困难重重

改革开放后，湖北省的第一、二、三产业和原来相比都得到了快速的发展和提高，特别是第二产业有了很大的提高，在湖北省的经济总量中占绝对的优势，这对湖北省的社会发展和经济水平的提高做出了重要的贡献。然而，湖北省在全面高速发展的过程中，产业结构和发展方式也出现了一些问题，这些问题在湖北省发展初期表现得并不是十分明显。但是，当湖北省经济发展到一定的程度，特别是要建设“两型社会”，发展低碳经济时，这些产业问题就表现的尤为突出了，具体表现在以下几个方面：

1. 产业结构不合理，生产总值偏向第二产业

从图 3－3 可以看出，湖北省生产总值的产业结构有如下特征：首先，第一产业所占比重由 1952 年的 56.7% 到 1978 年的 40.5%，逐渐下降至 2008 年的 15.7%，其间虽有小幅度的反复，但在全省经济中已经退居次要地位；其次，第二产业从 1952 年的 15.1% 上升到 1980 年的 46%，达到历史的最高峰，而后一直在 37%—45% 之间上下波动。2008 年第二产业比重为 43.8%，在基本保持稳定的同时有下降趋势，但仍占据主导地位，可见湖北经济已进入第二产业内部调整时期，仍处于工业化过程之中。第三，改革开放后，第三产业一直保持上升态势，由 1978 年的 17.3% 上升至 2002 年的 42.6%，之后稳定保持在 40% 以上的水平与第二产业齐头并进。

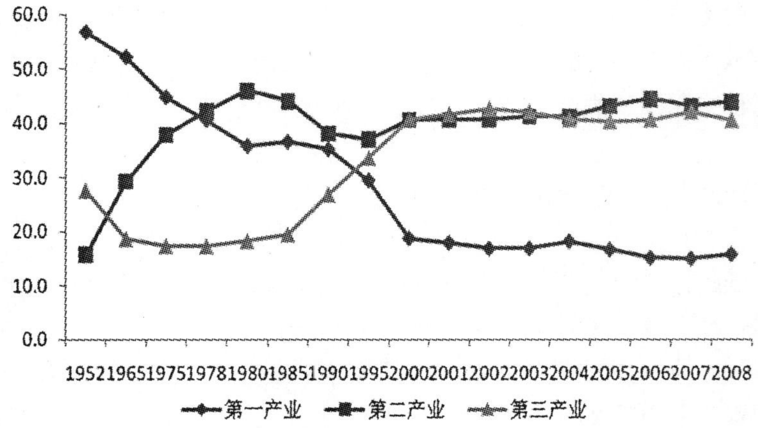

图 3－3　湖北省生产总值的产业构成

根据产业结构演进的规律，产业结构成长具有鲜明的特征。起初，第一产业起着基础作用，随着其他产业的迅速发展，其地位逐渐下降，在经济总体中居于次要地位。第二产业在经历了较长时间的持续发展之后，将会在相当时期内居于主导地位。随着工业化过程的结束，第二产业内部不断调整；同时第三产业异军突起，逐渐取代第二产业的主体地位。根据产业演进的这一规律，可以看出，湖北省生产总值的产业构成正在逐渐优化，但第二产业比重过大，制约了第三产业的发展。

以上分析说明，湖北省仍是以第二产业为本省的支柱产业，而第二产业中的很多企业都是高能耗、高污染的传统企业，这些企业正是湖北省发展低碳经济的重要障碍。湖北省要想真正的实现发展低碳经济的宏伟目标，就必须改造、转移甚至关闭这些高能耗、高污染的企业，进而大力发展低能耗、低污染的产业，如第三产业。这就要求湖北省要从产业结构调整和优化的高度来处理这些问题，调整湖北省的产业结构，降低第二产业的比重，大力发展金融、服务业等第三产业，优化产业内部结构。

2. 工业内部结构不合理，轻重工业比例失调

据湖北统计局资料表明，湖北省六大支柱产业中，有五大产业属重工业。2004 年以来，湖北省重工业占工业比重一直保持在 70% 以上，工业结构偏向重型化，且这种重型化逐步扩大，近两年有小幅调整。1985 年轻重工业的比例约为 1：1.136，到 2008 年扩大为 1：2.448；1985 年轻重工业比为 46.8：53.2，到 2008 年扩大为 29：71，轻工业过轻，重工业过重。加工组装制造业占制造业的比重是衡量国家和地区工业化程度的标志之一，一般而言，加工组装产业占制造业比重越大，工业化程度越高。2007 年湖北省加工组装制造业产值为 2858.48 亿元，占制造业的 34.54%，低于全国 4.1 个百分点，加工组装制造业比重偏低。

根据工业结构演化三阶段理论，在经济发展过程中，工业结构演化第一个阶段为重工业阶段，即工业由以轻工业为中心向重工业为中心的发展阶段；第二阶段为高加工度阶段，重工业的发展以原材料工业为中心向以加工组装工业为中心发展演进；第三阶段为技术密集化阶段，向自动化和尖端技术工业发展。湖北省正处在第二阶段，由重工业发展以原材料工业为中心向以加工组装工业为中心发展演进，表现为轻重工业比例不合理，工业内部比例失衡，加工组装制造业比重偏低。

湖北省正处在工业结构演化的第二阶段，是由重工业向加工组装工业演进的阶段，这并不利于低碳经济发展的。因为在这一阶段，重工业仍占不少的比重，它们是高能耗、高污染的，而加工组装工业技术含量比较低，附加值也很低很难成为湖北省经济发展的支柱。湖北省要实现发展低碳经济的发展目标，就必须尽快的调整工业内部结构，尽快进入工业结构演化的第三阶段，降低重工业和加工组装工业的比重，大力发展技术密集型产业。

3. 第三产业发展规模小，水平低，呈结构性缺陷

湖北省的第三产业以层次较低的餐饮、商贸零售等服务业为主，第三产业企业的规模小，技术含量不高，创造的附加值低。而代表第三产业发展水平的信息服务、金融服务、咨询业以及现代物流业的发展则落后于东部地区。第三产业的内部发展不平衡，传统第三产业中物流业占较大比例，新兴第三产业发展不足。湖北省第三产业中除物流服务业外，为生产和居民生活服务的行业发展非常缓慢，远远不能满足需求，造成这些服务行业价格不能正确反映其价值。同时，餐饮业、零售业沉淀大量的低素质劳动力，而适应市场化、信息化需求的产业就业人数不足，制约了第三产业的进一步发展和结构升级。

第三产业存在的诸多问题也是湖北省发展低碳经济的重要障碍。湖北省要实现低碳经济的发展目标，就要使第三产业成为本省的主导产业，使第三产业的产值在总产值中占绝对的优势。这就要求湖北省应尽快解决第三产业中存在的问题，要大力发展第三产业中的信息服务业、金融业、咨询业和现代物流业，提高第三产业的企业规模和企业数量，加快为居民生产和生活服务的行业的发展。

4. 三次产业的发展速度不协调

根据图 3－4 可以进行看出，第一、三次产业的增长率与全省经济增长率之间的关系。除 1990 年之外，第一产业增长率均低于全省经济增长率，有些年份呈负增长态势；而第二产业的增长率除1990年明显低于全省经济增长率之外，其他年份增长速度均超过全省经济增长；1952—2008年，第三产业的增长率一般高于或接近全省经济增长率。在自身增长速度方面，第一产业的发展速度在绝大多数年份均落后于其他产业，有些年份甚至出现负增长；第二产业的发展速度则是先上升后下降，再迅猛发展，最后趋于稳定，在大多数年份，第二产业的发展要快于其他产业；第三产业的发展速度较为平稳，基本上保持着10%以上的年增长率。

湖北省三次产业之间的发展比例不平衡、不协调。第一产业的发展严重滞后，第二产业的迅猛发展是以牺牲第一产业特别是农业为代价的，第三产业的发展速度也仅与全省经济发展速度大致持平，未能对全省经济增长做出应有的贡献。

湖北省应加快第三产业的发展，降低第二产业的比重，改造和关闭高污染、高能耗的重化工企业，为发展低碳经济做好充足的基础准备。

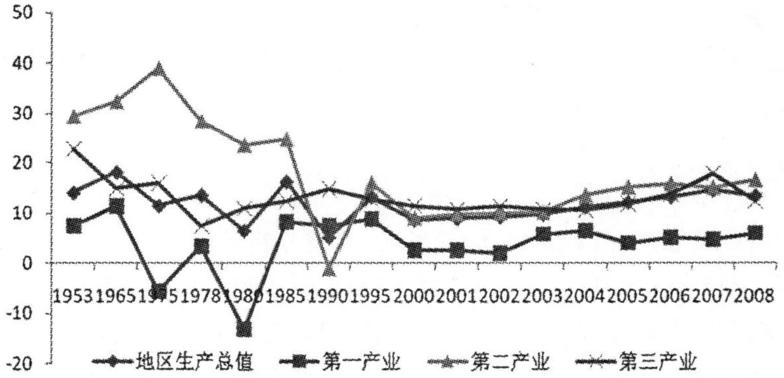

图3-4 湖北省三次产业增长速度比较

5. 从业人员结构转换滞后于产业结构转换

近年来，全省从业人员总数基本呈上升趋势，其中，第一产业从业人数一直占据主导地位，从改革开放初期的约80%到1995年之后的半壁江山，农业从业人员的绝对数量和相对比例一直高居不下。根据前面的分析，第一产业产值在湖北省经济中的比重处于次要地位，其比重由1990年的35.1%逐渐下降至2008年的15.7%。以2007年为例，占从业人员总数约50%的农村劳动力仅创造出不到15%的生产总值。由此可见，农村剩余劳动力过多，劳动生产率低下，从业人员在三次产业之间分布不合理。相对而言，第二产业创造了全省生产总值的一半，但就业人员的绝对量相对稳定，并略有下降，其比重不足全省的1/3；第三产业从业人数绝对量一直呈上升趋势，但吸纳就业人数的比重始终不到全省的1/3。

湖北省产值比重最低的第一产业滞留的从业人员比重最高，第二产业和第三产业吸纳就业人员缓解就业压力的能力十分有限。一般而言,第三产业的发展能吸纳大量的劳动力,缓解社会就业压力,但由于湖北省的产业结构偏向第二产业,这制约了那些能够吸附大量农村剩余劳动力的产业的发展,严重影响了从业人员由农业向其他产业的转移,造成了从业人员在三次产业间分布的不合理,从而阻碍了经济的发展。

湖北省从业人员结构的不合理也是湖北省低碳经济发展的影响因素之一。第三产业的发展能够而且也需要吸纳大量的劳动力,但是由于产业结构偏向第二产业制约了能吸附大量劳动力的第三产业的发展,这不利于湖北省的产业结构转移和优化,更不利于低碳经济的发展。湖北省应主动调节从业人员的产业分布,使其合理化并成为发展低碳经济的有利因素。

3.3.2 技术创新存在障碍

湖北省是全国科技大省,科技创新的基础条件较好,高校、科研院所云集,汇集了一批精英人才。高科技产业得到一定的发展,但科研成果数量及科研成果转化情况与沿海发达地区比较,差距较大,高新技术产业占国民经济的比重依然偏低,科技创新效果欠佳,在一定程度上会限制低碳经济的发展。

1. 技术创新意识比较淡薄

对于如何运用科学技术促进经济发展,如何进行技术创新,政府及企业还存在认识上的误区。技术创新的主体是企业,而当前由于湖北省企业改革尚未完成,现代企业制度尚未真正建立,产权不清、政企不分现象仍然存在,使得企业缺乏创新的内在动力。相当多的企业决策者对技术创新重视不够,企业用于新产品、新技术、新工艺的开发经费普遍不足,更乐于投资扩大规模,而不是搞有风险的技术开发。从政府和有关部门来看,存在着支持、服务不够的问题。现行体制条块分割、政企不分等问题尚未根本解决。一些地方和部门,急功近利,注重当前经济指标,忽略经济发展质量和后劲,对技术进步和技术创新重视不够,对基层和企业创新工作不热情,服务工作不到位。

2. 企业技术中心建设步伐不快,建设质量不高

湖北省企业技术中心建设与发达省市相比差距较大。目前全省大中型企业科技机构总数在全国排名第 15 位,国家认定的技术中心只有 13 家,占全国总数的 4%,远远落后于上海、山东、江苏等省市。

企业技术中心质量不高,缺乏创新能力。从建设水平看,湖北省企业技术中心大多数属于国有大中型企业的二级单位，真正能发挥作用的不多，绝大部分企业技术中心不具有超前3—5年的开发能力。2008年，湖北省共获得发明专利1152项，而广东省所获发明专利在2008年就达到了7604项。省级以上技术中心中，获得发明专利的企业只占企业总数的1/4。企业与科研机构、大学之间缺乏有效的产学研联合机制，难以形成科技与经济结合的整体效应，造成企业技术中心建设步伐不快，质量水平不高。

3. 科研人员数量、结构及研发的投入不足成为制约因素

湖北省人才流失现象严重，高素质科技人才匮乏。据对163家省级以上技术中心企业的统计分析，职工总数为67万余人，技术中心总人数为27700人，其中高级职称技术人员为5689人，占20.5%；专家和博士人数为1244人，占总数的4.5%；博士只有261人，所占技术中心总人数比例不到1%。过多的科研机构游离于企业之外，不利于产学研的结合，科研经费、科研力量不能集中使用造成科技投入的普遍浪费，致使很多基础性和普遍性的生产技术问题不能解决，直接制约了技术创新的速度和进程。以部门和行业为核心的隶属关系造成的条块分割，给科技系统结构上的优化组合和现代企业制度的建立设置了障碍，使科研单位与企业的一体化遇到了体制困难。

湖北科研人员的地域结构和行业结构存在问题。科技人才多集中在武汉市教学、卫生及科研单位。据统计，2006年武汉市高等院校、科研院所和工业企业从事科技活动人员共84482人，其中高等院校38579人，占总数的45.7%；独立研究与开发机构11631人，占13.8%；工业企业34272人，占40.5%。企业是科技成果转化的主体，企业科技人才不足，制约了科技成果的转化和高新技术产业的发展。

研发投入水平偏低。以武汉为例，2006年武汉市规模以上工业企业中有高新技术企业380家，仅有23.9%的企业设有技术开发机构，科技活动投入强度（R&D经费支出/销售收入为2.1%），约1/3的企业不到2%，远低于国际上认为有竞争力的8%的水平。与国内企业海尔集团8.2%、华为技术有限公司16.19%的水平相比较，也有很大的差距。

能源技术和减排技术的创新是低碳经济的核心之一。只有新的、更环保的能源技术和减排技术的不断出现才能降低能源的消耗、减少废气、废物的排放，这是发展低碳经济的必然要求。而新的能源技术和排放技术的不断创新和出现，依靠的正是本国、本省的技术发展水平和技术创新能力。湖北省的技术创新意识比较淡薄、企业技术中心建设步伐不快、科研人员数量、结构及研发的投入不足，这些因素严重制约了湖北省的科学技术发展和创新的水平，这不利于新的能源技术、排放技术和环保技术等有利于发展低碳经济的科学技术的发展和创新，这必然会影响湖北省低碳经济的顺利发展,阻碍低碳经济发展目标的实现。

3.3.3 制度建设的道路漫长

制度创新也是低碳经济的核心内容之一。发展低碳经济不仅要有能源技术、减排技术和环保技术等技术的创新,更需要有有利于低碳经济运行和发展的新制度的出现,这就要求制度的创新。发展低碳经济是要改变原来的高能耗、高污染、低效益的经济发展模式,建立新的低能耗、低污染、高效益的新的经济发展模式,这就需要有新的经济发展的制度安排和这种新的经济发展模式相适应,这有这样才能真正的实现发展低碳经济的目标。如果仅仅有技术的创新而没有与发展低碳经济相适应的制度创新的出现,那么这些技术创新可能只能在实验室中,而不能应用到人们的日常生产和生活中,不能转化为对发展低碳经济有用的实用技术。而制度的创新并不是一蹴而就的,它可能是一个漫长的过程。湖北省发展低碳经济就要面对以下有关制度的问题:

1.对原有经济发展制度的路径依赖

路径依赖的概念最早是由布赖恩.阿瑟戈(W. Brian Arthur)提出的,用于描述技术演变过程中报酬递增及自我增强机制的现象,即一个具有正反馈机制的体系,一旦在外部偶然性时间的影响下被系统所采纳,便会沿着一定的路径发展演变,很难为其他潜在的甚至更优的体系所取代①。诺思(North)将此思想推广至制度演变领域,提出制度变迁的“路径依赖理论”:在制度变迁过程中,同样存在着报酬递增和自我强化的机制。制度变迁选择进入某一路径后,在自我强化机制的作用下,沿着既定方向演变的趋势将得到强化,即在制度选择过程中,初始选择对制度变迁的轨迹具有相当强的影响力和制约力,一旦确定某种选择,则会产生依赖性,这种选择本身的惯性及自我积累放大的效应,会不断强化初始选择。②

从工业文明发展来看,工业文明的标识是基于人类对碳氢化合物的发现和使用。工业社会是建立在对化石燃料(能源)的勘探、开采、加工和利用之上的经济社会,它使人类经济社会发生了天翻地覆变化,促进了近代科技发展,直接导致近代工业革命即蒸汽机的革命和电力工业的发展。在化石能源体系的支撑下,使得

---

① Arther, W. B: Competing Technologies, Increasing Returns, and Lock - in by Historical Events[J], Economic Journal, 1989(99): 116—131

② 道格拉斯·诺斯:《制度、制度变迁与经济绩效》[M],上海三联书店、上海人民出版社,1994年版。

诸如石化、钢铁、建材、有色金属等产业得以形成，并由此衍生出汽车、船舶、机械、建筑等行业的发展。从产业发展和演变的关联性和逻辑性看，这些产业的发展形成一个国家或地区的产业结构格局，一个国家或地区的产业发展在一定程度上也就形成以化石能源为基础的路径依赖。正如诺斯所指出：一国的经济发展一旦走上某一轨道，它的既定方向会在以后的发展中得到强化，所以人们过去的选择决定着他们现在可能的选择。

而我们要发展低碳经济就不得不改变这种以化石能源为基础的路径依赖。但由于经济主体对旧有制度的过分依赖和利益集团对政府的影响，以及人们在产业发展的布局和结构上形成的思维定势，使得制度变迁步履维艰。对旧有制度的依赖和锁入（Lock—in）效应，阻碍着新的有利于低碳经济发展的制度的创新和运用，使得经济主体的高能耗、高污染的无效率的制度安排得以继续延续。

2. 环境资源产权制度的不完备

富有效率和能产生足够激励作用的市场运作机制，使得各种资源配置在其动态中保持活力，资产产权明晰，交易成本大大降低。但人们在追求效率的同时却忽略环境资源有效使用，表现出对环境资源的非理性消费。经济主体在经济活动中以环境产权的非交易成本和对环境资源肆意消费获取自身利益的最大化，而将经济活动中的负外部性留给他人或社会。产权经济学家哈罗德.德姆塞茨（H. Ddemsetz，1967）指出：产权是“使自己或他人受益或受损的权利。”意即“哪里有利益，哪里就有产权。”著名产权经济学家巴泽尔（Y. Barzel）指出：产权界定越明确，财富被无偿占有的可能性就越小，产权的价值就越大。① 由此推断出环境污染、温室效应等现象的日益加剧的原因，在于环境资源的产权模糊。环境产权的模糊性导致经济主体享受环境资源带来收益而使他人或社会承担其转移成本。环境成本的外部化，使得温室气体排放量不断加大，温室效应及环境破坏严重。在环境资源产权不明晰的状态下，使得环境资源的配置和使用严重偏离帕累托最优状态。

低碳经济其实质是采用新技术、新能源实施清洁生产，减少温室气体的排放。但仅仅采用新技术还是不够的，这其中还需要清晰界定环境产权，真正落实经济主体对环境资源的有偿使用。通过对环境资源的产权界定，使人们能够充分的认识到自己在环境保护中的责任和权利，从而无形中使人们自觉的采用有利于环保的新技术，摒弃高消耗、高污染的旧技术，尽可能最大限度地减少温室气体排放，从而减缓全球气候的变化，实现经济和社会的低碳发展与可持续发展。

① 巴泽尔：《产权的经济分析》[M]，上海三联书店、上海人民出版社，1997年版。

3. 环境管理的经济制度不完善

环境污染的负外部性是典型的市场失灵现象。负外部性不仅使完全竞争市场失去效率,使得资源配置偏离帕累托最优,而且加剧了环境污染和资源的浪费,其内在经济机制是由于经济主体将由自己承担的私人成本转嫁为外部成本,并由全社会共同承担,从而自身获得额外的经济利益。市场失灵的存在通常被认为是"对集体或政府采取行动来改进资源配置效率提供一个理由"。① 因此,解决环境污染、温室效应等现象必须要通过政府的相关规制政策。通过对我国政府在环境规制方面的经济手段和法律手段的分析,在环境管理方面还存在许多漏洞和不足。这些不足使得低碳经济模式的推广和应用受阻。

第一,排污收费制度的不足。排污收费制度是我国环境管理的一项基本制度,是促进污染防治的一项重要经济政策。自实行排污收费制度以来,这项制度在促进经济主体的污染治理等方面起到重要的作用。但从实践情况来看,存在一些问题,主要表现在:一是排污费的收费标准总体水平较低,所收取的排污费往往不能弥补治理污染的成本。根据有关部门测算,我国排污收费的标准仅为污染源治理设施运行成本的50%左右,某些项目的排污费甚至不及污染治理设施运行成本的10%。②这种政策造成企业愿意缴纳污染费而不积极治理污染。二是目前我国只对向水体排污既征收超标排污费又征收排污费外,而其他的排污只有污染物超标排放才缴纳排污费,只要不超标就可以任意排放,造成排放到环境中的污染物总量并未减少,却能达到减免缴纳排污费的目的,也就逃避了治理污染的责任。三是同一排污口排放两种以上的污染物,只对最高的一种污染物收费,即单因子收费,这就进一步加大其他污染物因子的排放,造成综合污染的加剧。

第二,排污权交易制度的缺陷。我国排污权交易试点工作已进行了数年,但至今还没有制定出全国统一的关于排污权交易的制度,各地方根据当地经济社会发展的状况,分别制定了一些区域性的排污权交易条例。国家现行的《大气污染防治法》、《水污染防治法》等虽已提到了排污总量控制及排污许可证制度,但无配套的排污权交易制度。同时还存在交易市场不规范以及交易过程难以准确监测等问题。

第三,环境税收制度很不完善。由于市场机制本身存在的缺陷,市场本身并不能解决外部不经济问题,需要政府进行干预,而环境税收正是解决这一矛盾的有效经济手段。环境税收实际上可看作是一种生态环境补偿费,是将可持续发展

①② 孙晓伟:《论我国发展低碳经济的制度安排》[J],《现代经济探讨》,2010(3):10—14。

和生态环境保护变为一种具有内在商业价值的制度安排。在我国现行的环境保护有关的税种中，从环境保护和资源节约的角度看，在实践中存在的缺陷主要体现在：一是税目、税基、税率的选择均未以环境保护和经济可持续发展为出发点，对环境保护和促进经济主体对污染治理的作用不大。二是与环境保护有关的税种，基本上属于税基狭小、税源分散的税种，对环境保护、节约资源的作用有限。三是与西方发达国家相比，我国缺少针对污染、破坏环境的行为或产品课征的专门性税种，如生态税收。它的缺位限制了税收对污染、破坏环境行为的控制力度。

3.3.4 低碳生活方式需要培养

促使人类生存发展观念的根本性转变也是低碳经济的核心内容之一。低碳经济不仅仅是一种以低能耗、低污染、低排放为基础的经济模式，也是人类生存发展方式的一次“低碳”革命。发展低碳经济不仅涉及到低碳技术的研发、国家产业政策的调整、国际贸易规则的改变，而且也同我们每个人的生活方式、价值观念的转变息息相关，它要求我们适当改变不合理的生活方式与生活观念，培养低碳生活方式。所谓低碳生活方式，就是低能量、低消耗的生活方式。它在全球共同应对气候变化的背景下应运而生，被专家认为是一场涉及生产方式、生活方式和价值观念的全球性革命。

人类在发展经济过程中，浪费资源、破坏环境，大自然已经为我们敲响了警钟。然而，在现实生活中，人们还存在一些行为和观念与低碳生活理念相违背。

1. 缺乏低碳生活理念

在低碳概念不断升温的同时也有人担心，对拥有 13 亿人口的中国来说，“低碳”似乎还是一个距离现实生活很遥远的概念。在新浪网发起的一项对低碳生活方式的调查中显示：在 1036 名接受调查者中，仅有 22.9% 的人表示知道低碳生活方式，有 51.1% 和 26% 的人分别选择知道一点和不知道；在问道“低碳生活方式是否容易坚持执行”时，有 75% 的人表示有难度，仅有 10.3% 的人认为容易。①

2. 浪费现象普遍

数据显示：每节约 1 度电，就能减少 1 公斤二氧化碳排放；每节约 1 升汽油，就能少排放 2.3 公斤二氧化碳。夏季空调调高一度，就可节省 10% 的能耗；用节能

---

① 刘宝森、艾福梅、孙洪磊：《让“低碳生活”理念深入人心》，新华网，http://news.xinhuanet.com/politics/2010-03/09/content_13134017.htm

灯替换白炽灯,产生的温室气体将减少4倍。① 但在日常生活中,无论居家、办公以及在社会公共场所,浪费现象普遍存在。一些家庭,电视、电脑显示器、热水器等家用电器长期处于待机状态,电源插头常年插在插座上,这些都会带来电力的消耗;一些政府部门也同样存在着消费的"高碳化",政府公务用车多为大排量的轿车,耗费的能源及排放的废气都为碳化物质,"文山会海"造成大量的纸张浪费等都成为一种消费习惯;一些城市,大搞形象工程,频建高耗电能的人工瀑布、喷泉,景观灯设计繁复,美观大于实用,等等。

3. 不健康的消费观念大量存在

第一,追求"便利消费"。"便利"是现代商业营销和消费生活中流行的价值观。不少便利消费方式在人们不经意中浪费着巨大的能源。据制冷技术专家估算,超市电耗70%用于冷柜,而敞开式冷柜电耗比玻璃门冰柜高出20%。由此推算,一家中型超市敞开式冷柜一年多耗约4.8万度电,相当于多耗约19吨标煤,多排放约48吨二氧化碳,多耗约19万升净水②。第二,"一次性消费"依然大量存在。2009年6月,全国开始实施"限塑令",但现今塑料袋依然在一些超市、市场大行其道。"限塑"的意义不仅在于遏制白色污染,而且还在于节约塑料的来源——石油资源、减排二氧化碳。据中国科技部《全民节能减排手册》计算,全国减少10%的塑料袋,可节省生产塑料袋的能耗约1.2万吨标煤,减排31万吨二氧化碳。第三,"面子消费"、"奢侈消费"呈上升趋势。2009年第一季度全国车市销量增长最快的是豪华车,其中高档大排量的宝马进口车同比增长82%以上,大排量的多功能运动车SUV同比增长48.8%。③不健康的消费观念与我们倡导的低碳生活方式相悖。

针对上述行为观念,政府部门、企业以及消费者都应该从自身做起,为实现低碳生活尽自己的一份力量。

(1)政府有责任鼓励、引导低碳生活方式。首先,政府应发挥政策的扶持作用。政府要从政策扶持、税收减免、资金融通、招商引资、舆论导向等方面支持发展低碳经济。其次,政府自身要低碳化运作。减少公务用车数量,改大排量轿车为小排量轿车甚至采用环保清洁能源,减少纸张的使用率,实现"无纸化"、"网络化"办公,树立低碳消费的榜样。再次,政府应加强宣传引导力度,引导国人树立

---

① 刘宝森、艾福梅、孙洪磊:《让"低碳生活"理念深入人心》,新华网,http://news.xinhuanet.com/politics/2010-03/09/content_13134017.htm

②③ 常红、肖芳:《低碳经济呼吁戒除"便利消费"和"面子消费"》,人民网,http://env.people.com.cn/GB/1072/10116978.html

低碳观念。

(2)企业有义务发展环保绿色低碳产品。要加快发展低碳经济,不仅要加快低碳产品的研发,更为关键的是要调动企业自主创新的积极性。中消协在《良好企业保护消费者利益社会责任导则》中明确要求:“产品的生产和使用有利于节约资源,不以牺牲子孙后代的福利为代价”,企业在推动“低碳消费”中有义务,也应有作为。新办企业要坚持“高效节能、绿色环保”原则;“低能高排”的老企业,要加快产业结构调整,进一步通过优先发展能耗低、科技含量高的产业,并坚持与科研、院校合作,开展高新技术的研究开发,逐步淘汰“低能高排”产业。

(3)消费者应树立正确的消费观、主动承担低碳社会责任。首先,消费者应树立正确的消费观。专家建议:一是戒除以高耗能源为代价的“便利消费”嗜好;二是以“关联型节能环保意识”戒除使用“一次性”用品的消费嗜好;三是戒除以大量消耗能源、大量排放温室气体为代价的“面子消费”、“奢侈消费”的嗜好。其次,广大消费者要主动承担起低碳的社会责任,要争做低碳消费方式推动者,推进社会转变消费观念,注重环保、节约资源和能源,为实现我国经济社会可持续消费做出应有贡献。

4　低碳产业与湖北经济

湖北经济以传统产业为主导。因此发展低碳经济必须从产业入手，通过大力发展低碳经济来优化湖北产业结构，构建以低碳经济为主导的产业新格局，实现湖北经济包容性发展。

4.1　湖北产业发展现状

湖北省地处中部五省半包围之中，"得中独厚"，区位优势明显。20世纪90年代，中央提出"中部崛起"战略。借中央"中部崛起"发展战略之机，省委、省政府决定逐步把湖北建设成为我国中部重要的优质农产品生产加工区、现代制造业聚集区、高新技术发展区、现代物流中心区，努力使湖北经济社会发展走在中西部前列，成为全国重要的经济增长极之一。

4.1.1　第一产业发展概况

湖北素称"鱼米之乡"，资源优势明显，是全国重要的商品粮、棉、油生产基地和最大的淡水产品生产基地，油菜籽、淡水鱼产量全国第一；棉花、水稻产量位居前列，农副产品的生产及加工有着巨大潜力。

湖北省第一产业经过多年发展，产业结构逐渐趋于协调，并取得明显成效。农业总产值由1978年的84.46亿元增加到2007年的2296.84亿元，年均增幅5.8%；林业总产值由1980年的7.28亿元增加到2007年的41.86亿元，年均增幅6.7%；牧业由17.29亿元增加到686.19亿元，年均增幅14.6%；渔业由1.46亿元增长到310.83亿元，年均增幅22.0%（见表4—1）。

表4—1　湖北省第一产业发展概况

	产值（亿元）		1978—2007年
	1978年	2007年	年均增幅（%）
农业	84.46	2296.84	5.8
林业	7.28	41.86	6.7
牧业	17.29	686.19	14.6
渔业	1.46	310.83	22.0

资料来源：湖北省统计局：《湖北经济结构调整成效显著 保持快速增长》，湖北省政府门户网站。

2009年，农林牧渔业增加值达到1915.9亿元，按可比价计算比上年增长5.2%。其中，粮食种植面积401.25万公顷，比上年增加10.58万公顷；棉花种植面积46.01万公顷，减少8.29万公顷；油料种植面积144.83万公顷，增加8.27万公顷。粮食总产量2309.1万吨，比上年增产81.87万吨，增长3.7%；棉花总产量48.05万吨，减产3.29万吨，减产6.4%；油料产量314.05万吨，增产28.31万吨，增长9.9%（见表4—2）。

表4—2　2009年湖北省主要农产品种植面积及总产量

	种植面积		总产量	
	万公顷	比上年增加（万公顷）	万吨	比上年增长（%）
粮食	401.25	10.58	2309.1	3.7
棉花	46.01	—8.29	48.05	—6.4
油料	144.83	8.27	314.05	9.9

资料来源：湖北省统计局、国家统计局湖北调查总队：《2009年湖北省国民经济和社会发展统计公报》，《湖北日报》，2010年2月11日第11版。

造林面积16.03万公顷，比上年增长5.9%，零星植树1.78亿株，木材采伐量170.51万立方米。畜牧、水产业稳步增长，生猪出栏3735.49万头，增长6.8%；水产品产量338万吨，增长7.9%，创历史新高①。

湖北省第一产业呈现出三大特征：（1）农业结构调优，农林牧渔业全面发展。2007年农业占农林牧渔业总产值的比重由1978年的70.0%下降到49.8%，下降20.2%；养殖业比重明显提高，牧业、渔业产值比重分别由1980年的18.2%、1.5%上升为29.9%和13.5%，农业经济逐步从单纯的抓粮食生产向农林牧渔业全面发展转变。（2）种植业经济作物比重不断提高。2007年粮食作物面积在农作物总播种面积的比重由1978年的69.9%下降到57.5%，下降12.4%；经济作物播种面积比重不断提高，占比由1978年12.2%上升到2007年的25.1%。其中，油料播种面积则由1978年的3.8%上升为16.3%，除棉花以外的其他经济作物播种面积都有较大幅度上升。与此同时，主要农产品品质也得到提升，目前全省粮棉油优质率均达到95%以上。（3）农业产业化进程加快，开始向规模化、专业化、区域化、特色化方向迈进，形成科学合理的农业生产格局。目前基本形成两江流域1500万亩双底油菜产业带、以中国香米为主的江汉平原1000万亩优质稻

① 湖北省统计局、国家统计局湖北调查总队：《2009年湖北省国民经济和社会发展统计公报》，《湖北日报》，2010年2月11日第11版。

米产业带、以武汉为中心向沪蓉、京珠沿线扩展的400万亩商品蔬菜产业带、以江汉平原腹地为主的600万亩水产养殖带、1200万亩速生林产业带、1500万头优质三元猪产业带等六大优势农产品产业带，并重点培育柑橘、魔芋、芝麻、板栗、蚕茧、蜂产品、食用菌、奶类、茶叶、中药材十大地方特色产品①。

4.1.2 第二产业发展概况

第二产业作为湖北经济的主体取得巨大成就，实现跃起式大发展。2009年，全省规模以上工业完成增加值4742.23亿元，按可比价格计算，比上年增长20.1%；销售产值14740.34亿元（其中钢铁、汽车、石化、电力、食品五个重点行业实现销售产值超千亿元），增长19.2%，工业产品销售率为97.43%。轻工业增加值1464.46亿元，增长25.3%；重工业增加值3277.77亿元，增长18.0%（见表4—3）。轻重工业结构由2008年的29.0：71.0变为30.9：69.1。与此同时，产业结构快速升级，支柱产业、高新技术产业成为推动经济增长的重要力量②。

表4—3　2009年湖北省规模以上工业增加值

	增加值（亿元）	比上年增长（%）
轻工业	1464.46	25.3
重工业	3277.77	18.0
规模以上工业合计	4742.23	20.1

资料来源：湖北省统计局、国家统计局湖北调查总队：《2009年湖北省国民经济和社会发展统计公报》，《湖北日报》，2010年2月11日第11版。

机械汽车工业是湖北省支柱产业之一。经过半个多世纪的建设和发展，目前已经形成"一主两带"的产业基础。"一主"即以汽车产业为主导，机床工具、电工电器、仪器仪表、石化通用机械、重型矿山机械、食品包装机械、通用基础件、工程机械、农业机械、内燃机、文化办公设备、民用机械等门类齐全、实力较雄厚的13大产业。"两带"即以东风公司十堰、襄阳、武汉为基地的汽车产业集聚带，以宜昌、荆州、武汉、黄石为基地的重大技术装备产业集聚带。已形成以东风有限、神龙、三环、凯迪电力、武锅、长动、武船等一批大集团、大公司为支撑的产业格局。

① 湖北省统计局：《湖北经济结构调整成效显著 保持快速增长》，湖北省政府门户网站www.hubei.gov.cn，2008年11月11日。

② 湖北省统计局、国家统计局湖北调查总队：《2009年湖北省国民经济和社会发展统计公报》，《湖北日报》，2010年2月11日。

作为中国三大汽车零部件生产基地之一，湖北省整车生产能力已达到80万辆，基本形成“轿、重、中、轻、专”并举，“高、中、低”档车型齐全的产品结构。

石油化学、纺织和轻工业是湖北省传统支柱产业。石油化学工业经过多年发展，已形成以大中型企业为骨干，以石油开采和石油加工、农用化工、基本化工原料、橡胶加工等为主体以及化工科研、教育、设计、地质勘探、安装施工等相配套的生产建设体系。现有规模以上石油、石化和化工企业600多户，其中大型25家，中型50家。湖北纺织工业是中国纺织工业的重要基地，现已形成包括棉纺织、毛纺织、麻纺织、染整、针织、色织、丝绸、化纤、服装、鞋帽、纺机纺器在内的较为完整的工业体系。作为全国轻工大省之一，湖北省拥有农副食品加工、食品制造、饮料、原盐、皮革、家具制造、造纸及纸制品、文教体育用品制造、日用化工、塑料制品、家用电器具制造、照明电器、工艺美术品等22大类、40余个行业，形成产品齐全、系统完备的轻工业体系。其中食品饮料、家用电器、造纸、塑料、原盐等在全国占有重要地位。

医药产业近年来发展迅速，正成为湖北新型工业化重要支柱产业和新的经济增长点。目前已经形成生物医药、化学合成原料药及制剂、中成药、中药饮片、卫生材料、医疗器械、制药机械和医药包装等门类品种齐全，产学研力量雄厚，传统医药与现代生物技术、新医药协同发展的医药工业体系，

“十五”以来，省委、省政府高度重视高新技术产业发展，提出“逐步把湖北建设成为我国中部重要的高新技术发展区”。经过“十五”、“十一五”的建设和发展，湖北省高新技术产业已由过去单一的制造业转向制造业、软件业与信息服务业为一体的现代信息产业发展，产品由投资类为主导转向投资类、消费类、基础类共同发展的良好局面；形成了以电子信息、生物技术与新医药、新材料、光机电一体化产业为主体的特色高新技术产业群。其中光纤光缆、光通信、激光加工、“3S”和“3C”软件、电动汽车等居全国领先地位。“武汉·中国光谷”通过对光电子信息的开发，产业、人才、资源等要素的优化组合，迅速发展成为中国最大的光电子信息产业基地。目前，湖北省高新技术产业得到突破性发展，成为推动湖北经济持续增长的重要动力；初步建成特色鲜明、优势突出、竞争力强的高新技术产业发展区，高新技术产业规模和技术水平居中西部前列。

环境保护产业是新兴产业，目前主要集中在环保设备（产品）生产与经营、资源综合利用和环境服务等领域，主要企业基本集中在武汉市，在环保系统、工程设备和产品开发方面，拥有一批达到世界先进水平和国内领先水平的成果。其中，光化学废水处理技术与产品、激波传质厌氧生化工艺技术与产品、臭氧消毒剂生成技术与产品等处于国际先进水平；循环式厌氧——好氧生物膜水处理技术与设备、旋转喷雾干燥法烟气脱硫技术、碱回收锅炉等处于国内领先水平。湖北（武

汉)已有200多家环保企业,其中,规模过亿元的企业多于16家,过千万元的企业近40家。环保产业已成为武汉市加快现代制造业发展的五大主导产业之一,并将逐步成长为支柱性产业。

湖北省第二产业,有以下特点:(1)规模经济发展迅速,市场集中度不断提高,大企业通过改制、改组、联合兼并、收购、托管等形式,逐步成为经济发展的主力军,国有企业市场主体地位得以确立。(2)工业行业门类齐全,逐步形成以电子信息、石油化工、汽车制造、钢铁冶炼四大支柱产业和以机械装备、纺织服装、轻工食品、新型建材、生物制药等几大重点行业为主导,拥有36个工业行业、200多个工业门类、2000多个大类产品的综合性工业体系。(3)重型结构特征明显,“十五”、“十一五”以来,湖北省委、省政府及时提出“工业兴省”战略,重工业发展步伐明显加快。(4)产业集群快速发展,高新产业比重不断增加,高新技术产业发展迅速。

4.1.3 第三产业发展概况

“十五”以来,全省加快改造提升传统服务业,促进了全省第三产业的全面快速发展,一些新兴行业和关键领域实现重点突破。全省物流、旅游、文化、金融等服务业重点领域中,一批重点项目相继完成,骨干企业相对聚集,初步形成78个各具特色的服务业园区(聚集区),武鄂黄、武襄十、武荆宜等物流产业带初具雏形;“一江两山”旅游区、大别山和洪湖等红色旅游基地以及生态观光、休闲旅游等一批旅游景区(点)相继建设;光谷软件园、楚天传媒产业园、长江出版科技园等文化产业园区迅速发展壮大;武昌、江汉区域性金融总部和金融产业区加快集聚等,改善了服务业发展条件,成为全省服务业未来发展的有力支撑。

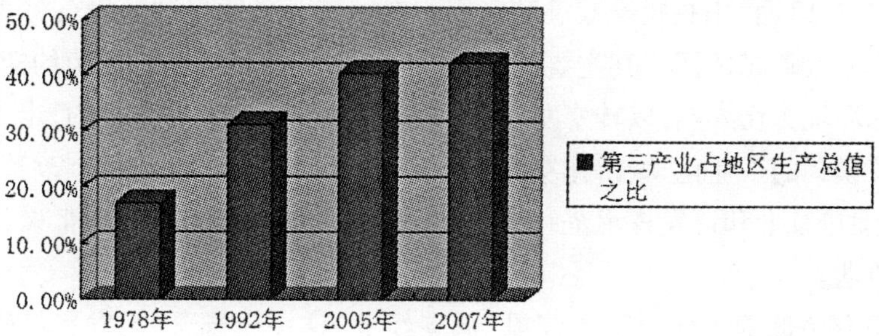

图4—1 湖北省第三产业发展概况图

资料来源:湖北省统计局:《湖北经济结构调整成效显著 保持快速增长》,湖北省政府门户网站。

第三产业对湖北经济的贡献率不断增大,并迅速与第二产业并驾齐驱。1978年全省第三产业增加值为26.18亿元,占地区生产总值的比重仅为17.3%;1992年第三产业的增加值突破300亿元,占地区生产总值的比重也提高到31.3%。2005年第三产业增加值达到2628.00亿元,占地区生产总值的比重提高到40.3%;2007年第三产业增加值为3886.00亿元,占全省地区生产总值的比重达到42.1%。通过第三产业的稳步发展,弥补了传统产业由于缺乏市场需求而对经济持续稳定增长造成的影响,产业结构逐步趋向合理(见图4—1)。

4.1.4 湖北省低碳产业发展现状

低碳经济涉及范围广泛,只要实现低能耗、低污染、低排放的行业和领域,都可跟低碳经济挂上钩,如能源电力、建筑地产、机械机电、节电照明、数码电器、通讯通信、化工化纤、汽车交通、生物医药、洁净环保等行业。国家"十大产业振兴规划"涉及低碳元素和低碳目标的有钢铁、汽车、石化等行业,提出钢铁业要在节能减排上取得重要成效,汽车业要重点支持新能源汽车发展,石化业要采用洁净煤气化和能源梯级利用技术实现高效清洁发电,大力发展污水污泥处理设备、脱硝脱硫设备、余热余气循环再利用设备等。

相比较而言,湖北省过于依赖传统能源。以煤炭为例,目前煤炭在湖北省一次性能源消费中的比例仍高达70%。2008年,煤炭消费量超过1亿吨,是2000年的1.54倍,年均增长5.6%。虽然各地都把发展新能源作为一个方向,但新能源技术普遍还不成熟,直接导致并网难、成本过高等问题的出现。对"缺煤少油短气"的湖北而言,发展低碳经济,是加快推进发展方式转变、实现"弯道超越"的重要途径。

2007年12月,中央批准武汉城市圈为全国资源节约型和环境友好型社会建设综合配套改革试验区。其主要任务就是:以改革创新为动力,以节约能源资源、保护生态环境为切入点,以转变发展方式、实现又好又快发展为目的,走出一条有别于传统模式的工业化、城市化发展新路,为中部乃至全国深化体制改革、推动科学发展、促进社会和谐发挥示范和带动作用。这为湖北省大力发展低碳经济提供了良好机遇。

2010年省政府工作报告中首提"低碳经济"这一新概念,与发展低碳经济相关的还有"森林碳汇"、"蓝天工程"、"十大节能工程"等方面的内容。虽然低碳产业刚刚起步,在整个产业经济规模中占比不高,但湖北发展低碳经济的基础和条件较好:(1)武汉城市圈逐步成为科学发展的示范区域。占全省大部分面积的武汉城市圈,已广泛进行产业调整,逐步向高端服务业、高端制造业和高新技术产业等方向发展，产业结构的低碳特征明显。(2)具有发展低碳经济的产业基础。湖北具备发展风能、核能、太阳能和生物质能的优势。其中，风能和生物质能的产业基础雏形初具。据省环保产业协会提供的资料显示，截至目前，湖北省专业从事环保产业的企业约有2600家。作为湖北低碳技术产业的龙头，上市公司凯迪电力(000939)和东湖高新(600133)已形成以脱硫、生物发电、生物柴油、环保工程为核心的产业链。(3)发展空间较为充足，科教人才优势明显。武汉城市圈有较为充足的土地资源储备，为低碳经济示范区的建设和创新研发提供足够的土地资源。同时，湖北省具有科教人才优势，聚集了一大批科研机构、高等院校，具备研发和实施低碳经济的人才基础。

为了更好发展低碳产业，湖北省拟将武汉城市圈打造成为全国首批“低碳经济发展实验区”，实行低碳能源、低碳交通、低碳产业发展模式，重点推动一批低碳经济示范工程建设。以青山——阳逻——鄂州大循环经济示范区项目为例，将围绕钢铁、电力、石化、建材、环保等五大产业，建设低碳经济类项目200余个，力争在2011年使这一重化工区域整体能耗降低23%，污染物排放指标至少降低10%①。

4.2 湖北发展低碳产业面临的主要障碍

建设“两型社会”必须发展低碳经济。作为“两型社会”建设试验区，武汉城市圈拥有中央赋予的在资源节约、环境友好方面先行先试的权力，具有建立低碳经济示范区的良好基础和先决条件。同时，湖北建设生态文明的条件和基础比较好，经济发展与人口、资源环境的关系还比较协调。但必须清醒的认识到，湖北能源资源相对贫乏，环境容量有限，进一步发展面临较大的能源资源和环境压力；发展低碳经济的相关法律、法规、制度还需建立和完善等等。这些问题如不能及时解决，就会成为低碳产业发展的主要障碍。

4.2.1 湖北发展低碳产业的禀赋约束

湖北能源资源禀赋相对贫乏，缺煤、少油、乏气，能源资源消费对外依赖性强。煤炭、石油等能源产品供给主要依靠从外省调入；水电资源虽然较为丰富，但电力的支配权在国家电网，电力由国家统一调配。2007年，湖北煤炭生产量为1084万

① 李飞、施鹏、张颖：《湖北打造全国首批低碳经济发展实验区》[N]，《中国气象报》，2010年1月7日。

吨,但煤炭净调入量达8000万吨,相当于煤炭产量的8倍;原油生产量为85.84万吨,原油净调入量达805万吨,相当于原油产量的10倍;成品油净调入量273万吨。

湖北能源消费以煤炭为主。2008年,煤炭实物消费量达到10012万吨,是2000年的1.54倍,年均增长5.6%。其中石油加工炼焦及核燃料加工业、化学原料及化学制品制造业、黑色金属冶炼及压延加工业、有色金属冶炼及压延加工业、非金属矿物制品业、电力热力的生产和供应业等6大高耗能行业完成的总产值占规模以上工业的37.6%,而能源消费共计5264万吨标准煤,占规模以上工业企业能源消费总量的82.5%。当下,煤炭消费总量仍在不断上升,煤炭在全省一次性能源消费中的比例仍然高达70%。

湖北经济发展主要依靠大量投入,特别是能源的巨量投入实现的,高耗能行业的能源投入所占比重明显大于产出所占比重,产品单耗水平偏高,成本代价过高。

由表4—4可知,2008年单位GDP能耗为1.31吨/万元,比全国平均水平高出18%。其中吨钢综合能耗为630.59千克标准煤/吨,高出全国3.3%;每吨水泥综合能耗为107.23千克标准煤/吨,高出全国3.6%;火力发电单位能耗为332.26千克标准煤/千瓦时,高出全国2.5%;单位电解铝综合能耗1794.92千克标准煤/吨,高出全国0.9%;单位粗铜综合能耗506.46千克标准煤/吨,高出全国35.6%。无论是总体指标,还是单项能耗,湖北省的情况均不容乐观。

表4—4 2008年湖北省主要单位能耗指标对比表

	千克标准煤/吨	比全国平均水平高(%)
钢	630.59	3.3
水泥	107.23	3.6
火力发电	332.26	2.5
电解铝	1794.92	0.9
粗铜	506.46	35.6
单位GDP能耗(吨/万元)	1.31	18

资料来源:国家统计局、国家发改委、国家能源局:《2009年各省、自治区、直辖市单位国内生产总值(GDP)能耗等指标公报》,国家统计局官网,2010年7月15日。

环境资源禀赋形势也不容乐观。虽经多方努力,2009年湖北省环境质量全面好转,化学需氧量、二氧化硫排放实现“双降”,分别较2008年下降2.12%和3.79%,提前一年完成“十一五”减排目标任务,环境保护和生态建设取得了较大成绩①。但随着城市化步伐的加快和监管的相对滞后,环境质量问题仍比较突出:一是水环境问题突出,湖泊大量被填埋,地表水污染严重。以“百湖之市”武汉为例,目前仅存38个城中湖,这些湖泊的富营养化问题非常突出。二是部分城市空气污染仍然较重,重点城市未达到空气质量二级标准的城市比例较高。城市空气质量优良率天数没有很大的提高;三是农村环境问题日益突出,生活污染加剧,面源污染加重,工矿污染凸显,饮水安全存在隐患,农村环境呈现出“小污易成大污、大污已成大害”的局面。

从产业格局对环境的影响看,目前湖北省既具有规模经济优势的产业,如钢铁、有色、化工、汽车等,又包括以劳动密集、产业配套优势为基础,同时具有研发设计、市场营销、品牌等优势的产业,如轻工、纺织服装、部分电子机械等。一个不争的事实是,这两大类产业仍然是单位产值污染物排放量较高的产业,而在今后尚需大力发展这两大类产业,以促进湖北省经济的增长。

由于全球金融危机的影响仍在继续,经济“二次探底”的可能性仍然存在,经济增长前景具有较大不确定性。如果经济下行压力仍然不减,保增长、保就业和节能减排的矛盾可能会进一步显现,短期内按资源节约、环境友好要求调整产业结构的难度会加大,经济社会快速发展与环境容量有限的矛盾在今后一个时期将显得尤为突出,环境保护工作的压力不会减轻。主要表现为主要污染物存量大、增量多,一些地区环境容量小;随着湖北省经济的持续快速发展和人口增长,新增污染物排放量还将大幅增加,短期内大幅削减污染物排放总量十分困难,环境恶化的趋势仍将存在,环境风险防范任务十分艰巨。

先天贫乏的资源能源条件,不容乐观的环境容量及其恶化趋势构成了湖北可持续发展的物质障碍和硬约束,但对湖北发展低碳产业而言,这既是压力,更是动力。穷则思变,变则通。缺煤、少油、乏气的现状将进一步刺激清洁能源对传统能源的替代,鼓励节能产品的研发、生产和推广。高于全国平均水平的污染物排放和日益严峻的水环境问题也将为湖北省政府优化产业结构,发展低碳产业,为企业自觉开展节能减排,实践低耗能、零排放生产模式提供极大的激励。

4.2.2 湖北发展低碳产业的制度障碍

发展低碳经济和低碳产业,制度创新是关键。目前,我国在低碳经济开发利用领域已制定《煤炭法》、《电力法》、《节约能源法》、《可再生能源法》、《清洁生产

① 魏梦佳:《2009年湖北主要污染物排放"双降" 环境质量好转》,中央政府门户网站,www.gov.cn, 2010年1月22日。

促进法》、《循环经济促进法》、《节能中长期规划》、《可再生能源中长期发展规划》、《核电中长期发展规划》、《中国应对气候变化科技专项行动》、《节能减排综合性工作方案》、《节能减排全民行动实施方案》、《2000—2015 年新能源与可再生能源产业发展规划要点》、《新能源与可再生能源产业发展"十五"规划》、《能源发展"十一五"规划》、《中国应对气候变化的政策行动》等法律、法规与政策，其中《可再生能源法》、《清洁生产促进法》与《循环经济促进法》的出台与实施对从节能减排、提高资源能源利用效率、大力发展新能源和可再生能源等方面来支持低碳经济发展具有突出作用。

虽然如此，我国在促进低碳经济发展的政策法律体系方面仍处于薄弱状态。现有的制度安排对发展低碳经济有一定的阻碍，从而制约湖北低碳产业的发展。(1)缺乏发展低碳经济的制度大环境。日本和欧美一些发达国家，成熟的技术发展和国民节能观念发展都是伴随着成熟的制度而发展的。如欧盟对发展太阳能、风能和生物质能等产业十分重视，不仅拥有先进技术，而且通过良好的制度进行管理。欧盟制定了高而切合实际的发展可再生能源目标，计划到 2020 年之前，可再生能源将占能源结构 20%，2050 年增长至 50%。中国国内的能源价格在世界上是偏低的，与二氧化碳排放有关的税收政策也刚刚处在酝酿之中，总体来说仍处于一个制度缺乏的环境①。(2)相关立法体系尚不完善，如石油、天然气、原子能等主要领域的能源单行法律仍然缺位，同时也缺少能源公用事业法，这将导致法律法规在协调能源与环境的关系方面，功能不够全面，力度不够深入。(3)由于我国法制建设中"易粗不易细"的传统，现有能源立法规定不够详细，缺乏足够操作性，从而导致我国目前环境执法(包括能源领域)效果不佳、环保状况不能得到根本改善。(4)法律、规划规定的执行措施上虽然也涉及到税收优惠、补贴等奖励手段来激励公众与企业自愿实行有利于低碳经济发展的行为，但却没有规定细化的奖励手段与程序，导致在现实中不能产生广泛的影响②。

加快低碳产业发展，就要从基本的制度安排上改变现状，实施以建立低碳经济为目标的制度创新。进行低碳产业制度创新的关键，是提高化石能源使用和二氧化碳消费的价格，为生产和消费的低碳化转型提供激励机制。提高二氧化碳价格的制度设计有两种模式：一种是碳税机制，由政府确定二氧化碳排放的上涨价格，然后通过市场机制控制二氧化碳排放的数量；另一种是限制排放和交易许可机制(cap—trade)，由政府确定可以允许的二氧化碳排放规模，然后通过市场交易

① 王文清、唐烨：《低碳经济下全球各国打什么牌》[N]，《解放日报》，2009 年 12 月 5 日。

② 王晓林：《低碳经济 法制先行》[N]，《人民代表报》，2010 年 1 月 23 日。

提高碳生产和消费活动的效率。当前对这两种机制在低碳经济发展中的作用存在着分歧,尽管如此,但对只有提高化石能源和二氧化碳的价格信号,才能将当前的高碳社会向低碳社会转型这一点达成共识①。

发展低碳产业必须完善与低碳经济发展相关的政策法律体系。(1)优化制度建设,强化政策导向,通过产业政策和治理行动积极调整优化产业结构,大力发展低碳产业,构建环境友好型产业体系。在确定钢铁、有色、建材、电力、轻工等重点行业准入条件时充分考虑低碳要求,新建项目必须符合国家规定的准入条件和排放标准。已无环境容量的区域,禁止新建增加污染物排放量的项目。(2)加大执法监察力度,完善政策协调体制,落实相关部门和领导干部责任。一是强化国家监察,完善环境执法监督体系;二是落实单位和领导负责,综合运用约束机制和激励机制,促进地方政府、企业和其他组织严格执行环境法规与标准,自觉治理污染,保护生态;三是要强化遵守环境保护法规在其他部门工作中的前置性门槛作用,并通过建立部门间信息共享和协调联动机制增强环境监管的协调性、整体性②。(3)大力开展技术创新。目前在重化工业仍然不得不发展的情况下,通过产业、财税等方面的政策激励高污染行业的技术进步,从税收、信贷、土地、产业等方面,对促进低碳经济发展提出具体支持意见,特别是新能源和高效节能技术研发和成果转化应给予激励政策。提高能源效率,节约能源,发展和利用可再生能源,减少煤碳的使用,实现低能耗、低污染、低排放、可循环、高产出的低碳经济。

4.2.3 湖北发展低碳产业的产业结构矛盾

改革开放以来,湖北省通过优先发展农业和轻工业,加强基础产业、基础设施建设,大力发展第三产业等一系列政策和措施,实现经济增长与结构调整的良性互动,产业结构发生许多新的积极变化,各产业结构之间逐渐趋于合理。

表4—5总结了湖北省产业结构的演变轨迹。1978~1983年,农业生产以前所未有的速度发展,工业生产在调整中迅速恢复和发展。这一时期,第一产业占有较大比重,第二产业保持较高比重;服务业在三次产业中的比重偏低。三次产业比例为40.1∶40.6∶19.3,形成“二、一、三”的产业发展格局。

---

① 诸大建:《哥本哈根会议与低碳经济革命》[N],《文汇报》,2009年10月31日。

② 国务院发展研究中心“十二五”规划研究课题组:《中国生态环境现状及其“十二五”期间的战略取向》,湖北省人民政府政研网 www.hbzyw.gov.cn,2010年6月2日。

表4—5　湖北省产业结构演变路径

阶段	期末产业格局	期末一二三产业比	主要特征
1978—1983	二、一、三	40.1∶40.6∶19.3	农业生产迅速发展,工业生产迅速恢复
1983—1992	二、三、一	27.8∶40.9∶31.3	工业比重上升,批发零售、住宿餐饮业等服务业迅速崛起
1992—2003	三、二、一	16.8∶41.1∶42.1	第三产业首次超过二产并持续保持
2002—2007	二、三、一	14.9∶43.0∶42.1	实施"工业第一方略",第二产业进一步加速,三产比重相对下滑
2008—2009	二、三、一	14.9∶46.1∶39.0	二产继续上升,二三产业比重差扩大

资料来源:资料来源:湖北省统计局:《湖北经济结构调整成效显著 保持快速增长》,湖北省政府门户网站。

1983—1992年,工业生产保持良好的上升势头;批发零售贸易业、住宿餐饮业等服务业迅速崛起,商贸市场不断涌现,居民服务业也有长足进步。三次产业比例调整为27.8∶40.9∶31.3,呈现出"二、三、一"的产业发展格局。

1992—2003年,服务业进入一个全新发展时期。2000年,第三产业增加值和比重首次超过二产,并且连续四年保持这种产业结构形式;2003年三次产业结构为16.8∶41.1∶42.1。产业结构由"二、三、一"转变成"三、二、一"。

2002—2007年,这一时期,湖北省对发展战略进行调整,实施"工业第一方略"的发展战略,第二产业进一步加速,三产比重相对下滑;二产比重再次超过第三产业。其时重化工业结构特征十分明显,2007年,规模以上重工业总产值比重达到73.8%,比全国平均水平高3.3个百分点。2007年,三次产业结构为14.9∶43.0∶42.1;产业结构又从"三、二、一"恢复到"二、三、一"产业格局。2007年全省二、三产业按可比价格计算年均分别增长11.8%和12.4%,占地区生产总值比重达85.1%,对全省经济增长的贡献率合计达到95%。第二、三产业总量指标在全国位居第12、11位,在中部六省中居第2位①。

2009年,全省完成生产总值12831.52亿元,按可比价格计算,比上年增长13.2%,连续6年保持两位数增长。其中:第一产业完成增加值1915.9亿元,增长5.2%;第二产业完成增加值5909.42亿元,增长16.0%;第三产业完成增加值5006.20亿元,增长12.3%。三次产业结构由2008年的15.7∶43.8∶40.5调整为14.9∶46.1∶39.0。在第三产业中,金融保险、批发和零售、住宿和餐饮、房地产、

① 湖北省统计局:《湖北经济结构调整成效显著 保持快速增长》,湖北省政府门户网站www.hubei.gov.cn,2008年11月11日。

交通运输仓储和邮电及其他服务业分别增长22.8%、16.5%、14.4%、19.6%、3.7%和9.1%①。

从湖北省产业结构的演变路径可以看出，湖北省产业结构随工业化进程呈现由低级到高级、由严重失衡到基本合理的发展变动轨迹；经济增长从由第一、第二产业带动转为主要由第二、第三产业带动，逐渐形成与现阶段工业化水平相适应的产业构成现状。国民经济结构调整取得重大成效，产业结构不断得到优化。从增加值构成来看，第二产业的主导地位不断加强，第三产业比重显著提高。低碳经济则刚刚起步，虽然在整个产业经济规模中占比不大，但发展低碳经济基础的基础较扎实，前景良好。

但也要清醒地看到，湖北省经济社会发展中产业结构性矛盾仍比较突出，主要表现在产业结构高级化程度不够高，进程不够快；工业结构重型化明显，制造业、加工工业发展过快，超过基础工业承受能力；采掘工业规模过小，与原材料工业发展不相适应；第三产业相对滞后，直接为生产服务的行业发展不足等。既有的产业机构是湖北省发展低碳产业的基础和出发点，既无法回避，也不可能绕道行之；产业结构的调整与优化又不可能一蹴而就。因此，产业之间的结构性矛盾将会对湖北省低碳产业的发展产生深远的影响。

具体而言，汽车、钢铁、有色金属、石油化工、电力、建材、纺织等是湖北的传统支柱产业，这些产业在全省经济发展中具有举足轻重的作用，但这些产业又多为高耗能、高排放产业。目前湖北第二、三产业增加值在全省生产总值中的比重基本相同，但能耗所占比重相差较大。2008年，第二、三产业每万元增加值能耗分别为2.05吨标煤和0.35吨标煤。按此计算在湖北省单位生产总值能耗构成中，工业单位增加值能耗是非工业部门的8.1倍左右；工业增加值占GDP的比重每提高1个百分点，需要多消耗能源约120万吨标煤。工业内部不同行业能耗差别也较大，火力发电业、非金属矿物制品业、黑色金属冶炼及压延加工业、有色金属冶炼及压延加工业、化学原料及化学制品制造业、石油加工等这六大行业万元增加值综合能耗为3.72吨标准煤，比电子信息等七大先进制造业高出2.8倍。这些传统产业必须运用低碳经济的新理念和新发展模式来谋划，优先发展低碳产业，包括先进制造业、节能建筑、服务业和新能源、资源的循环利用等。

发展低碳产业，就要把先进制造业、服务业的发展摆在更加突出的位置，转变发展方式逐步实现经济增长主要依靠第二产业带动向第一、第二、第三产业协同带动转变，促进全省产业结构转型升级，节约能源资源，保护生态环境，实现湖北

① 湖北省统计局、国家统计局湖北调查总队：《2009年湖北省国民经济和社会发展统计公报》，《湖北日报》，2010年2月11日第11版。

经济包容性发展。

4.3 湖北低碳产业发展方向

2009年哥本哈根气候变化会议的召开,使“低碳经济”成为世界各国共识,逐步成为全球意识形态和国际主流价值观,并以其独特优势和巨大市场成为世界经济发展热点。主要发达经济体把发展新能源、新汽车动力、清洁能源、生物等低碳产业作为走出国际金融危机新的增长点。如美国奥巴马政府积极推动气候立法,通过《清洁能源安全法案》(ACES);欧盟提出在2013年前投资1050亿欧元,支持欧盟区绿色产业发展,保持其在绿色技术领域的世界领先地位;英国明确提出企业要最大限度地抓住低碳经济这一发展机遇,在经济转型中确保总体经济资源和利益的公平分配;日本则制定“最优生产、最优消费、最少废弃”经济发展战略。

2009年9月,胡锦涛同志在联合国气候变化峰会上承诺,中国将大力发展可再生能源和核能,大力发展绿色经济,积极发展低碳经济和循环经济。2010年温家宝同志在《政府工作报告》中指出,发展战略性新兴产业,大力发展新能源、新材料、节能环保、生物医药、信息网络和高端制造产业,大力开发低碳技术,推广高效节能技术,积极发展新能源和可再生能源建设,为中国发展“低碳经济”指明了方向。

对湖北而言,在面对日益趋紧的资源环境瓶颈制约,湖北经济要坚持节约发展、清洁发展、安全发展,调整与优化产业结构,大力发展低碳经济,重点向新兴产业、总部经济、东湖高新技术开发区(中国光谷)、现代服务业和绿色物流业等低碳产业方向发展,实现为湖北经济“弯道超越”、“提档进位”。

4.3.1 新兴产业

新兴产业是指随着电子、信息、生物、新材料、新能源、海洋、空间等新技术的发展而产生和发展起来的一系列新兴产业部门。发展新兴产业能增加有效供给,提高全社会的效率,是保证国民经济持续发展的重要动力。

2010年年初,国家发改委、科技部、财政部、工信部四部委联合制定下发《关于加快培育战略性新兴产业的决定》代拟稿;经过半年的意见征求,战略性新兴产业方向已进一步厘定为7个领域、23个重点方向。“新七领域”为“节能环保、新兴信息产业、生物产业、新能源、新能源汽车、高端装备制造业和新材料”。战略性新兴产业规划初步定于2010年9月份下发,随后将陆续出台各个领域的具体发展规划,以及中央和地方的配套支持政策。在“十大产业振兴规划”之后,“战略性新兴产业”已经被认为是振兴经济的又一重大举措，是继国家“4 万亿”投资计划之后又一个大型产业投资计划。战略性新兴产业规划的制定，从时间上来讲，与 2011 年开始实施的“十二五规划”相衔接。国家发改委也已确定，在“十二五”规划编制中，将战略性新兴产业的编制作为重点①。

湖北省对接国家重点产业调整和振兴规划，编制和实施省电子信息、汽车、钢铁、有色、石化、纺织、装备制造、船舶、轻工、物流业十个产业调整和振兴实施方案，研究制定生物医药、新能源、环保等新兴产业发展规划。支持运用高新技术和先进适用技术改造提升传统产业，加快发展新材料产业、先进制造业、高技术产业、现代服务业，支持新能源和节能、环境保护等新兴产业发展，限制高能耗、高污染和资源消耗型产业发展②。

(1)生物技术与新医药产业。生物工程产业在美国被誉为非常有前景的新兴产业。发展生物医药、生物农业、生物能源、生物环保等产业，围绕农业及农产品深加工、食品、能源、交通等领域，加快现代生物技术的推广应用；重点发展生物制品和生物农业两大产业群。生物制品产业重点发展以生物技术疫苗、基因工程药物、细胞治疗、生物芯片为重点的生物医药技术产品，以氨基酸、发酵有机酸、核黄素、酶制剂、酵母、花生四烯酸等为重点的工业生物技术及产品。加快国家生物医药产业基地，中科院武汉病毒所国家武汉生物安全四级(P4)实验室，武汉生物制品研究所血液制品、生物免疫疫苗，宜昌安琪酵母益生素、酵母抽提物，广济药业维生素 B2、β—胡萝卜素及虾青素，八峰药化、楚源集团、武大弘元的氨基酸，湖北麦克逊公司生物医药保健药品等项目建设。

生物农业产业重点发展生物农药、生物肥料、兽药及兽用疫苗、动植物优良基因挖掘利用、组培繁殖良种、转基因作物新品种等产品。加快北京中农发(黄冈)喹烯酮，仙隆公司生物农药，武汉合缘生物酵素菌生物有机复合肥，华农、中国农科院油料所、武汉新元粮油公司双低油菜新品种选育、高效栽培与加工技术，湖北荆楚种业水稻良种快繁技术产业化、优质棉新品种“两无两化”新技术产业化，华农、湖北天种畜牧公司、武汉中粮公司优良生猪品种改良与集约化饲养等项目建设；大力开发生物能源、生物质材料和生物质化工等生物质转化项目。

加快新医药产业的建设，在东湖、江夏和葛店 3 个开发区布局建设化学原料药和生物医药、中药现代化、农业生物产业化、技术研发和服务等 4 个特色生物医

① 张庆源、胡健：《战略性新兴产业圈定七大领域》[N]，《财经国家周刊》，2010 年第 21 期。

② 湖北省委、省政府：《关于建立调整产业结构淘汰落后产能长效机制的意见(鄂发 2009 年 17 号)》，湖北省政府门户网站，www.hubei.gov.cn，2009 年 11 月 3 日。

药产业聚集地，初步形成特色鲜明、体系配套、规模发展的生物技术与新医药产业链，将湖北省建设成为我国重要的生物医药产业基地。

新医药产业重点发展靶向给药系统、透皮给药系统、脉冲释药制剂及长循环制剂等药物新剂型。加快葛店康源药业达布非龙原料药及制剂，湖北浩信药业盐酸奥洛他定、冰谷二肽系列，人福药业复方米非司酮、盐酸瑞芬太尼麻醉药物，湖北成田制药联苯乙酸原料制剂、阿德福韦原料药、色甘酸鼻腔喷雾剂，湖北兴成药业左舒必利原料药，武穴迅达药业酮洛芬，宜昌三峡制药硫酸新霉素，宜都东阳光红霉素原料药和制剂，潜江永安药业牛磺酸及甲强龙，湖北科益药业抗病毒产品，武汉远大制药盐酸替罗非班，湖北盛通药业司他夫定胶囊及中药标准提取物，湖北华中药业固体制剂等项目建设。

在现代中药和天然药物产业方面，应重点加强疗效佳、市场好的中药新药创制和名优品种的二次开发与产业化，大力推广应用先进的提取分离、生产控制技术及装备，支持建立并推行现代中药种植、研发、生产和销售标准体系，推动中药产业与国际市场接轨。加快武汉大鹏药业体外培育牛黄原料药及制剂，武汉中联药业中成药生产基地，武汉马应龙药业痔疮膏、痔疮栓、前列通栓产业化及研发基地，武汉健民药业脾胃舒片、补肾健骨胶囊、健脑宁胶囊、健脾生血颗粒和研发中心，湖北民康制药小儿咳喘清颗粒、参归养血口服液、舒肠口服液等项目建设。

(2)节能环保产业。重点发展工业和城市污水处理成套技术设备等水污染防治设备，高效烟气脱硫脱硝除尘设备、汽车尾气净化技术与设备等大气污染防治设备，环境检测仪器设备，水污染治理设备，节能降耗设备，环保新型建材等环保节能产品。支持凯迪电力大型干法烟气脱硫除尘一体化装备、洪城通用水环保设备、仙桃衡德环保设备、华鑫资源开发投资公司30万支蓄电池、武汉日新科技公司30兆瓦RX系列太阳能组件、湖北先行新能源公司太阳能电池组件及太阳能灯具等项目建设。

(3)新材料产业。重点发展电子信息材料、纳米材料、复合型功能材料、激光材料、环保材料、新型能源材料等高性能新材料，加快信息、生物、航空航天产业和重大工程急需关键新材料的研制和产业化，将金属新材料、无机非金属新材料、新型高分子材料和化工新材料等领域的科技优势转化成产业优势。其中，新型功能材料及精细化工材料产业重点发展工程塑料及合金、聚烯烃及改性材料、合成纤维、新型农药、涂料、染料及中间体、有机硅氟材料等。推进福星科技子午轮胎钢帘线，华丽环保可塑淀粉生物降解材料，亿源科大公司各向异性NdFeB磁粉及粘结磁体，仙桃长江防爆材料公司防爆材料，湖北楚源集团活性染料、颜料及中间体，武汉有机实业芳烃氧化装置，宜化多元醇，湖北开元化工年产5000吨对苯二酚，湖北凯龙集团碳酸二苯酯，拥和公司CDK窑法磷酸等项目建设。

光通信网络和激光产业方面，加快光通信网络设备与新型元器件产业的发展，重点支持武汉国家光电实验室，武汉邮科院智能光通信和下一代互联网设备、元器件及光纤到户系统与设备，武汉虹信公司卫星导航定位监测系统，武汉电信器件公司10Gb/s光发送接收模块，华工科技光学元器件、高精度温度传感器，韩国哈威特(HAVIT)和武汉高科光学部件，信诚达(武汉)红外光学元器件，襄阳台基半导体公司大功率新型电力半导体器件及智能组件，国营汉光电工厂医用真空电子器件，武汉光谷精工光电子模块精密加工基地，湖北烨和公司半导体器件等项目建设。

光纤光缆方面，支持武汉邮科院、长飞公司等研发宽带传送光纤、数据光纤、偏振保持光纤、色散补偿光纤、光子晶体光纤等新型特种光纤和大跨度海底光缆、适应光纤入户需要的接入光缆、复合结构光缆等高附加值特种光缆。同时，大力发展第三代移动通信核心交换设备、接入设备、基站及直放站设备等产品，重点加强普天诺基亚第三代移动通信系统设备，武汉多普达、随州波导、光谷新光电的手机扩产，凡谷电子20万台套天馈系统，烽火移动、武汉邮科院直放站与手机RF滤波器，武汉天喻萨吉姆5000万片智能卡，艾维公司无线宽带增值业务系统等项目建设。

激光产业方面，要打通关键技术，完善核心元器件配套填补原件短缺，高位嫁接主流高端激光器；整合并发挥设备系统集成优势，壮大产业规模；进行工艺技术研究，拓展激光应用及产品加工市场。大力推进楚天激光、光谷激光与意大利等国外企业的合资合作，加强华工科技激光芯片及设备、湖北华中光电半导体激光非接触检测仪等项目建设。

电子信息材料产业方面，重点发展以单晶硅为代表的半导体微电子材料，以激光晶体为代表的光电子材料，以介质陶瓷和热敏陶瓷为代表的电子陶瓷材料，钕铁硼(NdFeB)永磁材料为代表的磁性材料，电子铜带材料，磁存储和光盘存储为主的数据存储材料，压电晶体与薄膜材料，贮氢材料和锂离子嵌入材料为代表的绿色电池材料等。突破汽车电子关键技术研究，推进关键产品产业化，加强汽车设计、制造、实验的CAD/CAM/CAE软件开发，加快车载信息系统、网络系统、智能多媒体系统等车载系统，汽车智能化电子仪表，电子控制单元(ECU)，各种传感器，执行器，核心芯片等汽车电子基础器件的研发和产业化。推进东风实业汽车电子信息基地、东风电动公司轿车混合动力系统、仙桃天轮公司汽车防盗遥感器、湖北万亨通讯公司车载电话及定位系统等项目建设。加强南玻集团、湖北宜化多晶硅，宜都东阳光、凯普松、黄冈东联盛、湖北南辉公司化成箔，荆门格林美公司无铅焊料、动力电池材料，湖北中星公司四氯化钛、二氧化钛及锂离子电池用四氧化三钴、钴酸锂，荆州菲利华高纯、超纯石英玻璃及制品等项目建设；积极支持宜昌电子材料产业园、武钢金属新材料产业基地等有特色的新材料产业园区建设，初步建成全国重要的新材料产业基地之一。

(4)光机电一体化产业。重点发展高性能数控系统、高性能高压直流输电系统及设备、新型汽轮发电装置、电动汽车等新型交通工具，形成规模化生产能力。大力发展精密成型、快速原型、虚拟制造等先进制造技术及产品，加强制造过程主控系统研发与应用。加快新型科学仪器、智能仪表、专用分析仪表、新型医疗设备、新型计量检测仪器等研发及产业化。在重要产业领域突破关键技术和装备瓶颈制约，提高先进制造业研究设计、核心元器件配套、加工制造和系统集成的整体水平。积极推进东风电动车公司电动汽车国家工程研究中心，华中科技大学数字化装备制造国家工程研究中心，东风汽车公司、美国康明斯(中国)公司研发中心，日本平田株式会社汽车冲压结构件，襄阳星火轴承汽车轮毂轴承单元，黄石哈特贝尔精密轴承套圈，孝感捷能公司新型高效特种光源系统，武重重型数控机床，华中数控公司五坐标数控加工系统与设备，宜昌长机科技数控插齿机、汽车专用高速数控装备，武汉直升机公司直升机制造基地，青山船厂、武昌造船厂、南华高速船舶制造基地等项目建设，发展壮大光机电一体化产业。

(5)新兴信息产业。大力发展通信业、互联网产业、数字内容产业、现代邮政业、电子商务等新兴信息业。加快发展信息基础设施，充分整合网络资源，统筹规划建设宽带通信网、数字电视网、下一代互联网等基础网络设施，推进“三网融合”。重点发展交互式网络信息家电产品、数字电视及机顶盒等数字家电、家庭专用网络系统及终端、有线及无线宽带网络终端产品。加快武汉海尔公司家用电器配件，武汉 TCL、武汉美的家用智能空调，海立公司家用智能空调压缩机，武汉高科集团与光谷朗迪公司新一代高清视盘机及光学头，黄石朝阳电子可刻录光盘，武汉精伦电子智能商务信息电话等项目建设。同时，建立和完善软件研发、检测等公共支撑平台，重点发展“3S”和“3C”软件、通信支撑类软件、嵌入式软件，积极拓展数字媒体和内容服务；加强安全监控、应急响应、密码保障、网络信任等信息安全体系建设，强化信息安全保障。

加快发展以系统集成、软件服务为重点的信息技术产业，以电脑动画、网络游戏、宽带影视娱乐、音乐服务、网络教育等为重点的数字内容产业，以广播电视内容产业、数字电视网络服务为重点的广播电视服务业；推进邮政管理体制改革，形成以现代技术装备为核心、信息网络为支撑的现代邮政系统；构建电子商务支撑条件，加快建设电子商务标准体系，发展第三方电子商务交易和面向消费者的新型电子商务；重点发展税控设备和终端、二维条码应用系统及读写设备、IC 卡、SIM 卡、税控卡等产品。加快武汉精伦电子、湖北三环信息、武汉天喻信息税控卡、矽感公司二维条码等项目建设①。

(6)清洁能源生产与推广。清洁能源是指不排放污染物的能源,包括核能和"可再生能源"。可再生能源是指原材料可以再生的能源,如水力发电、风力发电、太阳能、生物能(沼气)、海潮能等。

1973年第一次世界石油危机之后,一些发达国家如美国、日本、德国、法国等纷纷制定新能源计划,以应对未来化石能源将要枯竭的问题。1981年,联合国召开第一次全球新能源和可再生能源世界性大会,首次把新能源、再生能源归纳为太阳能、风能、水能、地热能、海洋能等作为未来可再生能源的发展重点领域,并通过联合国机构来推动新能源的发展。1997年12月,联合国气候变化框架公约参加国三次会议在日本京都召开,会议通过《联合国气候变化框架公约的京都议定书》。作为《联合国气候变化框架公约》(United Nations Framework Convention on Climate Change,UNFCCC)的补充条款,《京都议定书》的目标是以清洁能源取代传统能源,"将大气中的温室气体含量稳定在一个适当的水平,进而防止剧烈的气候改变对人类造成伤害"。欧洲大部分国家把可再生能源作为落实《京都议定书》承担义务的主要手段,调整能源结构,寻找新的清洁替代能源主要是可再生能源。20世纪90年代末到21世纪初制定了一系列的优惠政策,如太阳能、风能发电的上网定价政策等,对促进新能源产业的发展发挥了重要的作用,使德国、西班牙、意大利等欧洲主要国家成为太阳能、风能发电增长最快的地方。奥巴马上台以来,美国政府积极推行能源新政,将新兴能源作为重振其世界霸权的突破口。启动新型能源的研发和生产环节,不断减少对传统能源的利用形式,采取参股、控股或者直接进口能源产成品的方式,将传统能源的负外部性置于国外②。

中国的清洁能源产业随着世界能源革命的发展而发展。20世纪80年代以来,在联合国共同宣言推动之下,我国政府把新能源、可再生能源纳入国家能源政策和科技计划体系之中,制定因地制宜、多能互补、综合利用、讲究效率的发展方针。在技术进步推动下,能源消费结构趋向全面多元化,一次性能源消费结构稳健地实现了从"以煤为主"向"煤油气并重"的转变,同时新能源、可再生能源比例

① 湖北省政府:《关于印发湖北省高新技术产业发展"十一五"规划的通知(鄂政发〔2006〕81号)》,湖北省政府门户网站 www. hubei. gov. cn,2006年12月31日

② 窦尔翔:《发展能源产业 构建新型经济增长机制》[N],《中国经济时报》,2009年5月18日。

也有较大幅度提升①。此外，振兴核电也成为新能源多元化发展的重点之一。

进入21世纪，中国同世界各国一样面临石油短缺、气候变暖、能源价格上升和排放收费等诸多问题。目前，国内的产业发展还无法摆脱对传统不可再生能源的依赖，这些能源对环境和可持续发展造成很大的压力，能源消耗处于世界第二位，而在未来20年内还将持续增长。温家宝总理在2009年《中国政府工作报告》提出，要积极发展核电、风电、水电和太阳能发电等清洁能源。自2010年4月1日起开始施行的新《中华人民共和国可再生能源法》规定，国家实行可再生能源发电全额保障性收购制度；国家财政设立可再生能源发展基金，资金来源包括国家财政年度安排的专项资金和依法征收的可再生能源电价附加收入等。在哥本哈根会议之后不到十天，中国就通过修改可再生能源法的决定，充分体现了中国在发展可再生能源、应对气候变化方面的决心和信心②。

正在拟定中的《国家能源发展十二五规划》要求在"十二五"规划期内，将新能源占能源消费总量比重从目前水平提高到12%—13%左右，到2020年新能源在能源结构中的比例将达到15%，单位GDP能耗降低40%—45%。对风能发电、太阳能发电和核能发电的装机目标进行大幅调整，提高具有优势的风电和光伏发电等发展目标，到2020年可再生能源总投资按新规划将超过当前规划的3万亿元人民币③。

中国新能源市场潜力巨大，相关政策、法律制度的颁布与实施，促进其发展驶入快行道。清洁能源投资研究机构皮尤慈善信托基金会发布的最新研究报告显示，2009年中国第一次超过美国，以346亿美元的规模成为全球吸引清洁能源领域投融资方面最多的国家。美国和英国的传统领先地位受到挑战，他们分别位居二、三位，规模为186亿美元和112亿美元，中国的规模大于两者之和④。清洁能源上的巨额投资直接促进了中国可再生能源产业的快速发展。2009年，中国风电

① 截至2008年，一次性能源消费总量中，煤炭比重从95%下降到68.7%，石油和天然气消费占比为21.8%，水电、核电和风电等清洁及可再生能源的比重已接近10%。在已初步实现产业化的新能源及可再生能源中，太阳能和光伏能源发展迅速。截至2008年底，中国太阳能电池产量达1000MW，居世界首位，成为太阳能电池生产大国；2009年，太阳能电池产量达2800MW，且发展和利用空间仍然巨大。

② 周兆军、应妮：《可再生能源法修改 为应对气候变化提供法律支持》，中国新闻网，www. chinanews. com. cn，2009年12月26日。

③ 张胜男：《中国要通过补贴支持新能源和节能减排》，路透中文网，http://cn. reuters. com。

④ 董军：《欧盟借能源外交示好 中国清洁能源发展提速》，《中国经营报》，2010年5月1日。

装机占全球36.4%，当年装机增量居世界第一位；2010年，中国风电装机达4000万千瓦。同时，太阳能也开始规模化发展，太阳能热水器集热面积多年位居世界第一①。

湖北太阳能产业具有广阔前景，开发利用潜力大，除鄂西南外，大部分地区均具有较好的太阳能光能资源，年平均太阳辐射能大于100千卡/平均厘米，在太阳能利用方面很有潜力。要积极稳妥推广太阳能热利用产品应用，以减少高碳能源的消费；大力发展太阳能热利用产业集群，扩大太阳能发展规模；加大太阳能热利用宣传和推广力度，扩大覆盖面；加快光伏产业发展步伐，开辟光伏产业发展新路。

风电是环保型能源，没有废气排放，且建设周期短，见效快。湖北风能资源比较丰富，发展潜力较大。合理开发风力发电，可以有效缓解全省水电丰枯矛盾，实现风电、水电互补。大力开发风力发电，实现湖北风力发电快速发展，就要加大风能资源勘测力度，尽快摸清全省风力资源潜力，为合理开发风力发电提供科学依据；大力吸收先进风力发电技术，重点支持发展磁悬浮风力发电技术；出台相关政策，鼓励风电多元投资；加快风电设备产业的发展，以满足风力发电的需要。

除大力发展风能、风电、太阳能，还要积极发展核电和水电。核电是核能的主要利用方式，是化石能源的最好替代。与火电相比，核电不排放二氧化碳、二氧化硫、烟尘等氮氧化物，将成为中国未来能源发展的一大方向；对于缺煤、少油、乏气的湖北来说，发展核电经济意义更为显著。2008年3月5日，湖北省政府与中国广东核电集团在北京签署《合作开发湖北核电项目协议》，双方决定联合建设咸宁大畈核电厂。咸宁核电厂建成后，湖北将成为中国内陆地区第一个拥有核电站的省份。2010年5月15日，《咸宁核电厂一期工程一揽子框架协议》在武汉东湖宾馆签订，这标志着咸宁核电厂一期常规岛工程迈向实质性阶段。此前3天，松滋核电项目可行性研究报告通过中国国际工程咨询公司专家组的审查，加上浠水核电项目，位于鄂南通山、鄂东南浠水、鄂西南松滋的3个核电项目渐次浮出水面。目前湖北发展核电工作正有序推进，要科学编制湖北核电中长期发展规划，广泛应用世界最先进核电技术，提高科技含量；对已确定核电项目要加快进程，力求早日竣工投产；积极研发核电项目与相关产业的关联效应，通过核电站的建设带动一批产业②。

水电是清洁、可再生能源，具有明显的环保效益和建成后低成本的优势。湖北能源资源相对贫乏，缺煤、少油、乏气，但水能资源丰富。湖北山多、河多、湖多，充沛的水量、较大的河道落差，为湖北提供了宝贵的水能资源。全省水能资源理

① 吕福明、张旭东：《中外专家肯定中国碳减排努力》，新华网，2010年4月30日。

② 万强等：《湖北核电时代从城市圈起步》，《长江日报》，2010年6月5日。

论蕴藏量为3591万千瓦,可开发的500千瓦及以上水力发电装机容量2994万千瓦,仅次于川、滇、藏而居全国第4位。如全部开发,年发电量可达到1493.5亿千瓦时,相当于6000万吨标准煤。在合理开发利用水电资源时,要把水电建设与生态环境建设结合起来,在财税、金融等方面给予支持,在保护生态基础上有序开发水电,合理建设水电项目,促进能源结构向清洁低碳化方向发展。同时,加强对洁净煤发电技术与节能技术的研究与应用,提高湖北电力行业环境保护水平,实现湖北电业的可持续发展。

此外,要稳步开发生物质能。生物质能是唯一可以转化为液体燃料的可再生能源,不仅具有能源功能,而且还有其它可再生能源不具备的材料功能及生态保护功能。湖北具备发展森林木本生物能源的广阔空间,现有林地1.29亿亩,其中可改造的低产低效林、可利用的荒山、荒地、荒滩、荒坡约4000多万亩,为湖北木本生物能源的种植提供了充足空间。同时,木本生物质能源工业化的技术条件已初步具备,凯迪研究院具有自主知识产权的从生物质中提取各类能源的核心技术,该技术居世界领先地位。要尽快制订扶持生物质能源的优惠政策,包括支持公司和农户开发改造能源林规模等;争取国家能源林基地建设的财政补贴;建立融资平台,多渠道筹措生物质能源产业发展的建设资金;加大生物质能源研发投入,加快湖北生物质能的开发利用①。

(7)新能源汽车。汽车工业在高速增长的同时,也面临着节能环保问题,新能源汽车已经成为国家战略性新兴产业。国家《关于新能源汽车推广办法》、《关于节能汽车推广办法》和《新能源汽车和节能汽车的补贴细则》的颁布实施,将进一步促进新能源汽车的发展。

武汉和襄阳在新能源汽车发展方面走在全国前列②。2009年,武汉市政府批准实施《武汉市节能与新能源汽车示范推广工作方案》,提出2010年武汉市混合动力公交车达到1000辆,占公交车总数的20%;2011年混合动力轿车达到1000辆,纯电动轿车达到500辆;新能源汽车推广目标总数为2500辆,远远高于国家当初设定在示范城市推广1000辆新能源汽车的目标。截止到2010年4月,武汉参加示范运营的电动汽车总规模达到459辆,其中混合动力公交车120辆,电动小

① 湖北省统计局:《湖北发展低碳经济问题研究》,湖北省政府门户网站 www.hubei.gov.cn,2009年6月3日。

② 东风公司风神 BSG 混合动力轿车已经开始量产,并于2010年5月25日向武汉市相关单位进行交车仪式,这标着着新能源汽车市场化的全面启动。风神 BSG 是基于 S30 而研发的混合动力车型,具备怠速停机和快速再启动功能,可实现城市工况节油大于11%、综合工况节油大于6%。详情参见张乐克、徐小龙:《武汉新能源汽车市场化启动 混合动力轿车交付》,《楚天都市报》,2010年5月25日。

巴339台;计划到2010年年底,混合动力公交车达到400辆、混合动力轿车达到100辆的规模。

节能与新能源汽车示范推广离不开国家和地方政府的大力支持。国家主要用于采购节能与新能源汽车的差价补贴,地方资金主要用于相关的配套设施建设、运营补贴和购车贷款贴息。武汉市对节能与新能源汽车的推广采取"三个结合"办法:与公交车更新相结合、与相关部门已有预算资金相结合、与现有城市公交基础设施建设相结合,对节能与新能源汽车示范推广应用工程进行大力支持。

新能源汽车的推广与应用,配套设施建设需要及时跟上。武汉市政府与雷诺——日产联盟、德国北威州分别签订电动汽车推广协议及合作意向书,以借鉴其他国家和公司的新能源车推广经验。武汉市与德国北威州就电动汽车市场准备和市场引入示范项目签订项目合作意向书,其中包括电动汽车、充电基础设施、供电及储电以及交通与运输方案等内容。武汉市应尽快建设大型充电站及充电桩等配套设施。

抓好新能源推广商业化运作试点工作。武汉市公交集团有限公司、东风电动车辆股份有限公司共同出资成立武汉电动汽车示范运营有限公司,作为我国第一家电动汽车示范运营商业化模式运作的专业公司,它同时承担国家科技部"863武汉市电动汽车大规模商业示范化运营"重大专项,通过在试点城市进行大规模新能源汽车推广商业化运作试点,为在全国范围内进行节能与新能源汽车的推广积累经验①。

4.3.2 总部经济

总部经济属于"环境敏感型"经济,对软硬环境反映十分灵敏,是典型的低碳产业,对增强城市综合实力意义重大。

湖北省发展总部经济有两大优势:一是区位优势,二是政策优势。从地理位置看,湖北省地处中部五省半包围之中,"得中独厚",区位优势明显。随着武广高铁、长江黄金水道、天河机场三期等重要交通设施相继建成,武汉与省内"1+8"城市群将形成"1小时经济圈",与北京、上海、重庆、广州、西安、福州等主要城市将形成"3小时经济圈"。从政策环境看,20世纪90年代,中央出台《促进中部崛起规划》,提出中部崛起战略,此后,各项跟进政策密集出台。国家先后批准建设武汉城市圈"两型"社会综合配套改革试验区以及武汉市东湖国家自主创新示范区、

① 佚名:《武汉大力发展新能源公交车 将建3座充电站》,中国商用汽车网,http://cv.ce.cn/,2010年5月26日。

中部地区中心城市、全国首个综合交通枢纽研究试点城市，这在全国同类城市中是少有的。这也为把武汉市打造成中部地区总部经济集群区创造了绝佳的外部条件；此外，国际金融危机催生的“内生型”经济优势，为武汉城市圈乃至湖北省在中部率先崛起再添后劲。

近年来，总部经济已经成为湖北省经济发展的主要助推器之一。武汉市把发展总部经济作为产业结构优化升级的重要途径，并制定一系列政策措施，从而推动了总部经济的快速发展。总部经济的发展带动了投资，促进了就业，拉动了消费，提升了武汉的知名度，城市综合竞争势力增强。以武汉市武昌区为例，自2003年率先提出发展总部经济以来，先后有中铁十一局、中建三局、法国阿尔斯通、联想等一批有实力的企业在武昌设立总部或分支机构。武昌区中南路、中北路，已集聚了华夏银行、兴业银行、中国人寿、渤海财保等一大批金融企业。截止2008年底，武昌区已集聚各类总部型企业130家。随着这些企业总部的进驻，带动了一大批为总部服务的金融、保险、文化娱乐等现代服务业企业的迅速聚集。6年来，武昌区地区生产总值和财政收入分别以15%和25%以上的速度递增。

目前，武汉市已形成武昌公司总部区、江汉总部经济区、黄陂盘龙城第一企业社区三大总部聚集区“三足鼎立”之势，拥有3000余家境内外企业总部或地区总部，有19家全球500强企业在汉设立分支机构，共有70家世界500强企业在汉投资。它们不但提升了武汉市自主创新能力，同时通过“总部——制造基地”链条，将创新成果向城市周边辐射，带动周边地区经济发展。据《中国总部经济蓝皮书》公布的最新全国35个主要城市总部经济发展能力排行榜，武汉名列第10位，已跻身大企业、大财团总部的优选城市之列①。

随着经济全球化和区域经济一体化加速发展，大型企业集团总部向中心城市聚集渐成趋势。湖北省应发挥自身优势，依托武汉市“双中心”的独特定位（武汉城市圈“1+8”城市群中心城市、中部地区中心城市），把总部经济打造成调整产业结构与转变发展方式、发展低碳产业的重要载体，进一步发展和壮大总部经济。一是调整优化产业空间布局，加快产业“双向转移”，把生产制造环节向周边城市转移，把企业总部向城区集中，进一步增强对周边城市和区域的辐射带动力。二是调整优化三次产业结构，大力发展生产性服务业，尤其是强化金融、保险、会计、物流、法律、会展、商贸、中介咨询等等。三是突出科教优势，大力发展研发型总部经济。科研要素集中，研发实力强，是武汉市的特色和优势所在，要把发挥自身优

① 郭鸿翔、黄宁、邓年胜：《武汉渐成总部经济集中区》，火凤网，2009年10月19日。

势与提升总部经济竞争力结合起来，形成别具一格的总部经济内核①，进一步提升武汉市城市圈的总部经济发展能力。四是进一步加强公共基础设施建设和配套，为总部经济投资创业搭建良好的区域发展平台；进一步转变政府职能，优化投资环境，降低商务成本，提高行政效能，为总部经济发展搭建良好的服务平台；进一步完善支持总部经济，支持先进制造业，现代服务业和高新技术产业发展的政策措施，为总部经济发展搭建良好的政策平台②。

概括起来，发展总部经济的总体目标是建立比较完善的总部企业发展环境和服务体系，切实增加总部企业数量，明显增强总部企业的持续发展能力，逐步形成总部经济集聚区，使总部经济成为促进武汉市经济又好又快发展的先导。其基本原则应该是坚持发展总部经济与建设“两型社会”相结合，大力引进符合“两型社会”建设要求的总部企业；坚持引进总部企业与优化环境相结合，吸引国内外总部企业落户武汉；坚持整体推进与突出重点相结合，加快形成各具特色的总部经济集聚区；坚持“引进来”与“走出去”相结合，吸引外地总部企业向武汉集中高端业务，鼓励在汉总部企业向外拓展市场，实现区域协调发展的共赢。

发展总部经济的战略重点包括：(1)引进国内外大企业总部或区域总部。发挥武汉区位、人才、科技、服务等方面的优势，通过制定一系列的优惠政策，建立完善总部企业服务机制，搭建总部经济发展平台，积极引进国内外大企业来汉设立总部，积极引进国内外大企业在汉设立管理中心、研发中心、制造中心、采购中心、财务中心、投资中心和营销中心等。(2)加快建设全市总部经济集聚区。依据城市总体规划，按照集聚发展的原则，突出重点，合理利用土地空间，优化企业总部布局，完善公共配套服务，引导企业总部集聚发展。重点建设在国内有重大影响、在国际上知名的总部经济集聚区，支持有条件的区、开发区集中建设各具特色、区域性的总部经济集聚区，进一步提升武汉的中心城市功能。(3)大力支持总部企业做大做强。支持总部企业充分发挥自身的竞争优势，积极拓展市场空间和资源空间，通过资本营运、企业重组和战略合作等方式，参与市内外资源的开发利用，形成若干具有一定经济实力和影响的总部企业。(4)巩固和培育本市总部企业。扶持符合武汉产业发展方向、综合实力强、关联带动力强、发展层次高的本市企业发展壮大成为总部企业。

在引进总部企业的产业导向上，应强调发挥湖北省现有产业优势与发展低碳经

① 许克振：《加快构建中部地区总部经济集群区》[N]，《湖北日报》，2010 年 4 月 28 日。

② 何志强等：《第五届中国总部经济高层论坛举行》，武汉广电网，www.whbc.com.cn，2009 年 10 月 19 日。

济相结合,重点引进与钢铁、汽车、石化、光电子信息、先进装备制造、能源环保、创意、现代物流等8个千亿元产业发展相适应的总部企业,加快形成具有比较优势和核心竞争力的产业集群。加快发展以高新技术为先导、以循环经济为标志、以集群发展为特征的先进制造业;以具有自主知识产权和国际知名品牌为重点,支持高新技术产业总部企业做大做强,提高产业自主创新能力。以建设区域性金融中心为目标,以金融创新和建设金融安全区为重点,支持国内外银行、保险、证券、基金和投资公司等总部在汉设立区域总部或结算中心、投资中心和交易中心等①。

4.3.3 中国光谷

中国光谷,即武汉东湖新技术开发区,位于武汉市东南部的三湖六山之间。1988年,东湖新技术开发区正式成立;1991年,国务院批准东湖新技术开发区为国家级高新技术产业开发区;2000年7月,国家科技部和外交部批准东湖新技术开发区为APEC科技园区;2001年2月,国家科技部批准东湖新技术开发区为国家火炬计划光电信息技术产业化基地;2001年7月6日,国家计委正式批复,在东湖新技术开发区建立国家光电子产业基地——武汉·中国光谷。

通过二十多年建设发展,东湖高新拥有关东光电子产业园、关南生物医药产业园、汤逊湖大学科技园、光谷软件园、佛祖岭产业园、机电产业园区。形成以光电子信息为龙头、生物工程与新医药、环保、机电一体化、高科技农业等高新技术产业竞相发展的产业格局。其产业布局具有十分明显的低碳特性,大大促进了武汉市两型社会的建设。目前,武汉·中国光谷建成了国内最大的光纤光缆、光电器件生产基地,最大的光通信技术研发基地,最大的激光产业基地。光纤光缆的生产规模居全球第二,国内市场占有率达50%,国际市场占有率12%;光电器件、激光产品的国内市场占有率40%,在全球产业分工中占有一席之地。武汉·中国光谷的产业实力不断增强。目前,新区共有企业7000多家,其中20家世界500强企业,15家上市公司。

武汉·中国光谷已成为我国在光电子信息领域参与国际竞争的标志性品牌。优势在于强大的研发实力,其地位不可取代。2004年底由国家投资4.8亿元兴建的武汉光电国家实验室,是全国6个国家重点实验室中唯一进行光电研究的,范围涵盖光电子学科的基础研究、应用基础研究和前沿高技术研究,并适当向应用技术研究延伸。它的建成,使得武汉·中国光谷从基础研究到工程研究到产品,

① 武汉市政府:《关于加快我市总部经济发展的若干意见(武政〔2009〕16号)》,武汉市政府网,www.wuhan.gov.cn,2009年2月26日。

形成了一个完整的创新体系。2005年6月，以武汉烽火通信为主承担的国家863计划“自动交换光网络节点设备研制与系统试验”项目顺利通过验收，在我国率先研制出具有T比特交换容量的ASON节点设备。

2008年9月，扛了“中国光谷”大旗8年的武汉东湖高新区，不再单打光电子信息产业，开始寻找新的产业发展方向，如节能与环保、生物技术、现代装备制造、研发与信息服务等产业。同年11月，计划投资100亿元，用3—5年时间建成的武汉国家生物产业(九峰创新)基地开工建设。

2009年8月29日，武汉生物技术研究院、国药控股湖北物流中心、500兆瓦太阳能三大项目同日开工，武汉·中国光谷向“生物谷”、“金融谷”、“新能源谷”迈进，从而拉开了武汉高新区“二次创业”的大幕。生物技术研究院作为光谷生物城的技术支撑平台，主要从事生物技术应用研究开发、技术服务和成果转化，支撑和引领湖北生物产业特别是基地的发展，吸引和聚集生物技术领域的优秀人才。国药控股湖北物流中心占地100亩，总投资1.5亿元，是华中地区最大、最具现代化的医药物流中心和基本药物最大配送基地，对湖北地区乃至整个华中地区的医药物流市场具有重要的影响作用。500兆瓦太阳能项目为华中地区光伏产业最大项目。该项目由国际知名光伏太阳能厂商——美国常绿太阳能公司与珈伟太阳能(中国)有限公司合资兴建，总投资4.5亿美元，主要包括太阳能用晶硅片、电池片及其组件，预计3年内全部建成投产，产能为100兆瓦/年，2012年以后将扩大产能至500兆瓦/年，年产值将达10亿美元，同时带动设计、材料、节能环保等相关产业的发展①。

2010年5月，东湖高新区迎来诞生以来最有力的一次“生长”——扩容近300平方公里，比原来221.93平方公里的“块头”大了1倍多，拥有总共518平方公里的“大块头”，成为名副其实的“大光谷”；这与国家自主创新示范区的身份也更为相称②。

事实证明，东湖高新区对湖北经济的带动力十分明显，推动了经济结构转型和产业结构调整。2001年，高新区内企业总收入330亿，2007年达到1300亿，2008年1600亿；2010年，技工贸总收入2000亿元，工业总产值1500亿元，财政收入60亿元。当前，我国和湖北省经济社会发展正处于新的历史起点上，建设低碳经济和生态文明正当其时，在尚未见底的国际金融危机背景下，东湖高新区作为经济发展重要增长极和低碳产业助推器的作用将更加凸显。进一步推进武汉·

① 邓隆飞、澎冰：《武汉光谷三大项目同日动工兴建》[N]，《中华工商时报》，2009年8月30日。

② 陈凌墨、张颖：《武汉东湖高新区扩容1倍多10万人口改住址》[N]，《楚天都市报》，2010年5月29日。

中国光谷的建设，不仅有利于将东湖高新区建设成为一个把科技优势转化为生产力的示范基地和积极进行体制机制创新的示范区，还将大大推动湖北省低碳经济的发展，在实现中部崛起过程中起到“四两拨千斤”的作用。

实现东湖高新区新一轮跨越式发展，就要进一步培育发展优势、创新机制、优化结构、壮大主体、做强企业、改善环境。拓宽领域，形成稳定的产业结构支撑；整合我省高水平研发力量，并引进利用国内、国际科研成果和大型企业。要加强技术创新、投融资、公共服务、信息情报资源共享、高层次引进等平台建设；加强引资引智工作；要积极推进体制机制创新；要进一步改善环境，加大招商引资力度，促进重大项目落户高新区。加大政策扶持力度，并尽快取得国家支持；省委、省政府要在争取国家对东湖高新区区域性政策、体制机制创新、公共财政、加强组织领导等四个方面提供强有力的支持。

在产业发展上，应继续强化光电子信息等低碳产业优势，优先发展电子信息产业。重点发展光通信设备及器件、移动通信终端、电子元器件和激光加工设备等优势产品，加快新一代移动通信、数字电视、下一代网络设备和产品的研发与产业化，积极发展光纤到户、数字化3C（计算机、通信、消费电子）等数字内容产品。加快武汉国家光电子信息产业基地建设，重点支持武汉软件产业基地、武汉国家汽车电子产业化基地、“光谷”激光产业园建设，积极发展光显示、光存储、汽车电子、金融电子、集成电路、软件等核心产品，建立较完整的光电子信息产业链；在研发——制造——销售链条上加强技术研发和品牌创立环节，在元器件——组件——整机链条上加强芯片及元器件环节，在硬件——软件——应用与服务链条上加强软件及应用与服务环节，形成产业发展的整体优势。

4.3.4 现代服务业

现代服务业的提法最早源于1997年9月党的十五大报告中。2000年中央经济工作会议提出：“既要改造和提高传统服务业，又要发展旅游、信息、会计、咨询、法律服务等新兴服务业”。目前国内现代服务业大致划分为基础服务、生产和市场服务、个人消费服务、公共服务等四类，行业一般包括金融保险业、信息服务业、旅游业、绿色物流业、房地产业及社区服务业等。

相对于传统服务业，现代服务业具有智力要素密集度高、产出附加值高、资源消耗少、环境污染少等特点。现代服务业发达程度既是衡量地区综合竞争力和现代化水平的重要标志，又是地区经济碳含量的显著标志。目前，湖北经济已进入一个新的发展阶段，加快发展现代服务业，明确发展路径和发展机制，促进经济结构优化，加快构筑高增值、多层次、广就业、强带动的现代服务业体系，对湖北经济发展和低碳产业建设具有重大战略意义。

(1)优化政策环境。按照国务院《关于加快服务业发展的意见》要求,认真梳理湖北的各项现行政策规定,对不适宜的现有限制、制约服务业发展的规定进行清理,研究制定市场准入、税费、就业、融资、用地、价格、产权变更等方面有利于现代服务业发展的扶持政策措施。一是降低市场准入门槛。进一步放松和取消对现代服务业中投资项目的行政审批,实行投融资体制改革,打破市场壁垒,实现要素的自由流动,按市场主体资质和服务标准,逐步形成公开透明、管理规范和全行业统一的市场准入制度。加快垄断行业管理体制改革,放宽部分行业市场准入的资质条件,鼓励非国有经济在更广泛的领域参与服务业发展,对非公有经济在发展服务业方面给予国有经济同等的待遇。二是切实消除体制性障碍,加快建立优化资源配置的竞争机制。针对湖北省服务业国家投资为主、公有经济比重大大高于一、二产业的现状,放宽政策鼓励和加快对民资、外资开放服务业市场,积极承接服务业的国际转移,引导民资、外资投向服务业部门。三是改进服务,提高效能,为企业创造优质、高效、低廉的商务环境,把市场诚信作为政府对服务业管理的重点,优化湖北发展服务业的软环境。四是增加基础设施投入,重点抓好“三港”、“三路”,即航空港、江河港、信息港和公路、铁路、光路建设,为大力促进绿色物流,发挥湖北省“九省通衢”优势,完善湖北现代服务业奠定基础设施支撑体系。

(2)依托“三圈、四带”产业布局,形成生产服务业发展聚集带,同时积极发展现代旅游业。根据湖北现代制造业基地建设布局,在武汉城市圈、宜荆荆城市圈、襄十随城市圈和长江、汉江、京广线和汉十线重点发展与制造业相适应的生产服务业,形成集约型产业发展模式,降低交易成本和商务成本,提高产业竞争力。重点是建设武汉城市圈高新技术产业服务聚集带,建设沿江基础产业服务聚集带;在中心城市、重点开发区、主要交通枢纽布局建设商务集聚区,大力发展金融和商务服务,具备条件的逐步向中央商务区过渡,重点建设中心商圈,集中发展特色一条街;在城郊结合部和交通道口布局建设产品交易市场集聚区。积极整合旅游资源,除搞好“一江两山”旅游区和洪湖等旅游基地外,还应大力发展主题旅游业,重点建设“长江汉水”两江文化旅游带、鄂西生态旅游圈①、麻城——红安——大别

① 从全省旅游发展大会上传来消息,“洪湖岸边是家乡”、恩施大峡谷、三峡游轮中心等10个重点项目已经启动,未来两三年,鄂西旅游圈将进入密集建设期,众多项目将陆续启动。按照布局,鄂西生态文化旅游圈将打造6大核心旅游区,即长江三峡观光度假旅游区、武当山文化遗产旅游区、神农架原始生态旅游区、清江土苗民俗风情旅游区、楚文化及三国文化旅游区、大洪山历史文化旅游区。参见袁阳平、沈旅:《鄂西旅游圈进入密集建设期10大项目陆续启动》[N],《长江商报》,2010年6月21日。

山红色旅游带、武汉“1 + 8”城市圈风情游、鄂东南竹海地热地宫以及核电风能综合旅游带等旅游圈(带),突出各个旅游圈(带)在自然景观、风土人情、文化传统等方面所独具的特质,强调开发与保护并重原则,避免低水平重复,杜绝对旅游、生态资源的掠夺性开发,促进湖北省旅游业的可持续发展。

(3)以点带面,促进现代服务业整体发展。鼓励和重点发展信息、科技、会计、咨询、法律服务等行业,带动服务业整体水平提高。积极发展新兴服务业,主要是需求潜力大的房地产、物业管理、旅游、社区服务、教育培训、文化体育等行业,形成新的经济增长点。改组改造传统产业,运用现代经营方式和服务技术着重改造商贸流通、交通运输、餐饮、农业服务等行业,提高技术水平和经营效率,增强服务业整体素质和竞争力。实施一批具有带动示范效应的重大项目,加速发展和引进现代绿色物流企业,建设和培育一批在全国有影响的产品交易市场;打造一批软件、工商设计、信息传输和文化产业集群;以金融为载体,构建现代投资服务体系。以品牌战略为突破口,增强现代服务业发展的竞争优势;鼓励优势企业以名牌为纽带,推进资产重组,实行规模化、集约化、网络化、品牌化经营;支持有一定的交易规模和影响力的各类市场进一步扩大规模,提升服务业整体竞争力。

(4)增加城乡居民收入,推动消费结构升级。居民对文化、体育、旅游、休闲、娱乐、保健等精神性服务产品的需和快速增长,不仅是现代服务业的发展基础,也是推动经济增长和社会文明进步重要动因。目前湖北城乡居民收入不仅平均水平相对较低且收入分配差距较大。要提高城乡居民收入水平,特别是要形成农村居民增收的长效机制,不断增加城乡居民特别是农民和城镇低收入者的收入,提高城乡居民的服务消费能力。改善服务消费环境,完善消费政策,加强对教育、医疗、住房等产品和服务的价格监管,遏制价格过快上涨,营造有利于扩大服务消费的社会氛围,提高整体消费水平。引导消费预期,增加即期消费,促进消费结构升级;发展消费信贷,建立个人信用制度,完善消费信贷办法,提高信贷服务水平,满足多层次、个性化的消费需求。完善职工带薪年休假和法定节假日休假制度,促进教育、健身、文化、旅游等服务消费和休闲消费;健全社会保障体系,解除单位和城乡居民的后顾之忧①。

4.3.5 绿色物流

绿色物流是指利用先进物流技术进行规划、实施运输、储存、包装、装卸、流通

① 湖北省统计局:《湖北现代服务业发展现状与方向选择》,湖北省政府门户网站,www.hubei.gov.cn,2009 年 3 月 26 日。

加工等物流活动，包括各个单项的绿色物流作业（如绿色运输、绿色包装、绿色流通加工等）和为实现资源再利用而进行的废弃物循环物流。其行为主体为专业物流企业和与其相关的生产企业和消费者，它与绿色生产、绿色消费共同构成节约资源、保护生态环境的绿色经济循环系统。

绿色生产是以节约资源和减少污染的方式制造绿色产品，绿色消费是以消费者为主体的消费行为。绿色物流、绿色生产、绿色消费相互渗透、相互作用。绿色生产是实现绿色物流和绿色消费的前提，绿色物流可以通过流通对生产的反作用来促进绿色生产，通过绿色物流管理来满足和促进绿色消费。

绿色物流是可持续发展的重要组成部分，对发展社会经济、提高人类生活质量具有重要意义。目前主要发达国家把现代绿色物流的推广作为物流业发展重点，积极开展绿色环保物流专项技术研究，在物流系统和物流活动规划与决策中，尽量采用对环境污染小的方案，如采用排污量小的货车车型、近距离配送、夜间运货，以减少交通阻塞、节省燃料和降低排放等，保进新材料的广泛应用和开发，进行回收物流的理论和实践研讨，制定相应的现代绿色物流政策和法规。

湖北省绿色物流业起步较晚。2009 年，省委、省政府提出“要把湖北建成促进中部地区崛起的重要战略支点，把湖北建成中部乃至全国重要的现代物流基地和综合交通运输枢纽”战略，制定《湖北省物流业调整和振兴实施方案》；调整和振兴物流业成为转变经济发展方式、增强湖北省经济竞争力的战略任务之一。同年 9 月，全国第一家交通物流发展机构——湖北省交通运输厅物流发展局正式挂牌成立，它承担物流政策引导、典型示范、信息服务、基础设施建设等相关任务，对促进湖北省传统交通运输向现代物流业转型与融合，发展现代绿色物流业必将发挥重要的组织保障作用。由于绿色物流刚刚兴起，针对物流行业的政策和法规不是很多，大有发展潜力。

（1）加强绿色物流的规划工作。建立和完善物流绿色化的政策和理论体系，对物流系统目标、物流设施设备和物流活动组织等进行改进与调整，实现物流系统的整体最优化和对环境的最低损害。制订控制污染发生源、限制交通量和控制交通流的相关政策和法规，对现有物流体制强化管理，打破地区、部门和行业局限，按大流通、绿色化的思路进行全国物流规划整体设计，构筑绿色物流建立与发展框架。以现有物流企业为基础，逐步发展大型物流中心，与区域性配送中心相结合，建立多功能、信息化、服务优质的配送体系。

（2）加强控制物流污染发生源的法律制度建设。物流活动的日益增加，配送服务的发展，引起在途运输的车辆增加，导致大汽污染加重。政府应采取有效措施，制定相应的环境法规，对废气排放量及车种进行限制；采取措施促进、鼓励使用清洁能源汽车，普及使用低排放车辆，对车辆产生的噪音进行限制，治理车辆废气排放，限制城区货车行驶路线等。如北京市对新车制定严格的排污标准，对在用车辆进行治理改造；同时采取限制行驶路线、增加车辆检测频次、按排污量收取排污费等措施，污染物排放量大为降低。

(3)限制交通量。通过政府指导作用，促进企业选择合适的运输方式，发展共同配送，政府统筹物流中心及现代化物流管理信息网络的建设等，最终通过有限的交通量来提高物流效率，特别是提高中小企业的物流效率。

(4)控制交通流。政府投入相应的资金，建立都市中心部环状道路；通过道路与铁路的立体交叉发展、制订道路停车规则以及实现交通管制系统的现代化等措施，减少交通阻塞，提高配送效率。

5 低碳生活与湖北经济

2010年初,哥本哈根会议的召开使低碳经济再次成为全球瞩目的焦点。低碳经济是以低能耗、低污染、低排放为基础的经济模式,其实质是提高能源利用效率和清洁能源结构,发展核心是能源技术创新、制度创新和人类生存发展观念的根本性转变。低碳经济不仅表现为企业的行为,也表现为符合时代潮流的生活方式。低碳生活方式代表着更健康、更自然、更安全、低成本、低代价、低能量、低消耗的生活方式。人们要实现节能降耗的目标,还要取决于很多细微之处。而这些“细微之处”不仅包括制造业、建筑业等相关产业中许多节能技术的改进,也包括日常生活习惯中的许多节能细节。可以说,低碳经济实质上是经济发展方式、能源消费方式以及人类生活方式的一次新变革。

与日本、欧洲等发达国家有所不同,中国提出发展低碳经济有其独特的时代背景。一是我国人均能源资源拥有量不高,探明量仅相当于世界人均水平的51%。这种先天不足再加上后天的粗放利用,客观上要求我们发展低碳经济;二是碳排放总量突出。按照联合国通用的公式计算,碳排放总量实际上是四个因素的乘积:人口数量、人均GDP、单位GDP的能耗量(能源强度)、单位能耗产生的碳排放(碳强度)。我国人口众多,经济增长速度较快,能源消耗巨大,碳排放总量不可避免地逐年增加。在一些发达国家将气候变化当作一个政治问题之后,我国发展低碳经济意义尤为重大;三是“锁定效应”的影响。工业革命以来,各国经济社会发展形成了对化石能源技术的严重依赖,其程度也随各国的能源消费政策而异。发达国家在后工业化时期,一些重化工等高碳产业和技术不断通过国际投资贸易渠道向发展中国家转移。中国倘若继续沿用传统技术,发展高碳产业,未来需要承诺温室气体定量减排或限排义务时,就可能被这些高碳产业设施所“锁定”。因此,我国在现代化建设的过程中,需要把握好碳预算,避免高碳产业和消费的锁定,努力使整个社会的生产消费系统摆脱对化石能源的过度依赖;四是生产的边际成本不断提高。碳减排客观上存在着边际成本与减排难度随减排量增加而增加的趋势。1980—1999年的19年间,我国能源强度年均降低了5.22%;而1980—2006年的26年间,能源强度年均降低率为3.9%。两者之差,隐含着边际成本日趋提高的事实;五是碳排放空间不大。发达国家历史上人均千余吨的二氧化碳排放量,大大挤压了发展中国家当今的排放空间。2006 年,我国的人均用电量为 2060 度,低于世界平均水平,只有经合组织国家的 1/4 左右,不到美国的1/6。但一次性能源用量占世界的 16% 以上,二氧化碳排放总量超过了世界的 20%,同世界人均排放量相等。这表明,我国在工业化和城市化进程中,碳排放强度偏高,而能源用量还将继续增长,碳排放空间不会很大,应该积极发展低碳经济。而发展低碳经济不仅需要国家适时调整经济发展战略,各行各业的积极行动与广泛参与,更需要公众亲自参与其中,适当改变不合理的生活方式与生活观念,从选择低碳生活开始,践行低碳经济。

湖北省是一个资源相对不足,人均占有水平低,特别是能源矿产资源缺乏,产业结构呈现出以依托资源加工为主导的特征,经济发展对资源的依赖性较强。湖北省"缺煤、少油、乏气"矛盾突出,能源自给率较低。99% 的电煤要从省外调入,全省人均水资源占有量是全国人均占有量的 73%,人均耕地面积只有全国平均水平的一半①。随着湖北经济快速发展带来的大量资源消耗和造成的生态环境瓶颈制约,湖北面临的节能减排的压力愈来愈大,这也就意味着湖北践行低碳生活的紧迫性越来越强。2010 年 7 月 19 日,国家发展改革委颁布《国家发展改革委关于开展低碳省区和低碳城市试点工作的通知》,即发改委(2010)1587 号文件,将湖北纳入首批开展低碳省区和低碳城市试点工作的省份,这也为湖北省实施低碳生活提供了良好的契机②。

5.1 对低碳生活方式的几点认识

低碳生活方式,通俗地说,就是尽可能避免消费那些会导致二氧化碳排放的商品和服务,以减少温室气体产生的生活方式。它是一种可持续的生活方式。

5.1.1 低碳生活方式是经济社会发展的必然选择

低碳生活方式是发展低碳经济的重要组成部分。在哥本哈根气候大会后,低碳已经成为全球瞩目的焦点。中国政府承诺到 2020 年单位 GDP 二氧化碳排放比 2005 年下降 40%—45% 左右,非化石能源占一次能源消费的比重达到 15% 左

① 《2008 中国循环经济年鉴》,中国财政经济出版社,第 357 页。

② 国家发展与改革委员会文件 发改气候(2010)1587 号 见 http://www.ndrc.gov.cn/zcfb/zcfbtz/2010tz/t20100810_365264.htm

右①。为实现这一减排目标,中国政府需要做出巨大的努力,这不仅仅是政府、企业的职责,更需要每一位公民的参与。2008 年世界环境日的主题是:"戒除嗜好、面向低碳经济"。这也提示人们:低碳经济不仅意味着制造业要加快淘汰高耗能、高污染的落后生产力,推进节能减排的科技创新,而且意味着引导人们反思并改变习以为常的、浪费能源的消费模式和生活方式,低碳经济才能变为现实。

5.1.2 低碳经济必须依托于低碳生活

低碳经济应依托于低碳生活。如前所述,低碳经济的重要含义之一,不仅意味着工业制造业要加快淘汰高能耗、高污染、高排放的"三高"落后生产能力,而且意味着要引导人们反思那些浪费能源、增排污染的不良生活方式、从而充分挖掘消费和生活领域节能减排的巨大潜力。

在市场经济的体制和观念下,低碳经济的这种高能效、低能耗技术状态的生产仍然是追逐利润的最大化。因此大量的生产就不可避免。然而大量生产必然会产生大量排放和大量污染。因此,单位能耗虽然降低了,但是能耗总量却因大量生产而大大增加,二氧化碳的排放量就不会减少多少或许还会增加。举例说明:假设通过若干年的努力,小汽车行驶 100 公里的耗油量下降了约 50%,但由于小汽车的总量增加了近十倍,很显然污染和二氧化碳排放量也会增加若干倍。因此说,低碳经济仅有先进技术的支撑是不够的,必须依托"低碳生活"才能真正实现节能减排的目的。

5.1.3 低碳发展必须与经济社会发展的阶段性相联系

毫无疑问,低碳发展是一种方向,但这种发展方向的发展路径还要根据中国的实际国情来完成。中国仍属于发展中国家。中国正处于工业化、城市化、现代化加速推进阶段,基础设施建设规模庞大,能源需求依然快速增长。"高碳经济"特征突出的现实,成为我国可持续发展的一个重要制约因素。需要强调的是:中国发展的绿色低碳经济是根据自身可持续发展的需求而采取的主动行动。这一主动行动与一些发达国家的低碳经济发展模式是有差别的。发达国家提出的低碳发展模式,是基本解决了工业化对传统环境的影响之后所倡导的新的发展模式。他们发展的低碳经济是以新能源、二氧化碳普及以及后续行动为主的。但是中国尚处于重化工业为主的工业化周期和大量农村人口向城市转移的城市化中

---

① 《减排承诺昭示中国的自信与务实》,《上海证券报》,2009－12－04。

期阶段，以煤为主的能源结构仍然要经过一段时间才可以有根本的转变。因此，低碳发展方向，中国与发达国家有不同的目标和内容。在2009年召开的第九届中国经济论坛会议上，科技部副部长刘燕华就这样全面解析了中国低碳发展方向的全新发展模式："我们主要是提高优化能源的利用方式、发展可再生利用能源及提高环境质量等，目的是为我国的经济转型和结构调整打好基础。开发适合我国国情的能源和环境技术、新工艺和重大装备，为发展绿色经济提供技术支撑，才是在绿色经济框架下，符合我国国情的绿色发展模式。"

目前，湖北省正处于工业结构演化的第二阶段：由重工业向加工组装工业演进的阶段。这并不利于低碳经济发展的。因为在这一阶段，重工业仍占不少的比重，它们是高能耗、高污染的，而加工组装工业技术含量比较低，附加值也很低很难成为湖北省经济发展的支柱。湖北省要根据自身这一特点选择适合的发展路径。

5.2 湖北居民生活方式转变面临的挑战

有研究表明，在美国和澳大利亚，每人每年要排放20吨以上的温室气体（主要为CO_2），其中1/4来自交通，1/4来自住宅，大约1/2来自办公场所或企业。①我国也有研究表明：在1999—2002年间，我国能源消费总量的26%，CO_2排放总量的30%是由于居民生活行为以及满足这些行为需求的经济活动造成的。②

在现实生活中，湖北居民的低碳生活方式面临着严峻的挑战。主要有以下三个方面的问题。

5.2.1 能源消费结构不合理

"经济结构决定着能源的消费结构，在一定程度上也决定着温室气体的排放强度。"日本学者茅阳一的Kaya公式量化了一个国家或地区的碳排放量，其公式表达为：碳排放量＝人口×人均GDP×单位GDP的能源用量×单位能源用量的碳排放量。公式中，单位GDP的能源用量即"能源强度"是由产业的性质决定的。目前已能形成共识的是：第二产业的能源强度要高于第一产业和第三产业。从湖

① 刘永：《算算你能减少多少温室气体》[DB/OL]. http://www.qikan.com.cn/Article/bkzs/bkzs200603/bkzs20060322.html

② 《关于我国碳排放问题的若干对策及建议》[DB/OL]. http://www.cncdm.cn/search/search.asp?type=%D0%D0%D2%B5%D0%C2%CE%C5&id=191

北省的产业结构来看,在湖北省的 GDP 总量构成中,第二产业占据主导地位,而且重型结构特征明显,据湖北统计局资料:湖北省六大支柱产业中,有五大产业属重工业。2004 年以来,湖北省重工业占工业比重一直保持在 70% 以上,工业结构偏向重型化,且这种重型化逐步扩大,近两年有小幅调整。《湖北省统计年鉴》显示,1985 年湖北轻重工业的比例约为 1 ∶1. 136,到 2008 年扩大为 1 ∶2. 448;1985 年轻重工业比为 46. 8 ∶53. 2,到 2008 年扩大为 29 ∶71。第一产业和第三产业相对量较少。单位能源用量的碳排放量即“碳强度”,从近五年(2004—2008)湖北省的状况来看(见表 5—1、表 5—2),煤炭、石油、天然气及电力等占能源消耗总量的比例基本保持在 65∶12∶1∶10①;这充分说明了湖北省能源消费处于多煤、贫油、乏气的困境,而实际上,煤的碳强度最高。

表 5—1　湖北省 2004—2008 年能源消费总量

年份	能源消费总量	煤炭	原油	天然气	电力				
	10^4t	万吨	10^4t	万吨	10^4t	10^8 m3	10^4t	10^8kw/h	10^4t
2004	9120	8054	5752. 97	754. 01	1077. 18	0. 94	11. 41	699. 41	859. 57
2005	9851	8653	6180. 84	822. 13	1174. 49	6. 11	74. 19	804. 41	988. 62
2006	10797	9652	6894. 42	851. 1	1215. 88	6. 84	83. 06	894. 76	1099. 66
2007	11861	10535	7525. 15	910	1300. 03	8. 63	104. 79	1009. 23	1240. 34
2008	12603	8500	6071. 55	—	—	—	—	1076	1322. 4

数据来源:能源数据来源于《中国能源统计年鉴》(2005—2009)分地区能源消费量

表 5—2　湖北省 2004—2008 年能源消费总量及构成

年份	能源消费总量		占能源消费总量的比重(%)		
	10^4t	煤炭	原油	天然气	电力
2004	9120	63. 1	11. 8	0. 13	9. 4
2005	9851	62. 7	11. 9	0. 75	10
2006	10797	63. 9	11. 3	0. 77	10. 2
2007	11861	63. 4	11. 0	0. 88	10. 5
2008	12603	48. 2			10. 5

数据来源:根据表 5—1 中的数据计算而来

这种特殊的产业结构和能源结构决定了湖北省居民的消费结构呈现出以居住类支出占主导、交通通讯类支出其次、金融保险服务支出最少的特征。

① 煤炭在 2008 年所占比重明显有一个下落,由于 2008 年的数据不完整,原油、天然气的比重不详。

因此,调整消费结构是走向低碳生活方式的必经之路。而消费结构的调整必须以产业结构和能源结构的调整为基础。我国为推动产业结构调整,相继出台了《清洁生产促进法》(2002 年)、《核电中长期发展规划》(2006 年)、《关于加快发展服务业的若干意见》(2007 年)、《环境监测管理办法》(2007 年)、《可再生能源中长期发展规划》(2007 年)等,试图通过政策手段扶持一批节能减排效率高的企业,在资金投入、税收优惠、技术支持等方面给予大力倾斜,从而达到通过投资带动消费、以产业结构调整促进消费结构升级的目的。但是,产业结构与消费结构存在不同,产业结构由于存在前期技术和资本的投入,在技术折旧和资本回收未到期之前,相关企业很难改变其结构,存在着技术和资本的"锁定效应",甚至在前期的产业发展过程中形成了一种"路径依赖"。这种"锁定"和"依赖"依靠政策法规无法在短期内见效;而另一方面我国大部分政策法规均集中在产业和能源领域,在消费领域的政策数量很少,这样一种政策体系无法形成一种均衡的力量,因此,难以促进人们生活方式的低碳化。

5.2.2 居民的消费状况不容乐观

1. 消费模式不经济

湖北省经济快速发展的 30 多年来,湖北省居民逐步形成了高消费、高浪费、高污染的"三高"消费模式。在物质资源相对丰富的现代社会,人们正在竭尽全力开发使用各种物质资源,无论是生活的必需品还是奢侈品的消费,湖北省的消费量都在节节攀升。大量使用化石能源作燃料,CO_2 等温室气体的高排放,导致温室效应急剧增强。便利生活用品大规模使用,虽然表面上给人们的生活带来了便利,但其后的环境成本和代价却很高昂。人类虽然在每次消费中都计算自己的投入与收益之比,但在满足最大效用的同时,却忽略了其消费行为的外部性。外部成本的忽略加深了人们忽视环境保护的错误行为,这些"理性的非理性"行为是造成"三高"消费模式的主要原因。

我国目前制定了《公共机构节能条例》(2008 年)、《民用建筑节能条例》(2008 年)、《废弃电器电子产品回收处理管理条例》(2009 年)、《太阳能光电建筑应用财政补助资金管理暂行办法》(2009 年)。这些政策的目的在于通过在高耗能单位、企业、行业中鼓励率先使用节能减排产品和技术,鼓励公众使用节能低碳产品,试图通过生产环节的政策,牵制消费环节,从而改变人们的生活方式,改善环境质量。虽然这种鼓励使用节能低碳产品的政策取得了一定成效,但仍有不少问题暴露出来,公众在接受节能低碳产品的同时,会增加对节能低碳产品的使用频率,导致节能的绝对量仍然没有增加,资源的耗费量依然居高不下。此外,消费者能否认同或愿意购买低碳产品,在已形成的固有的消费模式下,这种间接诱导的方式对于改变消费者偏好的效用毕竟作用不大。没有全过程的政策干预,局部的政策规制无法起到系统化的促进作用。从当前政策的内容来看,更多的是对节能低碳产品的补贴,缺少对高碳产品购买、使用的税收规制。如果补贴力度不足以吸引消费者,那么消费模式的转变仍然遥遥无期。

2. 消费理念不科学

消费理念是引导人们消费方式的航标。勤俭节约虽是中华民族的传统美德,但改革开放以来市场经济的迅猛发展,西方文化的入侵敲碎了传统美德的屏障。工业化给人们带来美好的物质享受的同时,也让部分人滋生了一些不良的消费行为和习惯:如奢华的消费方式。城市高楼耸立,夜晚霓虹斑斓,私家车犹如甲壳虫一样缓慢地爬行在柏油路上,与此并存的是环境被污染、生态被破坏,人类的生存受到了严重的威胁。由此可见,消费理念在引导人们进入低碳生活方式中具有重要意义。然而不争的事实是,现在政府出台的相关政策法规中,很少见到对于转变人类消费方式的专门指导性法规,无论是《节约能源法》(2007 年),还是《循环经济促进法》(2008 年),以至家电"以旧换新"政策,更多的是侧重于经济结构的调整,或是靠刺激消费拉动内需,增长经济。这类政策的出发点和最终目的均是促进经济的持续稳步发展,而不是引导人类生活消费方式合理化。我国只是在《中国应对气候变化的政策与行动》(2008 年)中提到转变消费方式,但这只是抽象的呼吁,难以起到实质性的作用。缺少引导低碳生活方式理念的战略指导,低碳生活方式就无法受到足够的重视,无法形成全民参与的低碳消费文化,向低碳生活方式转变将变得异常艰难。

5.2.3 基础设施不能支撑低碳生活

虽然目前关于低碳生活基础设施具体指标的研究还没有完全统一的认识,但已达成共识的是:基础生活设施应该包括节能建筑、公共交通设施以及一些基础设施和设备(如节能灯、节水用具等)。由于节能建筑和一些节能灯具等数据的不完备,笔者仅从中国统计年鉴中以城市公共交通和城市绿化两个层面来管中窥豹(见表5—3)。

表 5—3　中国城市公共交通和城市绿化状况

年份	城市公共交通			城市园林和绿化	
	年末公共交通运营数(万辆)	每万人拥有公交车辆(标台)	出租汽车数(万辆)	城市园林绿地面积(万公顷)	人均公园绿地面积(平方米)
2004	28.2	8.4	90.4	132.2	7.4
2005	31.3	8.6	93.7	146.8	7.9
2006	31.6	9.1	92.9	132.1	8.3
2007	34.8	10.2	96	170.9	9.0
2008	37.2	11.1	96.9	174.7	9.7

数据来源:《中国统计年鉴》(2005—2009)

再从这两个层面看看湖北的状况(见表 5—4)。

表 5—4　湖北省城市公共交通和城市绿化状况

年份	城市公共交通			城市园林和绿化	
	年末公共交通运营数(万辆)	每万人拥有公交车辆(标台)	出租汽车数(万辆)	城市园林绿地面积(万公顷)	人均公园绿地面积(平方米)
2004	17337	7.01	27111	55282	5.87
2005	17782	7.8	27414	56184	6.54
2006	16042	10.55	27589	41559	8.34
2007	17180	11.88	27827	44035	9.29
2008	17914	11.89	27618	52170	9.4

数据来源:《中国统计年鉴》(2005—2009)

从表 5—3、5—4 中可以看出:一是湖北省城市公共交通设施状况仅处在全国的平均水平。每万人拥有公交车辆指标比全国的略高一点;二是城市绿化建设也是处于平均水平,人均公园绿地面积指标比全国的略低一点。

5.3　影响湖北居民生活方式转变的主要因素

从前面的论述可知,湖北居民生活方式现状离低碳生活的要求还有不小的差距。作为首批低碳省区和低碳城市试点工作的省份,湖北省在转变居民生活方式上应该有所为。要尽快改变现状,培育低碳生活方式,首先要明确影响湖北居民生活方式转变的主要因素。在笔者看来,这主要有以下三个方面:

5.3.1 认识误区

在新浪网发起的一项对低碳生活方式的调查中显示：在1036名接受调查者中，仅有22.9%的人表示知道低碳生活方式，有51.1%和26%的人分别选择知道一点和不知道；在被问及“低碳生活方式是否容易坚持执行”时，有75%的人表示有难度，仅有10.3%的人认为容易。由此可见：尽管低碳生活成为目前中国社会的热门词，但实际上真正能科学理解其含义的极少。湖北省的情况也相同。笔者认为，目前对低碳生活方式理解主要有以下几种认识误区：

1. 低碳经济就是我们不进行现代化建设，是贫困经济，实现低碳生活会降低人们的生活品质

一直以来，公众对低碳生活存在着误解。有人认为，最贫穷、最不发达的国家，人们消费少、没车开、交通困难，排放少，当然是一种低碳状态；而发达国家人均碳排放量都很高，据联合国开发署（UNDP）2007/2008年人类发展报告的报导：“工业化时代起所排放的每10吨二氧化碳中，约有7吨是发达国家排放的。英国和美国的人均历史排放量约达1100吨二氧化碳，而中国和印度的人均水平分别是66吨和23吨。”所以，高排放才有高质量的生活。实际上，这是一种典型的只看表面现象。应该说，在较高发展水平情况下也可以是低碳的。如在以使用核能为主的法国，人均碳排放比发达国家的平均水平低一半；北欧国家绝大部分依赖可再生能源，丹麦基本上是风电，挪威、瑞典基本上是水电。这些国家的碳排放都比较低，但生活水平却很高。

还有人认为，从节约资源能源、环保以及减少碳排放等角度看，实现低碳生活不仅是件大事，也是件好事。但是从低碳生活的要求看，可能会降低人们好不容易提升起来的生活水准。比如人们在生活水平提高的同时，希望通过购买汽车来改善自己的出行条件，希望购买较大的住房来改善自己的居住条件，这些意愿显然与低碳生活格格不入。这又是一种误解。低碳的本质是要给人们身体健康提供最大的保护和舒适感，对环境影响更小或有助改善环境。有专家提出，全面实现低碳生活与提高居民生活水平之间并不冲突，它们的共同目的都是为了更好地改善人们的生存环境和条件，其中的关键是要找到一个结合点，探索一种低碳的可持续的消费模式，在维持高标准生活的同时尽量减少使用消费能源多的产品、降低二氧化碳等温室气体排放。低碳生活不是一种落后的生活模式，发展低碳经济并不是要降低人们的生活品质。在低碳经济状态下，交通便利、房屋舒适宽敞是可以得到保证的，完全可以采取低碳技术来解决这些问题。因此，倡导低碳生活并不是要降低人们的生活品质，相反，随着环境的改善，人们的生活品质还应该得到改善和提高。

2. 低碳生活就是要省吃俭用,这与国家的扩大内需、刺激消费的经济政策是相悖的

其实倡导低碳生活与国家扩大内需、拉动消费的政策并不矛盾。扩大内需、拉动消费就是要把社会消费潜力和剩余消费能力,最大限度地解放出来、释放出来。而且应该把内需的扩大聚焦到文化创意产业、现代娱乐业、金融服务业和高附加值产业等新型服务业上来,也就是说应该用低资源占用型、低能源消耗型消费来填充内需。要把消费引导到“软消费”上来,用“软消费”促进“软实力”。

经济学家凯恩斯曾于1936年提出了著名的“节约悖论”,即节约对一个人来说是值得称赞的美德,但对一个国家而言,可能会因消费不振引发经济衰退。但是,低碳生活并不是单纯的省吃俭用,与传统节俭应有所区分,其倡导的理念不是不消费,而是理性消费,适度消费,可持续消费。即根据自己的岗位、收入、情趣、预期以及社会发展的现实等制订一个合适的尺度来约束消费。从而避免以大量消耗能源、大量排放温室气体为代价的“面子消费”、“享乐消费”、“过度消费”、“奢侈消费”、“一次性消费”等种种不合理的消费。此外,片面强调消费需求对生产的作用,并把消费中的节约同生产发展对立起来,则是失之偏颇的。自然资源越来越紧缺,已经成为经济发展的制约因素,在今天已经是不争的事实。因此,在消费中注重节约,杜绝浪费,从而促进生产的节约,是保证社会经济可持续发展的必然要求。

3. 低碳生活只是一种理论上的美好设想,是“乌托邦”,纯属个人偏好

有人认为,低碳生活是一项系统工程,与日常生活距离遥不可及。仅依靠市民自身力量难以实现,与其这样,还不如按日常的生活方式“得过且过”。此外,近年来关于一些公民践行低碳生活的报导(比如,乘坐公交车上下班而不开私家车;简化房屋装修等),也纯属个人的偏好。诚然,城市居民长期以来形成的生活习惯和消费模式,在短时期内确实难以改变。在这种惯性生活模式下,推行低碳生活也可能会带来不便。但这些并不能成为市民拒绝低碳生活的理由,只要人们从细节入手,有改变的决心和愿望,低碳生活完全可以实现。低碳生活体现社会责任感,在当今社会,个人的消费行为和生活方式,不同程度地对其他人以至整个社会发生影响。从自然资源存量和生态环境支撑能力的有限性出发,着眼于人类的整体利益和长远利益,人们的生活、消费活动在一定时空领域内应当有所节制和适度,而不能是放纵和无度的,要兼顾代内公平和代际公平。在阻止全球变暖的行动中,不仅政府、企业需要制定有效的对策,每一个普通人都可以扮演重要的角色。从身边的点滴做起,减少个人碳足迹,在生活中培养低碳的生活方式,这不仅是当前社会的潮流,更是个人社会责任的体现。

以上种种认识上的误区都在不同程度上阻碍了人们去践行低碳生活方式。

5.3.2 技术制约

技术制约生活方式低碳化主要表现在以下两个方面:

1. 低碳技术创新能力不足,低碳产品匮乏、产品质量不高

发展低碳经济需要先进科技的支撑,如二氧化碳收集储存技术、清洁燃煤工艺、节能减排技术等。湖北省是全国科技大省,科技创新的基础条件较好,高校、科研院所云集,汇集了一批精英人才。但是,低碳技术创新能力依然较弱,低碳产品匮乏、产品质量不高。主要原因:一是缺乏完整、有效的政策支持体系。虽然相关政府部门制定并出台了一些与低碳技术研发有关的优惠政策,但管理机构的变化及政策法规的不完善,一些鼓励政策没有发挥应有的作用;二是技术创新意识淡薄、企业的积极性不高。一些地方和部门,急功近利,注重当前经济指标,忽略经济发展质量和可持续要求,对技术进步和技术创新重视不够,对基层和企业创新工作不热情;此外,由于投入成本较高,而短期收益较低,导致企业不愿进行低碳技术及其相关产品的研发。三是低碳技术项目的投融资渠道不畅,导致相关产品研发推广费用缺乏。低碳技术项目特别是大规模的示范项目的投资,主要依靠政府临时性拨款和政策贷款,以及国际机构的捐款和贷款,还没有形成稳定的政府投入机制以及其他融资渠道,经费的缺乏直接导致相关产品的研发和推广。如市场上推出的一些节能家电,在一系列的优惠政策下,颇受消费者的关注,但现实消费中节能电器“叫好不叫座”的现象很突出。其中很大一部分原因在于价格因素以及产品的质量问题①。

2. 消费技术不先进

消费技术是指消费者在消费过程中所采用的手段及以此手段进行消费所达到的产品的利用程度。在消费理念的指导下,在既定的消费结构的影响下,采用何种消费技术成为走向低碳生活方式的关键。即使在低碳产品还未普及,消费结构还未升级的条件下,改进消费者的消费技术也会对环境保护起到一定的作用。而目前我国制定的相关法规中,对于技术的开发和改进主要集中在生产领域,根

① 刘艳:《节能家电消费状况中存在的问题及对策研究》[J],《商场现代化》,2010(8),第115—116页。

据国务院《2009年节能减排工作安排的通知》(2009年),强调在高效发电、重污染行业清洁生产、建筑节能等方面攻克一批节能减排的关键和共性技术,重点节能技术推广的专项规划主要针对工业和通信业。《节约能源法》(2007年)、《循环经济促进法》(2008年)等法规的重点也在于产业部门如何研发采用先进的节能生产技术。如推行汽车家电"以旧换新"的政策,其本意在于推广新能源产品在广大消费者中的使用,逐步淘汰高能耗、高污染的消费品。但是,由于消费者的消费技术不先进,新能源产品的使用并未带来切身的实惠,况且这种补贴性的政策并没有诱导消费者科学的消费,相反,导致消费者加速了消费品的使用频率。因此,消费技术不先进,降低了对消费品的利用效率;在单位使用量中没有充分发挥产品的效用,又导致了资源的浪费。生产技术与消费技术密切相关。生产技术的提高可以为消费者提供更多选择低碳消费的机会,是引导低碳生活方式的基础,为消费者的可持续消费提供了资源支持;而消费技术的提高可以提升消费者使用消费品的效率,在单位产品使用量中提高其利用效率;利用效率的提高既可以减缓消费所带来的环境压力,也可以减轻消费者的经济压力。只有将生产技术与消费技术同步提高,才会在引导低碳生活方式中取得显著成效。

5.3.3 制度缺失

全民的环境与可持续发展宣传教育已展开多年,公众的环保和节能减排意识有了一定程度的提高。而这除了道德层面的教育引导之外,还必须有制度的约束。在2008年6月1日前,许多人都怀疑"限塑令"的可操作性。但颁布后,还是得到了广大市民的理解,并且取得了一定的实效。"限塑"的意义不仅在于遏制白色污染,而且还在于节约塑料的来源——石油资源、减排二氧化碳。据中国科技部《全民节能减排手册》计算,全国减少10%的塑料袋,可节省生产塑料袋的能耗约1.2万吨标煤,减排31万吨二氧化碳。但现今塑料袋依然在一些超市、市场大行其道。这恐怕也与制度的滞后有极大的关联。

2008年6月13日,湖北省首次公示部分省直机关办公建筑能源审计结果:包括省建设厅、交通厅、发改委在内的20个省直机关办公大楼,每年每平方米的耗电量是80KW. H,是普通民宅的3—4倍。① 而实际上,在这之前,国务院办公厅以及湖北省政府都颁布了节能降耗、建设节约型机关的通知,同时还提出了一些具体的举措。而政府部门的规定不能取得明显成效的原因在于:公务员的节能降耗行为纯粹是个人道德、个人认识的体现,即使提出了一些具体的要求,而只是柔性

① 毛建国:《惟有通过法制催逼政府节能》[N],《中国青年报》,2008-06-17。

的，没有一种刚性的制度约束来催逼他们节约能源。如果政府对节能降耗的要求提供一种制度性的保证，那么结果会大相径庭。因为如果公务员一旦出现与节能减排不相符的行为，按照制度的约定，就会受到经济、行政等方面的惩罚，这样将会极大的推进节能降耗的措施在政府层面的有效落实。2008 年 6 月 16 日的《解放日报》报导了上海市率先将办公节能措施具体化。比如规定：夏季着清凉装上班，除外事礼仪需要外，不穿西装不系领带；办公在四楼以下不乘电梯；公务出行拼车或乘用公交车等。这可以看做是将人们的节能降耗的行为逐步制度化的有益尝试。

5.4 湖北居民生活方式调整方向

低碳生活不仅仅要靠普通民众的自觉行动，也需要政府营造一个助推的制度环境。政府首先应该是低碳生活的身体力行者。政府及其相关部门应起到引领作用，加大低碳生活方式的宣传力度，倡导低碳消费，同时可以在吃、穿、用、住、行等各个消费领域，综合利用税收、价格、经济补偿等政策工具，引导和推广“低碳”消费方式，抑制“高碳”消费，使全社会形成良好的生活方式。此外，也需要建立刚性制度来约束人们节约能源，推进节能措施在政府、企业、社会层面的有效落实，毕竟节能降耗不能仅仅依靠个人道德和认识来实现。

2009 年 12 月省政府颁布了国内第一个省级政府规范性文件《湖北省人民政府关于发展低碳经济的若干意见》，就湖北省低碳经济发展的指导思想、基本原则、主要目标、主要任务、发展低碳相关产业、推动低碳技术的研究与应用、保障措施等方面，作出了相关的战略性部署，具有制度创新意义和宏观导向作用。但部分重要规划内容仍需进一步细化、充实，以提高其前瞻引导性、实务可操作性。

目前我国在促进生活方式向低碳化转变的政策主要是间接的、诱导性的，在消费领域缺少直接的、强制性的政策措施，政策的主要内容聚集在产业模式、产业结构和产业技术的升级，忽略了消费领域的消费模式、消费结构以及消费技术的跟进。从产业链的角度来看，政策的干预主要集中在前端治理，忽视了末端治理，政策的缺位导致了环境治理的失衡和顾此失彼。因此，消费领域的政策亟需建构和完善。具体来说，笔者认为可从以下几个层面来调整湖北居民的生活方式向低碳方向发展。

5.4.1 构建低碳消费生活方式，形成可持续消费需求

引导居民构建低碳消费生活方式，形成可持续消费需求。

1. 低碳消费生活方式的特征

第一,它是一种消费结构低碳化的生活方式。应该是低碳消费品在消费结构中的比重不断提高、低碳消费数量与低碳消费质量结合恰当。微观层面上的消费结构低碳化,指的是消费者衣、食、住、用、行、娱乐等各种消费类型中低碳消费品数量不断增加,低碳消费效益明显提高。微观层次上的消费结构低碳化,是通过消费促进人的全面发展的根本途径,也是构建新型低碳消费生活方式的具体内容。第二,它是一种环境友好型、资源节约型的生活方式。在环境友好型、资源节约型的社会中,人与自然和谐相处,人们崇尚合理的节俭,不浪费有限的自然资源。而这样一种和谐状态首先就要从每一个消费者做起,低碳消费对低碳生产、低碳社会发展有着最为直接的影响。第三,它是一种以"低碳"为导向的共生型消费生活方式。低碳消费生活方式着力于解决人类生存环境危机,其实质是以"低碳"为导向的一种共生型消费方式,使人类社会这一系统工程的各因子能够和谐共生、共同发展,实现代际公平与代内公平,均衡物质消费、精神消费和生态消费;使人类消费行为与消费结构更加科学化。这样一种共生型消费生活方式充分体现了对自然生物可持续生存权利的尊重。第四,它是一种文明、健康的消费生活方式。低碳消费生活方式特别关注如何在保证实现气候目标的同时,维护个人基本需要获得满足的基本权利。但有限的资源、日益恶化的环境,要求我们承担起保护环境、节约能源资源的社会责任,它要求我们具有高度的生态文明、社会文明与精神文明,它是一种道德责任。作为高文明程度的现代人类,当然应该追求健康的消费目标,低碳消费是一种更好地改善生活的有益于身心健康的生活方式。

2. 构建低碳消费生活方式 形成可持续消费需求的途径

将社会性政策、经济手段和行政手段以及产业和能源政策组合形成一个系统化的政策组合拳,推动人们的生活方式向低碳化转变①。

(1)社会性政策。人类进入工业化的几百年来,一直盲目追求物质资源的极大丰富,消费成为人类提升自身生活质量的关键因素,似乎只有大量消费才能不断提高人类的生活水平。人们把"消费"与"生活质量"混为一谈,甚至将"奢华消费"与"高质量生活水准"紧密联系。发展经济学学者对此提出严厉的批评,认为消费不等于发展,低碳消费并不是降低消费水准,阻碍人类发展;相反,低碳消费是可持续消费、可持续发展的科学理念和方式。消费只是实现人类发展的一种手

① 冯周卓、袁宝龙:《城市生活方式低碳化的困境与政策引领》[J],《上海城市管理》,2010(3):4—8。

段而已,并不是发展的目的,而且手段的非唯一性和多样化昭示人类可以选择科学健康的消费方式,实现人类可持续发展的根本要求。消费的多样性并不仅限于物质消费,实际上,精神消费、文化消费、服务消费均是人类社会发展不可或缺的部分。澄清这些概念,有助于人们重新审视自身的消费行为和消费目的,转变消费理念。

①制定引导低碳生活方式的社会性政策,发挥政策的宣传和导向作用。首先,通过政府牵头,企业和个人参与的自上而下的动员作用,充分调动企业和个人在消费过程中进行低碳消费的积极性;其次,形成一股有个体、志愿者组织、社区等力量组成的自下而上的动力,影响和诱导人们的消费方式。这样,通过广告宣传、媒体互动、社会组织参与逐步形成一种双向互动,全民参与的低碳消费文化。

②发挥社区的组织协调作用。我国近年来城镇化速度不断加快,城市社区建设也在不断完善,形成的社区化组织模式更加有效地提高了居民的生活水平。每个社区在资源禀赋和利益要求方面逐渐趋同,这种趋同的结果为在社区推行低碳生活方式提供了便利。作为一个利益共同体,有着共同的价值追求,行动的联合性更具优势,因此,培育社区低碳消费理念对于转变居民消费方式有重要意义。社区组织可以根据内部不同的消费群体,宣传不同程度的低碳消费方式,同时,在社区规划和城市规划中通过组织化的社区力量影响政府政策,将社区居民的要求与社区规划紧密联系,促进低碳社区的形成。

③养成科学的消费习惯。比如增加耐用消费品的循环使用度,开发消费品的多重功能,实现“一物多用”,提高消费品的使用效率。科学使用节能的手段,加强产品的可持续使用,增强废弃物的回收利用度,延长消费品的使用年限。科学规划城市格局,为人们的工作、出行提供方便。在城市建筑使用材料中鼓励采用环保低碳的材料,同时给予人们在居住类支出中以补贴,消除与非低碳建筑的价格差。采取公交导向的城市交通模式,降低人们出行使用私家车的频率。

(2)经济和行政手段。人类在进行消费的同时,产生了大量的环境成本,但却无人为之买单,这种消费的外部性根源于人类消费公共物品的“搭便车”心理。环境这种公共物品的非竞争性和非排他性诱使人类肆无忌惮地掠夺环境资源,大量消费高能耗和高污染的产品,哈丁的“公牧地悲剧”持续上演,人类在消费过程中均以自身消费最大化为准则,个体理性导致了集体的非理性。消费产生的外部性,除了依靠社会性政策的软约束之外,还应配备直接的政策规制,通过政策的规制实现消费外部效应的内部化。我国离全面城镇化还有一段距离,在此过程中形成的“技术锁定”相对较小,人们消费方式转变的潜力很大,提高产业政策和消费政策的“敛合度”,发挥政策的合力作用,改变人们的生活方式。科学的政策规制,迫使消费者重新核算其消费的成本与收益之比,因为“环境规制从本质上来看是一个权利的再分配过程。伴随着这一过程的产生,成本和收益会在不同程度上进行时空转移”。通过成本与收益的转移,消费者会在政策的刺激下选择更加经济的消费模式。

①建立科学的碳标签制度。作为一种行政性的手段,通过科学地核算产品在生产、运输、消费环节所产生的碳排放量,规定一定的标准,使符合标准的厂商可以对其产品进行低碳标记,供消费者选择。实行碳标签制度,首先可以满足消费者的低碳选择要求,哪类产品和服务是低碳的,消费者通过碳标签即可方便识别。当人们的低碳意识逐步加强时,会明显地偏好选择低碳产品,这又通过产业链和市场迅速反应到生产环节,生产环节和消费环节的双向刺激,鼓励消费者选择消费低碳产品。其次,碳标签制度也相当于给生产商实行碳配给制度,一旦消费者的低碳消费偏好形成,企业为争取更多的顾客源,必须增加自己的碳标签额度,而要争取碳标签,就必须改进产品工艺,降低产品的碳排放量。这种有效的刺激既满足了消费者的低碳选择要求,又对企业进行了低碳规制,全面降低了产品的碳排放量。

②建立个体碳排放配给制度。目前,无论是国际社会还是国内社会,均在实行碳排放配给交易机制,根据环境承载力,给企业配给一定的碳排量。如果企业的碳排放量超过配给量,将受到重罚;如果企业的碳排放量小于配给量,则可以将剩余量进行市场交易,出卖给需要的企业。这种配额交易的机制与市场交易双重手段的运用,鼓励企业降低自身的碳排放量。建立个体碳排放配给制度,即将个体日常消耗的资源、产品造成的污染折算成标准碳排放量,然后配给每个个体以一定数量的指标供消费,超过使用配额将会获得重税或罚款,未超过使用配额可获得补贴或碳排放配额交易后的收益。这种制度包括三方面的内容:一是通过政府、社会组织、个体力量确定适度的碳配给量,碳配给量的确定必须综合考虑不同层次消费者的消费能力,因为不同层次的消费者的消费偏好和消费结构有很大的差别,而且要区分人文发展的基本需要和奢侈需要;二是采取市场交易的手段鼓励消费者消费低碳产品;三是通过庇护途径对消费的结果进行调节,即通过税收和补贴使边际私人成本等于社会成本,或边际私人收益等于社会收益,同时对超额排放量实行累进征税方式,促使消费的外部效应内部化。个体碳排放配给制度综合运用政府规制、市场交易、庇护途径的方式对于改变消费者的偏好具有立竿见影的效果。

(3)产业和能源政策。目前我国的产业结构制约了其消费方式只能是能源消耗型,因此,必须调整产业结构,提升第三产业在国民生产总值中的比例,优化三大产业对国民经济的贡献率,扶持和鼓励新兴低碳产业的大力发展,制定低碳产品的推广政策、低碳产品的税收减免政策。我国的能源结构还同样制约着人们消费方式的转型，应该制定和完善可再生能源开发政策，给予企业开发风能、核能、潮汐能、太阳能等可再生能源的政策支持，比如在开发技术和资金上给予支持，企业用能给予税收优惠，对居民使用可再生能源提供税收优惠和补贴，鼓励居民使用可再生能源，以降低碳排放量。通过产业政策调整优化产业结构，通过能源政策鼓励开发使用可再生能源，间接地作用于人们的消费方式，这有助于真正推行人类的低碳生活方式。

5.4.2 完善低碳生活设施建设，培育城市低碳生活方式

有能源专家指出，在倡导低碳生活的同时，并不是一概反对小汽车进入家庭，而是提倡有节制地使用家用小汽车。如在日本，私家车的普及率达到了80%，但出行并不完全依赖私家车，一般年行驶3000至5000公里，而在我国，一般私家车的行驶里程都远远不止这个数。以上海为例，私家车一般年行驶18000公里。这从另一个侧面反映出我国公共交通设施的不完善。人们为了出行方便，只好借助私家车。但实际上，由于我国大部分城市的道路交通设施没有得到及时的改善，现在出行难成了很多大中城市的通病。在武汉，堵车、塞车也是“家常便饭”。据统计，公共汽车每百公里的人均能耗是小汽车的8.4%，电车是小汽车的3.4～4%，地铁是小汽车的5%①。由此可见，不仅要以“低碳生活”理念引导居民的出行方式，更重要的恐怕是要不断完善城市的公共交通设施，更方便人们的出行。

城市是人口、建筑、交通、工业、物流的集中地，也是高能耗、高碳排放的集中地。据统计，全球大城市消耗的能源占到全球的75%，温室气体排放量占到世界的80%以上②。近日，中国社科院公布了评估低碳城市的新标准体系。这是迄今首个低碳经济评估标准。该标准具体分为低碳生产力、低碳消费、低碳资源和低碳政策等四大类共12个相对指标。如果一个城市的低碳生产力指标超过全国平均水平的20%，即可被认定为“低碳”。社科院报告说，把低碳发展的理念和标准整合到“十二五”发展规划中是至关重要的。根据这些指标，东北老工业基地城市吉林省吉林市成为适用此标准的首个案例。当天公开的最新研究报告《吉林市低碳发展计划》（下称《低碳计划》）显示，目前吉林市低碳生产力约为全国平均水平的一半，还远未达到低碳经济的目标。吉林市将《低碳计划》视为本市的低碳发展路线图，正采取积极措施加速转型。

---

① 《我国私人汽车拥有量增速过快 交通能耗占20%》，中国汽车新网，http://www.qiche.com.cn/files/200709/28019.shtml

② 牛桂敏：《低碳城市发展路径思考》[J]，《城市环境与城市生态》，2010(8)：9—11。

随着城市人口的增长、经济的发展、城市化水平的提高以及家用小汽车数的增加，地处我国中部的湖北省，城市拥堵现象越来越严重①，排放强度也随之增加，这显然不符合低碳生活的要求。要有效的解决这一难题，在城市交通规划方面，应实施以公共交通为主导的交通模式，推进轨道交通建设。发展城市轨道交通将大幅降低城市排放强度，这一减排作用主要通过城市轨道交通对其他交通方式的替代得以实现。发展城市轨道交通将有效提升城市交通效率。当前，湖北省应当将解决城市交通问题、优化城市合理布局、实现轨道交通发展与低碳城市建设的良性互动作为发展城市轨道交通的目标。一是制订城市轨道交通发展配套扶持政策，在轨道交通项目的审批、投融资、用地、税收、担保等方面出台有效的政策法规。二是建立城市轨道交通节能减排效益的激励机制。鼓励在城市轨道交通行业利用清洁发展机制和相应排放贸易系统，将城市轨道交通发展带来的二氧化碳减排量进行交易，获取经济效益；出台相应的奖励措施，不断完善对城市轨道交通节能减排效益的激励性制度安排，促进城市轨道交通领域低碳经济技术的研究开发和不断完善。三是注重城市轨道交通与其他交通的衔接。对城市交通和对外交通进行综合规划，重点将轨道交通与外部快速轨道交通及对外交通枢纽有机地衔接起来。以城市轨道网为基础骨架，通过对外快速轨道网向外辐射，形成一体化的城市轨道交通网络体系。

此外，倡导城市景观建设的生态化和低碳化，限建高耗电能的人工瀑布、喷泉，保留河湖水景在城区的位置。改变城市园林绿化的方式，大力植树造林，发展森林城市，减少城市热岛效应，增加城市碳汇，努力建设森林城市。建设森林城市是既推动城市发展又建设低碳城市的两全其美的选择。根据研究，全球目前有大气、陆地、海洋、森林四大碳汇。据国际气象组织（ITCC）估计，陆地生态系统中储存了2.48万亿吨的二氧化碳，其中1.15万亿吨储存在森林生态系统，森林是陆地生态系统中最大的碳库。在湖北省各个城市，要充分发挥城市森林在吸碳、降温的重要作用：一是理顺森林城市管理体制。逐步建立森林城市公共教育制度，提高全社会对森林城市重要性的认识。要理顺森林城市的管理体制，把园林部门和林业部门纳入统一的管理体系，协调好林业、园林、环保、城建、市政、国土等各部门之间的关系。二是提高城市森林覆盖率。森林覆盖率是反映区域碳汇的主要指标。森林覆盖率越高，则森林的碳汇作用越强，吸收并储存二氧化碳的能力越强，对减少二氧化碳在大气中浓度的作用也越强。要选择光和效率高，适应性强，枝繁叶茂，叶面积指数高的植物，特别重视推行利用不同物种在空间、时间和营养生态位上的差异来配置植物，最终形成乔灌草结合、层次丰富、配置合理的复

① 城市拥堵已经成了全国的普遍现象，尤其在北京、上海等一线城市。

合植物生态群落。要实现相对稳定的绿地覆盖,提高绿地的空间利用率,以最大限度地增加绿量。三是大力发展城市垂直绿化。要建造"屋顶花园"、营造"绿色墙面",使绿化向立体化扩展,形成地面、墙面、屋顶多层次、多景观的绿化体系。从生态效益看,城市中水泥屋顶、墙体,对光热日储夜放,不仅有碍观瞻,更使城市夏季燥热难当。从经济效益看,屋顶绿化的成本每平方米在200—500元左右,而建造绿地的成本每平方米在1万元以上。

5.4.3 逐步实现湖北农村的低碳生活方式

湖北是农业大省,2008年农村人口所占比重仍为54.8%①,低碳生活的培育也需要农村人口的积极参与。笔者认为,培育农村的低碳生活方式,包括以下具体途径:

1. 大力发展沼气能源 实现农村能源革新

2005年,中国1千吨甲烷排放的二氧化碳当量为19560千吨;农业生产甲烷排放比重为29.9%,而高收入国家农业生产甲烷排放比重为49.4%,世界农业生产甲烷排放比重为60.4%②。这一方面说明我国甲烷的温室效应对环境较小,另一方面也说明我国甲烷的利用程度还不够,甲烷的利用前景非常广阔。沼气就是有机物质在厌氧条件下经过微生物发酵生成以甲烷为主的可燃气体。沼气作为生活用能,可用来发电、照明、做饭、取暖等,可节约用煤以及农户材火使用量。粪便、秸秆等生物质能如直接燃烧,会排放出大量的二氧化碳等有害气体或温室气体,但是如果加工成沼气,情况就会大为改观。甲烷它本身的温室效应比二氧化碳要小,又可以作为高效的生活能源,同时还可以减少二氧化碳等温室气体的排放。例如,浙江农民利用沼气,一年就可减排二氧化碳30多万吨③。沼气的这种多功能生态效益为推动村民由传统落后型的生活方式向清洁文明型的低碳生活方式的转变奠定了坚实的基础。目前全国农村户用沼气已发展到2200万户,年总产气量85亿立方米,替代薪柴相当于1330万吨标准煤④。我国每年产生6亿吨秸秆,近30亿吨畜禽粪便,大力推进这些废弃物的生物质转化利用,农村节能

---

① 《中国统计年鉴2009》。

② 世界银行数据库:《世界发展指标》,2008年。

③ 杨雄军:《浙江农民爱用沼气一年减排二氧化碳30多万吨》[N],《浙江日报》,2009-10-91。

④ 师晓京:《节能减排 农村大有作为》[N],《农民日报》,2007-06-051。

减排潜力巨大。当前,湖北省农村沼气推广的经济、社会、生态效益不断显现。截至2008年8月底,全省已建成农村户用沼气207万口,20%的农户用上了沼气,农民人均利用沼气8.5立方米,共节约燃料支出12亿元,利用沼液沼渣减少农业生产成本3.1亿元,年减少二氧化碳等温室气体排放333万吨,减少二氧化硫排放2.8万吨①。农村沼气建设已成为优化农村生态环境、改善农村用能结构、转变农业增长方式、拓宽农民增收渠道、提高农民生活质量的重要途径。但影响户用沼气正常使用和可持续发展的问题也较为突出:出料劳动强度大;出料成本过高;病险池的维修管理跟不上;缺乏沼气原料;缺乏必要的技术指导;沼渣、沼液没有得到充分利用等等这些问题的存在已经使得农村沼气推广受到严重影响。有必要建设农村沼气服务体系帮助解决沼气能源在湖北省农村进一步推广所遇到的种种难题。

2. 变废为宝 加强农村综合治理

变废为宝,实现畜禽粪便的资源化是污染防治的根本方向。目前中国畜禽养殖业污染防治存在的主要问题之一是集约化畜禽养殖场多建在大、中城市近郊,并出现大量养殖专业户和专业村,畜禽粪便量大且集中,而城郊又无足够土地消纳,造成畜禽粪尿还田费力,劳动成本高,导致种养脱离。加之大量使用化肥导致有机肥施用量大幅减少,因此,畜禽粪便利用率偏低。

但实际上,畜禽既是废弃物,同时也是丰富而又优质高效的有机资源。据悉,我国每年排放的畜禽粪便中含氮约1597万吨、磷约737万吨及上亿的有机质,而且用粪肥在保持和提高土壤肥力的效果上远远超过化肥。因此,一方面,通过将畜禽粪便配以辅料,经过堆置发酵等工艺流程,加工成优质高效的有机肥。畜禽粪便要做到资源化利用,应经过初级处理和综合处理两个过程。初级处理主要是固液分离,这是粪便处理的第一步,要进一步减少污染,提高经济效益,就必须对分离后的固体物和污水再次加以处理,进行综合利用,对固体废弃物实行资源化利用②。另一方面,在规划养殖业的发展时,应根据各地土壤、气候、农作物种植和环境情况,对畜禽养殖场进行合理的选址和设计,建立土地、种植业和畜禽养殖业于一体的农业生态系统,发展低碳经济,转变以数量扩张为主的畜禽养殖业发展方式为质量效益和环境保护并重的发展模式,实现社会效益、生态环境与经济

---

① 湖北农业厅:《加强农村沼气服务体系建设 促进农村能源事业健康发展》,湖北环境保护网 http://59.172.182.101:8080/pub/hbepb/hbdt/hjzl/200810/t20081025_10947.html。

② 周俊玲:《发达国家养殖业污染的防治对策与启示》[J],《世界农业》,2006(8):141。

效益的协调发展①。

从2007年开始，湖北省启动省级标准化万头规模养殖小区(场)建设项目，新建了一批高起点、高标准的现代化规模养殖场，改造了一批已有的粗放型规模养猪场。2008年，推广试验了以标准化生猪"150"模式为主的适度规模养殖模式，引导农户实行标准化养殖，形成了以大型标准化规模养殖为示范，中小规模家庭式标准化养殖为主体的畜禽生产体系。在此基础上，积极探索发展生态规模养殖，推广了多种安全、环保、有效的粪污处理技术和养殖模式。实行标准化规模养殖，通过对养殖场粪污的综合处理，有效地降低了养殖业对环境的污染，实现了畜牧业的可持续发展。2009年，全省畜禽标准化养殖比率达到了45%，已建成各类畜禽养殖小区2648个，生猪、家禽、奶牛规模化比率分别达到了65%、70%、90%②。但是，全省各地农村散养还占较大的比例，维护生态安全的任务还十分艰巨。2010年，省政府连续出台《省人民政府关于发展生猪产业化经营的意见》和《省人民政府关于推进新一轮"菜篮子"工程建设的意见》文件，明确提出了建设现代畜牧业的目标任务和支持政策措施。到2015年，全省主要畜禽规模养殖比重在现有基础上提高15—20个百分点，其中标准化的规模养殖场占规模养殖场总量的60%以上③。同时，要继续支持畜禽养殖场开展"清洁工程"。支持畜牧专业合作社(协会)、龙头企业服务于家庭式规模健康养殖，逐步发展环境友好型养殖基地；开发生物有机肥，无害化处理畜禽粪便，加强资源化利用，解决畜禽粪便污染问题；推进养殖场污水深度处理技术，实现达标排放。

3. 提高村民的环保意识 自觉减少碳排放

我国农村人口众多，不少人文化程度较低，对农村生活环境的保护和改善理解不深。不少村领导干部没有环境和可持续发展的观念，往往把环境保护让位于经济发展，而农村环境保护又常常让位于城市环境保护，从而导致农村生活环境质量的下降。我国农村传统的思维模式是"资源——产品——污染排放"，即在生产和生活过程中，输入物质和能源，经过人力和自然力的共同作用输出产品，没有利用的物质被丢弃，污染环境。这种生活方式对资源的利用是粗放型和一次性的，而且利用率低下；生活末端的"废弃物"没有加以合理有效的利用，直接造成了资源的浪费和生活环境的污染与恶化。因此，一方面通过各种渠道和媒介，大力

---

① 田允波：《规模化养猪生产的环境污染及防治》[J]，《中国畜牧兽医》，2006(33,5)：51。

②③ 《推进标准化规模养殖建设现代畜牧业强省》[N]，《湖北日报》2010年11月2日第16版。见 http://hbrb.cnhubei.com/html/hbrb/20101102/hbrb16.html。

宣传农村生活环境的重要性:不仅影响到当代人的生活,还涉及到子子孙孙的生活方式。二是加强教育,让广大村民意识到生活环境恶化的现状和严重的危害性,改变传统的生活方式。

5.4.4 企业应积极提供低碳化产品和服务

中消协在《良好企业保护消费者利益社会责任导则》中明确要求:“产品的生产和使用有利于节约资源,不以牺牲子孙后代的福利为代价”。企业应积极开发和提供低碳化产品和服务。一方面,企业有义务发展环保绿色低碳产品和提供低碳化服务;另一方面,发展低碳化产品和服务有广阔的市场前景,能为企业带来可观的利润,企业应该抢占低碳市场先机。新办企业要坚持“高效节能、绿色环保”原则,为消费者提供环保节能的低碳化产品和服务;“低能高排”的老企业,要加快产业结构调整,进一步通过优先发展能耗低、科技含量高的产业和产品,并坚持与科研、院校合作,开展高新技术产品的研究开发,逐步淘汰“低能高排”的产品。

结合湖北省的企业发展状况,可以考虑依托先进装备制造业的产业优势,大力发展风电机组、核电设备以及环保机械等低碳产业的设备仪器产品;依托大农业和大林业的产业优势,大力发展碳汇产品;依托东风汽车产业优势,大力发展节能汽车和电动车产业,提供新型节能的汽车和电动车;依托武汉“中国光谷”的和电子信息的产业优势,大力发展节能照明、太阳能光电以及科技含量高的产品等;同时,湖北还具备发展风能、核能、太阳能和生物质能的传统优势,以此为依托,可以发展相关的新型低碳化产品。

6 湖北发展低碳经济的路径选择

低碳经济是可以最大限度地减少煤炭和石油等碳能源消耗的经济,也就是以低能耗、低污染、低排放为特征的经济发展模式。低碳经济与科学发展观、节能减排、循环经济、建设节约型社会、构建和谐社会的总体要求是完全一致的,是实现中国经济社会发展的必然选择,也是带动湖北经济社会发展超越的重要引擎。湖北省正处于工业化中期,工业结构偏重,能源消耗以煤为主,能源供求矛盾日益突出,环境压力不断加大,而且能源资源十分匮乏(缺煤、少油、乏气),能源需求对外依存度较大。湖北省发展低碳经济可以完成由“高碳”时代到“低碳”时代的跨越,实现经济社会、人类与自然的和谐发展。

湖北改革和发展的定位已十分明确,国家批准武汉城市圈为全国资源节约型和环境友好型社会建设综合配套改革试验区。因此,湖北省必须通过提高能源利用效率、节约能源、发展和利用可再生能源、减少煤炭的使用,实现产业调整和升级,发展新兴产业,推进武汉城市圈“两型”社会建设、落实全省节能减排目标、倡导生态文明和实现可持续发展目标。换句话说,湖北省未来经济发展的模式就是低碳经济模式。

那么,湖北省发展低碳经济应该选择什么样的模式?具体的路径应该是什么?该如何实施和推进?这些问题值得进一步的研究。以下这些是我们分析湖北省发展低碳经济选择的路径应该遵循的原则,确定湖北省选择低碳经济发展路径的思想,厘清湖北省发展低碳经济的工作重点与发展目标等。

6.1 湖北发展低碳经济应遵循的原则

湖北省发展低碳经济,首先应该确定可以运营的模式和为达到目标的路径。在确定湖北省发展低碳经济的路径时,最基本的原则和中心思想是,根据地方经济发展状况,以保持经济社会持续、稳定、健康、快速发展为目标。

湖北省在发展经济过程中,面临能源问题。从能源的资源禀赋来看,湖北省是能源短缺,化石类能源保有程度低的省份(在中国能源结构中,一次性能源生产的三分之二是煤炭,燃煤发电约占电力结构的80%。煤多、油少、气不足的资源条件,决定了中国在未来相当长一段时间内煤炭仍将是主要一次性能源)。湖北省的能源状况是,煤炭供给严重不足;原油匮乏;天然气短缺;水电资源支配权属于国家电网。如2007年,煤炭产量仅为1084万吨,净调入量高达8000万吨;原油产量仅为85.84万吨,而净调入量达805万吨。从能源消费强度来看,湖北省经济发展对能源依存度高。由于产业结构偏重,能源强度较高,2008年湖北单位GDP能耗为1.31吨/万元,比全国平均水平高出18%,煤炭仍然是终端能源消费中的主体,其比例高达70%,2008年煤炭消费量达到10012万吨。湖北省经济发展一定程度上依赖于化石类能源高投入、高消耗。因此,湖北经济发展必须转变增长方式,必须走低碳经济发展道路。

事实上,《湖北省人民政府关于发展低碳经济的若干意见》文件已经为湖北省发展低碳经济提出了相应的原则:坚持低碳发展与经济发展相互促进原则;坚持能源节约与可再生资源开发利用并举原则;坚持科技先导、自主创新,技术进步推进原则;坚持政府引导、总体谋划、突出重点,提高竞争力原则;坚持与现行节能减排、循环经济、生态经济政策相结合原则。

我们认为在为湖北省发展低碳经济选择发展路径过程中,必须遵循一定的原则。它包括以下几个方面:

1.政府主导

湖北省政府要为发展低碳经济提供政策保障。将低碳经济纳入"十二五"国民经济和社会发展规划中,进行总体安排部署;将低碳技术研发纳入国家和地方共同开展的科技攻关计划;按照湖北省低碳经济发展专项规划所提出的低碳经济的目标、重点和保障措施等,将低碳经济纳入各项相应的统计和考核指标,并作为国民经济规划中的引导指标;制定重点行业和部门的低碳发展规划,向低碳转型。

湖北省现有产业和经济发展状况,决定了单位GDP的碳强度偏高,在保持经济快速健康发展的同时,政府应该以超前的观念,利用电视、报纸、音像等各种媒介,宣传教育湖北发展低碳经济的紧迫性和重要性,提高领导和公众对低碳经济的认知水平。

湖北省政府要结合本省实际,根据能源资源条件,制定切实可行的全省低碳经济的发展战略、方针和对策,协调解决低碳经济工作中的重大问题,组织、指导和推动低碳经济发展的工作,确定低碳经济示范试点。要进一步完善多部门参与的决策协调机制,建立各级政府推动、企业和公众广泛参与的发展低碳经济的体制和行动机制,形成与未来低碳经济工作相适应的、高效的组织机构和管理体系。从科学发展观的战略高度,把低碳文化变为全社会的主流意识,把低碳消费作为社会生产和生活的头等大事。从生产环节降低对碳资源的消耗,流通环节降低碳资源的污染，消费环节降低对碳资源的依赖。

以政府主导，应该体现在建立低碳经济发展体系。主要建立包含能源、资源、环境性产品及服务的价格信号导向机制；谁污染谁付费的责任延伸机制；能源资源消耗、污染物排放的标准体系及第三方监测机制；排放限值制度和排放权交易机制；技术准入许可机制；节能环保服务企业专业化运营机制等。

2. 发展优先

湖北省处于工业化、城市化的快速发展阶段，特别是武汉城市圈的发展，大规模的基础设施建设将消耗大量的钢材、水泥、电力等。无论是化石能源，还是钢铁、水泥等产品，都是工业化和城市化必不可少的物质投入。“高碳”是由煤炭、石油等的生产和消费，以及水泥生产产生的二氧化碳等组成的。目前，湖北经济社会发展的发展阶段和产业结构离不开“高碳”产业。发展低碳经济需要多方面的协调与配合，更重要的是要全民参与。如果过去的生产流程、生活习惯、行为方式、思维模式等都没有变革和改造，那么，在全省范围内全面实现低碳经济是会遇到重重困难的。尤其是湖北省所处的发展阶段和经济发展状况，不利于发展低碳经济。

因此，湖北省在发展低碳经济的同时，又要保持经济快速、健康、持续稳定的发展。就目前湖北省经济社会的发展现实是，对“高碳”的产业依赖性还是很强的，发展经济就会导致一定程度地增加资源消耗和碳排放。当前和今后较长一段时期，环境问题是湖北经济社会可持续发展的瓶颈，主要表现为主要污染物存量大、增量多，一些地区环境容量小。从存量上看，碳、硫减排任务艰巨；从增量上看，新增污染物排放量还将大幅增加，经济社会快速发展与环境容量有限的矛盾相当尖锐。

政府需要处理好在经济发展与发展低碳经济之间的关系，坚持发展优先的原则，才能实现经济社会和谐发展。

3. 技术先导

湖北省发展低碳经济关键的是要通过技术支持。通常所说的低碳技术，主要包括可再生能源技术、碳捕获与封存技术、智能电网技术、节能环保技术、新材料技术以及新能源汽车技术等相关技术。而湖北省现有的技术水平、研发和创新能力还不能完成由“高碳”经济向“低碳”转型的挑战。低碳技术体系是以高能效、低碳排放的技术研发和推广应用，对燃煤高效发电技术、CO_2 捕获与封存，高性能电力存储，超高效热力泵，氢的生成、运输和存储等进行技术研发。

目前，国家“973 计划”、“863 计划”等科技支撑计划支持低碳能源技术、二氧化碳收集储存技术研发等，但是还没有形成产业和技术优势。尤其是一些尖端技术和没有实现市场化推广的技术，中国还不能自由获得和利用，当然湖北省就更难实现这种跨越。

“低碳”离不开技术支持，而技术进步又离不开科技政策和投入。因此，湖北省要发展低碳经济必须加大科技投入，在增加科技投入的同时要实现技术创新，要加强低碳技术的引进、研发、推广和应用。当前，湖北省一方面要积极鼓励企业通过 CDM 项目在联合国执行理事会注册，以获取技术支持和技术转让，另一方面，搭建产、学、研相结合的自主创新平台，增强低碳技术和低碳产品自主研发能力，完善自己的低碳技术创新体系。

4. 节能创新

发展低碳经济的过程中要实现低碳形态的生产、消费以及相关市场交换环节的控制。低碳生产包括低碳能源系统、低碳技术和低碳产业体系。低碳消费是以“低碳”为导向的一种共生型消费方式，实现代际公平与代内公平，均衡物质消费、精神消费和生态消费等。低碳交换的控制主要是相关的政策与制度安排，包括国际碳减排与碳交易体系、国家推行低碳经济发展的一系列法律政策体系总和，其核心是碳金融。

在湖北省能源结构中，化石能源占绝对主体地位，新能源比重较弱；产业结构中，第二产业占比较高，尤其是第二产业中重化工业比重较大，而第三产业的生态农业和新兴服务业发展不足；而且消费结构中，缺乏环保低碳理念，高耗能、高浪费现象比较普遍。湖北省经济发展就要消耗能源，能源消费势必排放二氧化碳。发展低碳经济，必须采取可行性方案，因地制宜地开展，以低碳方式运营，保障经济的快速、持续、健康发展。降低二氧化碳排放强度、提高碳生产率，形成低碳的生产方式和消费行为才是关键所在。因此，湖北省发展低碳经济，主要是达到实现节能降耗的目的。

湖北省节能降耗主要环节是建立节能型工业、节能型社会，构建节能降耗型产业体系。加快调整产业结构、产品结构和能源消费结构，具体工作体现在：(1)提高第三产业在国民经济中的比重。制定促进服务业发展的政策措施，发挥服务业引导资金的作用，从体制、政策、机制、投入等方面采取有力措施，大力发展能源消耗低、附加值高的法律、咨询、金融、信息服务等现代服务业，重点发展劳动密集型服务业和现代服务业，扭转生产型服务业发展长期滞后的局面；(2)向低能耗方向有效调整工业内部的行业结构和产品结构。工业部门实行产品结构和行业结构调整相结合，构建节能降耗型工业体系，调整工业内部比例关系，逐步建立低耗能的发展模式，鼓励发展高新技术产业，注重提高高技术制造业在工业中的比重，优先发展对经济增长有重大带动作用、能耗低的信息产业。鼓励运用高新技术和先进实用技术改造和提升传统产业，促进传统产业结构优化和升级，依靠节能技术，改造重点用能产业，降低现有重点用能产业的能耗水平；(3)采取有效措施严格控制高耗能高污染行业过快增长。遏制高耗能高污染行业过快增长，是推进新型工业化的必由之路。应严格控制新建高耗能项目，严格执行新建项目节能评估审查、环境影响评价制度和项目核准程序，建立相应的项目审批问责制。应落实限制高耗能高污染产品出口的各项政策。继续运用调整出口退税、加征出口关税、削减出口配额、将部分产品列入加工贸易禁止类目录等措施，控制高耗能高污染产品出口。加大差别电价政策实施力度，全面落实差别电价政策，提高高耗能产品差别电价标准。清理和纠正对高耗能高污染行业的优惠政策，严肃查处违反国家规定和政策的行为。

应该说，湖北省低碳产业基础良好。需要依托先进装备制造业的产业优势，大力发展风电机组、核电设备以及环保机械等低碳产业的设备仪器等；依托大农业和大林业的产业优势，能大力发展碳汇产业；依托东风汽车产业优势，大力发展节能汽车和电动车生产；依托武汉“中国光谷”和电子信息的产业优势，大力发展节能照明、太阳能光电以及高科技信息产业等；同时，湖北还具备发展风能、核能、太阳能和生物质能的传统优势，将已形成产业基础的风能和生物质能，作为湖北低碳技术产业的龙头。如：武汉凯迪电力和东湖高新已形成了以脱硫、生物发电、生物柴油、环保工程为核心的产业链。形成节能和高效、洁净煤和清洁能源、新能源和可再生能源以及自然碳汇等；坚持技术可行、经济合理的原则，促进为低碳转型和增长方式转变。

5. 资源环境保护

处于工业化中期和城市化加速推进期的湖北省，通过提高能源效率、减少污染排放来促进“两高一资”(高耗能、高污染和资源性)行业转型升级，以发展先进制造业、高技术产业和服务业。加快高新技术产业中低能耗的信息产业，用高新技术和先进适用技术改造和提升传统产业，推动传统产业提高能源使用效率和污染减排。

推进节能降耗，提高能源使用效率。进一步完善节能减排管理机制和体系，落实《湖北省节能中长期专项规划》和《湖北省“十一五”节能行动计划》，狠抓重点行业和重点企业节能管理，强化能源节约和高效利用。发展循环经济，提高资源综合利用效率。发展低碳经济是循环经济理念的体现。贯彻落实《中华人民共和国循环经济促进法》，进一步深化循环经济示范试点和汽车零部件再制造试点，支持一批循环经济重点项目，大幅度减少资源、能源消耗。推动青山——阳逻——鄂州大循环经济示范区建设，建立和完善循环经济发展模式，推进循环经济形成较大规模发展可再生资源产业，建立可再生资源回收网络体系，建立再生资源产业基地和产业园区。完善资源有偿取得制度，建立反映市场供求关系、资源稀缺程度、环境损害成本的资源要素价格形成机制。严格资源开采准入制度，合理利用资源、能源及废弃物，支持开发低品位矿产资源，提高废渣、废水、废气综合利用率。积极推行利用城市垃圾发电。在武汉城市圈着手建立低碳经济试验示范区，探索区域低碳能源、低碳交通、低碳产业发展模式，发挥示范作用，建立促进资源节约、低碳经济发展的政策体系，重点推动一批低碳经济示范工程建设。在不影响人民生活质量的前提下，鼓励消费领域节能和减少 CO_2 排放。鼓励和倡导低碳生活方式，倡导节约用电、用水，增强垃圾自觉分类和循环利用意识，鼓励节能灯、太阳能热水器等节能产品的使用，提倡低碳消费，遏制奢侈消费，引导合理消费，逐步减少一次性用品的使用，严格执行规定的家电标准，优化消费过程；引导公众树立节约型汽车消费理念，鼓励使用节能环保型小排量汽车，研究鼓励混合动力汽车、纯电动汽车的消费政策；大力发展城市公共交通，减少私家车出行，鼓励自行车出行，增加免费租用自行车网点。加快强制淘汰废旧汽车，缩短高耗能、高排放的老旧公交车型的报废期限。

研究开发新能源，建立新能源的产业体系：(1)研究建立生物质能源，特别是建立第二代生物质能源，利用较成熟的沼气技术，发展农村沼气产业；(2)重点研制风能、水电能源产业，充分利用丰富的风力资源、水资源；(3)加强核电发展；(4)研制开发太阳能、地热等能源产业。

注重碳汇减碳。植树造林，生物固碳，扩大碳汇。研究表明：陆地森林植被的生长通过光合作用，可以吸收并将二氧化碳固定在森林生物有机体中，每年森林植被净碳吸收量约10亿到15亿吨。由于绿色植物通过光合作用吸收固定大气中的二氧化碳，因而通过土地利用和林业措施的调整，将大气温室气体储存于生物碳库中也是一种积极有效的减排途径。建立湿地保护区、大力植树造林等，改善碳排放；林地具有碳汇功能，每增加1公顷林地可吸收5.77万吨碳，相当于每公顷建设用地碳排放量的85.34%；每增加1%的森林覆盖率，可以从大气中吸收固定0.6—0.7亿吨碳。植树造林的功能并不是简单的绿化生态环境，而是成为发展低碳经济的重要组成部分，成为生物固碳、扩大碳汇、减缓温室效应、减少二氧化碳排放最经济和最有效途径之一。为此，要大力加强城市、农村绿化工作，加强湿地和耕地保护以及自然保护区建设，提高森林覆盖率，增强林地的碳汇能力。完善各级政府和部门造林绿化目标责任制，加大植树造林、退耕还林还草等政策措施和重点工程建设，扩大森林草地面积，增强生态系统的固碳能力，增加碳汇吸碳的作用；加大林地保护管理和森林经营力度，提高现有林地质量，巩固现有森林的碳贮存。

6.2 湖北发展低碳经济的基本思路

湖北省发展低碳经济应遵循科学发展观的发展理念。必须选择适合自身发展的路径,从地方发展的规划角度,制定与中央政府制定的发展战略决策与发展规划相一致的低碳经济发展战略。

参照2009年3月中科院发布《2009中国可持续发展战略报告》的发展低碳经济战略目标:到2020年,中国单位GDP能耗比2005年降低40%—60%,单位GDP的二氧化碳排放降低50%左右(年均降低3.33个百分点);可再生能源在能源消费中的比重由目前的8%提高到2020年的20%左右。中国政府先后于1998年签署、2002年批准了《联合国气候变化框架公约》和《京都议定书》;从"九五"到"十一五"都把降低能耗和主要污染物排放作为重要指标。2007年中国政府发布了《中国应对气候变化国家方案》,确定了中国长期应对气候变化的框架。国家发改委制定的《单位GDP能耗考核体系实施方案》明确提出,对各省级人民政府要实行节能减排的问责制和一票否决制。①

湖北省发展低碳经济路径选择过程中,必须利用未来20年全球化石能源供应相对充足、国内外相对较好的资源能源条件,加速完成重化工业化的历史任务;以可持续发展、循环经济的理念制定低碳经济发展战略,以资源节约、环境保护为目的,把低碳发展作为"两型社会"和创新型社会建设的基石,从战略层次发展低碳经济;以降低能源消费强度和碳排放强度,减少二氧化碳排放的增长率为目标,引进、消化、吸收和自主创新的低碳先进技术,注重开发、示范和推广一批对低碳经济有重大带动作用的共性和关键链接技术;以自愿节能减排行动,为湖北省的工业化进程争取更大的发展空间。

事实上,2009年11月10日湖北省政府颁布的《湖北省人民政府关于发展低碳经济的若干意见》的文件精神,指出湖北省发展低碳经济的思路是:以科学发展观为指导,坚持资源节约和环境保护的基本国策,抓住武汉城市圈"两型"社会综合配套改革试验重要战略机遇,紧紧围绕实现经济发展方式的根本转变,以优化能源结构、提高能源利用效率、降低单位GDP碳排放强度为核心,以减少温室气体排放、增强可持续发展能力为目标,以技术创新和制度创新为动力,大力发展低碳产业和低碳服务产业,完善管理体制、政策机制等支撑体系建设,逐步建立与全

---

① 金乐琴:《中国如何理智应对低碳经济的潮流》[J],《经济学家》,2009(3)。

省发展相适应的低碳发展模式,促进经济社会健康快速发展。①

湖北省发展低碳经济,需要有政府的政策作为引导,借助市场调节机制和价值杠杆作用,鼓励和吸引企业参与,让全社会参加共同培育低碳经济的文化环境。通过采取以政策为诱导、市场价格为调节手段、法规保障等措施,以节能降耗为目的,依靠先进的科学技术改造生产工艺与流程,以环境保护促进经济发展,依据环境权益市场交易规则,实行谁排放谁付费、谁污染谁治理。倡导健康环保的生产与社会方式,以先进的"低碳"理念转变传统的"高碳"消费的行为习惯。

根据相关研究,结合湖北省的资源、环境和经济发展状况,我们认为,湖北省发展低碳经济的路径是:走工业低碳化发展、城市低碳化运营、农村低碳化建设的道路。以政府主导,创造性地建立"环境资源交易市场"②(如:北京环境能源交易所、上海环境能源交易所、天津排放权交易所),鼓励低碳技术的研发与应用,以循环经济模式主导生产和生活,建设资源节约型、环境友好型的湖北经济。

选择了具体的发展低碳经济的路径后,湖北省必须做到:

1. 从战略高度重视发展低碳经济

湖北省发展低碳经济,从前瞻、长远和全局的角度去部署低碳经济的发展思路,在产业结构调整、区域布局、技术进步和基础设施建设等方面,为向低碳经济转型创造条件。借鉴国际经验,按照发展低碳经济的指导意见,引导地方和城市发展低碳经济;综合考虑经济、能源、碳排放等因素,研究制定价格形成机制,塑造一个可持续的低碳经济发展模式;可以将低碳理念引入规划和建设环节,开展低碳经济试点;建设低碳城市和基础设施;将低碳理念引入设计规范,合理规划城市功能区布局;在建筑物的建设中,推广利用太阳能,尽可能利用自然通风采光,选用节能型取暖和制冷系统;选用保温材料,倡导适宜装饰,杜绝毛坯房;在家庭推广使用节能灯和节能电器;在不影响生活质量的同时,有效降低日常生活中的碳排放量。

湖北省发展低碳经济的道路上,重点应该放在以下四个方面:

(1)调整产业结构。产业结构优化是降低碳排放强度,推进经济发展方式的转变,加快发展第三产业,特别是发展现代服务业,减少国民经济发展对工业增长的过度依赖,有效降低单位 GDP 碳排放的强度,实现低碳发展。

---

① 湖北省人民政府:《湖北省人民政府关于发展低碳经济的若干意见》,2009 年 11 月 10 日。

② 环境环境权益包括:碳排放权、水污染权、固体废弃物堆放权等为标的物的权益交易市场。交易市场遵循环境可以承载力设立权益交易品种,通过对环境带来影响的污染的行为支付环境成本的方式,让企业或社会个体在支付成本的同时获得受限制的行为权益。

(2)调整能源结构。改善能源结构和环境质量、加快产业结构优化升级。逐步调整改善湖北能源结构,提高清洁能源比重和能源利用效率,才能改善环境质量,推进环保等相关产业快速发展,才能促进产业结构调整升级,增强湖北发展超越的持续动力。由于石油和天然气的单位热量消耗碳排放量较煤炭低10%~30%,必须加快湖北省的能源消费从传统煤炭为主,向石油和天然气为主的结构转变,加快传统化石能源为主向清洁和可再生能源为主的结构转变,通过化石能源内部和外部结构调整,有效减缓碳排放增长速度,促使湖北省能源结构向低碳能源方向发展。

(3)调整技术结构。发展节能技术、无碳和低碳能源技术、二氧化碳捕捉与埋存技术,建立绿色科技支撑体系,尤其要加快发展核能、风能、水能、太阳能、生物质能等相关技术,争取克服新能源开发利用的关键技术问题,同时大幅度降低成本。

(4)提高能效。专家研究预测,提高能效可以减少三分之二的温室气体排放。湖北省坚持节能战略,加大节能和提高能效的力度,特别是对于湖北省龙头性的钢铁、水泥、化工、汽车等高耗能行业,要通过节能和提高能效,降低碳排放强度。

2. 采取有效的措施保障湖北省低碳经济发展

(1)发挥政府作用,建立低碳文化氛围。《湖北省应对气候变化行动方案》将低碳发展理念和行动纳入经济和社会发展规划以及各类相关区域发展规划、城市总体规划等专项规划,以提高能效和降低碳排放强度为核心,通过综合措施不断增强适应气候变化能力,以节约资源、优化能源结构、加强生态保护和建设为突破口,发展低碳生产、低碳运输和低碳社区,增加自然生态系统碳汇,积极开展清洁发展机制(CDM)国际互惠交易。

政府组织开展低碳经济的宣传、教育和培训。各地、各部门要动员社会各方面力量,完善信息发布的渠道和制度,充分发挥新闻媒体的舆论监督和导向作用,大力开展低碳发展与应对气候变化的宣传活动,宣传国家和省发展低碳经济的各项方针政策,提高全社会对发展低碳经济的认识,鼓励和倡导低碳消费方式。在基础教育、成人教育、高等教育中纳入低碳经济普及与教育的内容,针对不同的培训对象举办形式多样的培训和实践活动,把低碳消费转变成全体公民的自觉行为,形成发展低碳经济的良好社会氛围。

(2)推进低碳经济法治化建设。湖北省在执行国家的《节约能源法》、《清洁生产促进法》、《可再生能源法》、《循环经济促进法》以及《气候变化国家评估报告》、《环境保护法》、《环境影响评价法》、《大气污染防治法》、《矿产资源法》、《煤炭法》、《电力法》等法律的基础上,制定《湖北省发展低碳经济的指导性意见》等法规,以2009年11月10日湖北省政府颁布的《湖北省人民政府关于发展低碳经济的若干意见》文件为指南，从法律治理角度保障低碳经济的有效推行。抓紧制订和完善《湖北省应对气候变化行动方案》、《湖北省实施〈中华人民共和国循环经济促进法〉办法》、《湖北省气候可行性论证管理办法》、修订《湖北省实施〈中华人民共和国节约能源法〉办法》等相关法规制度。

(3)出台政策鼓励低碳经济发展。建立促进低碳发展的资金投入机制，形成稳定的财政资金投入机制，整合现有财政专项资金，对低碳发展的重大项目和科技、产业化示范项目采取引导、激励、奖励或贴息贷款等方式给予支持；制定促进低碳发展的科技、产业、税收、金融、价格等政策和措施，建立发展低碳经济的财政转移支付制度，完善环境经济政策。政府利用行政手段引导投资，利用对低碳经济进行财政补贴、税收优惠、政府采购、信贷担保等手段，加大财税支持力度，认真贯彻落实国家关于节能、循环经济、新能源等方面的各项优惠政策，通过政府、行业指导，制约企业行为和市场消费行为，实施新建企业的技术水平、生产规模等准入门槛，鼓励新节约产品推广，利用税收政策，限制高能耗、高水耗、高污染和高资源消耗的低附加值产品出口。在理顺现有收费和资金来源的基础上，积极探索建立和完善碳排放交易机制和生态环境效益补偿机制。通过设立“环境资源交易市场”，进一步深化能源价格改革，利用价格机制，调整能源产品之间的比价关系，促进能源的合理开发、高效利用和有效保护。建立环境资源交易市场，以 CDM 机制为基础，积极开展低碳国家合作，参与低碳贸易，引进低碳技术和资金；以环境资源交易所为载体，设计开发碳排放交易、排污权交易以及林业碳汇等金融产品；拓展融资渠道，尝试建立碳金融公司、碳能源公司以及其他碳服务中介机构，创新金融制度和金融工具，为低碳产业发展提供资金支持；吸引社会各界资金投入低碳经济，将科技风险投资引入低碳经济领域；逐步完善低碳经济市场化投融资机制①。借住市场机制，通过环境权成本控制环境污染水平。借助财政政策的宏观调控机制，探索设定“碳预算”，考虑对碳排放大户进行征收“碳税”。

(4)参与国内外合作。积极开展国内与国际的先进低碳技术合作，进行科技攻关，共同研发、合理转让等方式提高湖北省的科技水平和创新能力。② 充分发挥企业作为技术创新主体的作用，引导企业加大对低碳经济领域技术研发的投入；积极争取利用外国政府、国际组织等双边和多边基金，开展低碳经济领域的科学研究与技术开发。

---

① 碳金融是金融体系应对气候变化的重要机制创新。温室气体减排量全球交易逐渐形成了一个特殊的碳金融市场(包括直接投融资、碳指标交易、银行贷款)。目前全球已经有四个交易所专门从事碳金融的交易。

② 曾纪发:《发展低碳经济是我国必然选择》[N],《中国信息报》,2009 年 8 月 31 日。

3. 寻找发展低碳经济的着力点

发展低碳经济，体现在政府、企业、社会和公众等的不同层面上，构建经济活动低碳化，低碳活动企业化，低碳技术创新化，低碳模式制度化，低碳参与公众化，低碳体制社会化，低碳合作国际化，低碳文明生态化等良性循环的健康机制。

（1）将低碳经济纳入国民经济和社会发展规划。湖北省要将低碳发展目标纳入"十二五"发展规划和重点产业发展规划之中，总体安排部署，重点扶持和研发低碳技术，明确低碳经济的发展目标、工作重点和保障措施，确定低碳经济的统计和考核指标，对重点行业和部门的碳排放进行跟踪，向低碳转型。

（2）优化产业结构。通过提高"高碳"产业准入门槛，推进产业和产品向利润曲线向生态设计入手，形成自主知识产权的前端延伸和向形成品牌与销售网络，提高核心竞争力的后端延伸。发展高新技术产业和现代服务业，用高新技术改造钢铁、水泥等传统产业，降低 GDP 的碳强度。

（3）抓好工业节能减排。以循环经济为理论基础，将减量化放在优先位置，减量化从减少生产环节入手，推进资源能源的循环利用和高效利用。当前的节能减排，重点是在工业节能上，控制高耗能高排放行业过快增长；加快淘汰落后生产能力，控制建筑和交通能耗的快速增长；通过制度建设，来强化目标责任制的落实和评价考核。

（4）扶持新能源。开发利用太阳能、风能、地热能、生物质能等新能源和可再生能源；依靠技术进步不断降低利用成本，解决新能源发电上网难题；加快研发先进技术和设备，推进第四代核能技术研发和产业化；多途径利用可再生能源，逐步提高其在能源中的比例。

4. 运营财税政策，扶持低碳经济发展

湖北省制定发展低碳经济的财税政策。在财政支出结构的预算收支科目中设立环保、低碳科目，以财政转移支付支持地、市、州地方政府加快低碳经济，利用政府采购制度，扩大环保、低碳产品采购比重；对低碳企业提供财税支持，如信贷担保、财政贴息、税收减免等；健全环保低碳税种，逐步完善资源税、消费税等 。

（1）财政列支预算科目。为了扶持湖北发展低碳经济，必须安排相应的环保支出预算，保证足够的环保资金投入，分列节能减排、可再生能源开发、污染治理、生态环境建设等具体相关项目。建立节能减排监测、指标和考核体系建设；加大对科技创新的资金投入力度，支持低碳技术的研发，支持太阳能、风能等新能源产业和低能耗、高效益的产业发展；财政扶持林业生态建设，进行天然林保护、退耕还林、退牧还草，增加生物碳汇，保护生态环境；财政扶持节能工程、污水管网、污

染减排监管体系；对消费者节能环保产品使用和消费进行财政补贴，扩大节能与新能源汽车示范推广，鼓励公交、出租等领域使用节能与新能源汽车。

(2)财政转移支付支持低碳经济。在一般性转移支付中单独安排专项资金用于促进低碳经济的发展，安排配套财政资金，淘汰耗能高、技术落后产业，引导经济结构调整和产业升级。

(3)通过政府采购保护环保产品。通过政府采购的立法及实施机制，明确对环保产品的支持，扩大政府绿色采购产品的范围，给予环保产品适当的价格补偿。

(4)财税支持发展低碳经济的企业。减免从事低碳技术开发的企业的所得税，吸引企业积极进行低碳技术的研发；对企业购置环境保护型设备的投资按一定比例实行税额抵免；实行低碳投资退税等优惠政策，吸引国内外资金投资低碳产业；采取物价补贴、企业亏损补贴、财政贴息、税前还贷等支持低碳企业发展；对节能技术改造项目的信贷支持和发行节能方面的企业债券；扩大财政创业风险投资。对低碳技术的研究、开发、转让、引进和使用予以税收鼓励，引进国外先进技术，技术转让收入的税收减免、技术转让费的税收扣除、对引进技术的税收优惠等。鼓励资源性、节能降耗、关键零部件等产品进口，引进高新技术和产品。

(5)推进环境有偿使用制度。利用资源税制度，对非再生、稀缺性资源限制掠夺性开发，提高资源利用效率；对部分高耗能、高污染产品列入征环境保护税的试点探索；推进排污权有偿取得和交易制度改革。尝试性在中南地区建设第一个“环境权交易所”，对污染物进行“总量控制”，在“总量控制”前提下，实行排污权有偿取得。在环境权交易所内，排污企业通过市场集合竞价方式获得有限的排污权。转变排污企业污染排放无约束、不计环境成本状况。①

6.3 湖北发展低碳经济的基本目标

湖北省发展低碳经济，不可能一步到位，而是需要一个长期努力和实践的过程。在这个漫长的过程中，需要政府制定和完善相应的政策与法规，依靠科技创新，进行产业结构、能源结构及消费结构的调整。根据湖北省经济社会发展的状况，发展低碳经济必须分阶段进行。根据经济社会处在不同的发展阶段，制定不同的政策，采取不同的步骤，实施不同的措施，实现不同的目标。

结合湖北省的实际，参照国内外成功经验，我们认为可以针对不同经济发展阶段和历史时期，为湖北省低碳经济发展制定不同的发展目标。

---

① 郭代模：《我国发展低碳经济的基本思路和财税政策建议》[J]，《经济要参》，2009(49)。

6.3.1 短期目标

按照2009年11月10日湖北省政府颁布的《湖北省人民政府关于发展低碳经济的若干意见》文件精神制定具体的低碳经济发展规划,出台相应的鼓励性的财政政策;提出明确的低碳技术发展要求,如节能技术、碳捕获和储存技术等;有计划有步骤的发展核能,开发利用风能、太阳能、水能等可再生能源,提高电力设施效率等;将低碳经济发展战略融于"两圈一带"建设规划之中,与"两圈一带"发展战略、"两型社会"建设战略相结合,搞好几个或数个低碳经济试验区建设;在湖北省内经济发展中形成低碳经济发展模式的雏形。

按照湖北省人民政府颁布的《湖北省人民政府关于发展低碳经济的若干意见》提出,湖北省发展低碳经济的目标①:到2020年,全省能源消费结构进一步优化,核电和可再生能源比重增加到22%左右;产业结构进一步调整,服务业与高技术产业比重逐步增加,新能源及其低碳装备制造产业居国内领先地位;单位GDP能耗降低到1吨标煤以下,碳排放强度年均降低4%以上,主要高耗能行业单位产品能耗达到国内先进水平;建立较完善的低碳发展法规保障体系、政策支撑体系、技术创新体系和激励约束机制;建成若干以低碳发展方式和低碳消费方式为特征的低碳经济示范区。

6.3.2 长期目标

建立低碳经济评价指标体系,形成经济发展的低碳文化环境,重点开发低碳能源,注重清洁生产,提高循环利用,保持经济持续、健康、快速的发展。逐步在全省范围内,建立低碳能源系统、低碳技术体系和低碳产业结构,建立与低碳发展相适应的生产方式、消费模式,完善低碳发展的政策、法律体系和市场机制。

6.4 湖北发展低碳经济的基本途径

6.4.1 基本途径

湖北省发展低碳经济,必须协调长远利益与眼前利益,兼顾技术创新与制度

---

① 湖北省人民政府:《湖北省人民政府关于发展低碳经济的若干意见》,2009年11月10日。

创新，通过政府、企业、个人三方积极互动，共同培育低碳基础产业，推进传统产业低碳化发展转变，发展高新技术产业，重点培育特色低碳产业群，以低碳城市模式发展武汉城市圈，加强低碳经济与“两圈一带”战略有机融合。

1. 建立和完善适应低碳经济发展的政策规制

湖北省要利用政府的宏观调控手段，以低碳经济的政策的导向与行为决策，结合省内经济、资源和环境实际，做好节能减排的工作，在确保经济稳定发展的基础上，制定、实施湖北低碳经济发展战略。

湖北省资源禀赋决定了煤碳资源、油气资源是相对欠缺的，在合理范围内逐步减少煤炭、石油的消费量，发展低碳或无碳的能源节能发展战略。在经济活动过程中提高能源利用效率，生产环节淘汰高耗能的产业和生产工艺，在照明设备、家用电器、工业电动机和工业锅炉等领域提高热的有效利用和提高能源转换效率。减少煤炭在能源消费结构中的比重，对煤炭消费前进行低碳化和无碳化处理，减少燃烧过程中碳的排放。加速发展和利用天然气，积极引入核电、水电，深入开发风能、太阳能、水能、地热能和生物质能等可再生能源。

发挥政府作用，利用节能减排指标体系、监测体系和考核体系监督管理，政府为企业提供设定明确的碳排放上限，科学界定行业、领域的减排潜力①。严格执行项目评价体系，将节能评估审查和环境影响评价成为建设项目必备条件，与项目用地、贷款、开工建设、生产许可证等挂钩。新建项目严格控制高耗水、高耗能、重污染工业，对现有支柱产业的技术改进和技术创新，清洁生产，加大节能执法力度，依法对违法行为处罚。

2. 针对性地调整能源结构和产业结构

湖北省发展低碳经济，必须按照低碳工业、低碳农业、低碳城市的发展方式进行。鼓励发展具有低碳特征的产业知识密集型和技术密集型行业。如信息产业、IT 产业、现代服务业是低碳产业，发达国家的现代服务业在 GDP 所占比重高达 60%—70%；随着国外低碳经济的发展，一些发达国家会把碳密集产业和高能耗项目向发展中国家转移。未来数年，发达国家的钢铁产业、石化产业、建材产业、造纸产业、印染产业等高碳产业都会向发展中国家转移，而这些投资规模很大的项目 20—30 年内很难淘汰或搬走（梁优彩，2005），因此，湖北省必须限制高碳产业的市场准入。

（1）发展低碳工业。优化能源结构，提高能源效率，减少二氧化碳排放。传统

---

① 任力：《国外发展低碳经济的政策及启示》[J]，《发展研究》，2009(2)：23 – 27。

工业的发展需要巨大能源，能源结构的高碳化是传统工业化的必然结果。当地球温室效应不断影响和威胁人类赖以生存的自然生态系统时，必须完成从高碳工业向低碳工业的转型。在注重开发新能源的同时，调整能源结构与提高能源效率相结合，减少传统工业对化石能源的过度依赖，提高现有能源体系的整体效率，遏制化石能源总消耗的增加，利用低碳经济的理念改造提升传统产业，加快推进传统产业低碳化①。

湖北的传统支柱产业是汽车、钢铁、有色金属、石油化工、电力、建材、纺织等，这些产业多为高耗能、高排放产业，是节能减排的压力所在。抓好这些重点耗能行业的节能降耗，强化年综合能耗5千吨标准煤以上重点企业节能管理，以企业为主体、产学研相结合实现节能减排技术研发、推广和应用，用高新技术、清洁生产技术改造和提升传统生产工艺。科学规划产业发展，发展循环经济，建立企业、产业园区和区域3个层面的循环链条，形成一批循环经济优秀示范企业、工业园区和工业循环经济示范县（市、区）。做好“去产能化”工作，淘汰落后生产能力，推进资源配置和价格改革，加大对黄磷、电石、铁合金、水泥等高耗能行业实施差别电价的力度，贯彻落实国家促进节能降耗的财税、金融、价格、准入等政策措施。同时，制定高碳能源、高碳工业、高碳产品的税收政策，制定鼓励发展低碳工业的优惠政策。

（2）发展低碳农业。走有机、生态、高效的农业发展新路子。关键是减少化肥和农药使用量；农、林的余料作为饲料、肥料、菌类基料、工业原料和发电原料；利用太阳能和沼气技术改造农村能源供应。

①走有机生态农业之路。在农业生产过程中，尽可能减少化肥和农药使用量，降低对化石能源的依赖。现代农业为解决人类粮食问题依靠化肥和农药，而化肥和农药的高能耗、高污染不仅影响土壤的有机构成、农作物的农药残留和食品安全，而且其生产过程消耗大量的化石能源、产生大量的二氧化碳的排放。如用粪肥和堆肥作为化肥的替代品，提高土壤有机质含量；通过秸秆还田，增加土壤养分，减少径流，增加入渗，通过作物残茬及覆盖在地表的秸秆可防止风蚀和水蚀，提高土壤生产力。采用深耕作物与中耕作物轮作，引入蚯蚓、微生物共同熟化深层土壤，扩大作物根系营养能力。如用粪肥和堆肥作为化肥的替代品，提高土壤有机质含量。

②充分利用农业的剩余能量。农作物收割后的秸秆是农业中的剩余能量，其中70%以上的纤维素、木质素等得不到利用，而且燃烧释放出的有害气体严重污

---

① 国务院发展研究中心应对气候变化课题组：《当前发展低碳经济的重点与政策建议》[J]，《中国发展观察》，2009(8)。

染大气。探索综合利用作物秸秆资源的新途径,如用作饲料、肥料、培养料;也可采用秸秆气化技术,在高温、高压、厌氧条件下经热解气化成可燃性气体。也可利用秸秆发酵生产乙醇燃料。

③农村推广太阳能和沼气技术。普及太阳能集热器是发展低碳农村的有效途径;以畜禽养殖业粪污为主要原料,大力推进农村沼气工程建设,改变农村畜禽养殖业粪污随意排放现象,提升农村生态水平。

广大农村由于拥有森林、农作物、草原等绿色植物,关注农村碳源的控制,发挥碳汇的作用,实现碳平衡,有利于低碳经济的发展。

(3)发展低碳城市。城市低碳化运营体现在以下几个方面:

①低碳规划。城乡规划明确区域分工,解决工业不集中、居民区和工厂混杂的问题,解决空间格局和社会格局中潜在的巨大浪费环节。有效的节能减排必须以工业相对集中为前提,工业相对集中才能产生专业化分工,提高效率,节省能源;同时催生集群创新,不断产生新技术、新工艺,从而减少物质消耗。

②低碳建筑。低碳城市的建设离不开低碳建筑这个单元,发展低碳建筑要从设计和运行两个方面入手。在建筑设计上引入低碳理念,如充分利用太阳能、选用隔热保温的建筑材料、合理设计通风和采光系统、选用节能型取暖和制冷系统。在运行过程中,倡导居住空间的低碳装饰、选用低碳装饰材料,避免过度装修,在家庭推广使用节能灯和节能家用电器,鼓励使用高效节能厨房系统,从各个环节上做到"节能减排",有效降低每个家庭的碳排放量。推广建筑节能环保新技术和新产品,推动住宅产业化进程,提升"生态人居"的内涵。

③低碳交通。选择发展以步行和自行车为主的慢速交通系统(任卫峰,2008);大中城市发展公共交通系统和快速轨道交通系统(张雪梅,2005),如轻轨和地铁系统;同时,限制城市私家汽车作为城市交通工具。此外,城市交通应该倡导发展混合燃料汽车、电动汽车、氢气动力车、生物乙醇燃料汽车、太阳能汽车等低碳排放的交通工具,以实现城市运行的低碳化运营目标。

④低碳生活。家庭推广使用节能灯和节能家用电器,鼓励使用高效节能厨房系统,降低每个家庭的碳排放量。提出市民实践低碳生活方式,发挥政府在政策层面上导向作用,让有条件的社区为湖北低碳生活示范区,在交通管理、建筑节能、绿化建设、小区环保、垃圾利用、资源再生、市民广泛参与等方面进行试点工作。

⑤低碳社区。建设若干低碳社区、低碳商业区和低碳产业园区等低碳发展综合实践区,以促进低碳技术的集成应用,带动低碳经济的发展,为湖北建设低碳城市探索新的发展模式。低碳经济示范区(社区)侧重于倡导形成绿色消费、绿色经营的理念,形成低碳生活方式。

3. 转变消费观念和消费行为

借助于舆论媒体,包括电视、报纸、网络、杂志、广播等,对广大民众进行节能、绿色消费等方面的教育和引导。强化宣传教育工作,积极鼓励公众参与转变消费观念和消费行为,通过节能遏制奢侈消费,减少浪费。

4. 加强国际合作

通过多种方式与低碳经济起步较早、发展较好的国家开展合作、借鉴经验,实现湖北低碳经济的可持续发展。发达国家的技术要比发展中国家先进,如美国把节能环保产业推到国家战略的前沿,欧盟拟斥巨资保持其在绿色技术领域的世界领先地位,日本制定了"最优生产、最优消费、最少废弃"的经济发展战略等①。中国是未来世界能源需求和排放快速增长的发展中国家,自身经济实力、技术水平相对落后,技术研发能力相对不足,需要发达国家的技术转让,以期实现低碳经济的可持续发展。

6.4.2 发展步骤

湖北是全国老工业基地之一,传统产业、重化工业比重大,经济增长的粗放型特征比较明显,能源资源相对缺乏,环境容量有限,发展低碳经济要推进发展方式转变,优化经济结构,提高核心竞争力。必须采取的步骤是:

1. 发展低碳基础产业来培育新的经济增长点

湖北首先就是要重点培育和扶持好低碳基础产业。低碳基础产业主要包括节能产业、环保产业以及清洁能源产业等,核心是新能源产业发展。

(1)发展环保产业。包括环保产品制造、资源综合利用、环境服务等领域,涵盖制造业和服务业的新兴产业,是环境保护的重要物质基础和技术保障。湖北环保产业发展潜力大,但由于投融资渠道单一、投资结构不合理、产业集中度低以及污水和垃圾处理收费机制不健全等原因,需要进一步引导和解决,把环保产业作为"两型社会"建设的重要内容、新的经济增长。未来发展的重点是环保监测仪器等制造业和环境服务业。

(2)开展节能产业。包括工业、建筑、家电、照明以及汽车节能等。在工业节

① 郭万达:《低碳经济:未来四十年我国面临的机遇与挑战》[J],《开发导报》,2009(8)。

能上,可以组建工业节能减排技术改造项目储备库;在建筑节能上,重点加强节能环保新材料、新工艺的研制;在家电节能上,推进高效节能家用电器的开发和生产;在照明节能上,加快开发新型紧凑型荧光灯、金属卤化物灯、LED 灯和太阳能照明,在节能汽车上,加快东风公司电动车研发力度,大力发展新能源汽车,抢占世界汽车发展制高点。

(3)发展清洁能源产业。把清洁能源产业打造成为湖北新的支柱产业。对核电做好中长期发展规划编制工作,科学选址,有序推进,积极研发,带动核电项目和相关产业集群发展;提高全省风能资源勘测力度,重点研发磁悬浮风力发电技术等关键技术,推进风电设备制造业发展;与林业、森工有机结合,做好的生物质能的能源基地林建设;推广太阳能热利用产品应用,发展太阳能热产业集群,同时加快光伏产业发展步伐,充分利用武汉“中国光谷”,开辟光伏产业发展新路。

2. 以高新技术产业提升核心竞争力

高新技术产业是低能耗、低污染、高技术含量、高附加值的产业。发挥湖北科教优势,深化科技体制改革,推动科研人员进入国民经济主战场,促进科技成果向现实生产力转移,努力把科技能量、科教优势转化为新的资源财富、产能和市场需求,把科教实力转化为经济实力。以东湖、襄阳两个国家级高新区为主要载体,围绕电子信息、生物医药等重点和优势领域,加快实施一批高新技术产业化重大项目。

完善智力资本股权激励政策,激励科研人员走向市场,领办、创办科技型企业。加大对重大科技创新成果转化的扶持力度,抓好科技创新、创业和科技成果转化平台建设,加快培育、壮大一批高新技术企业。用好重大科技成果转化基金、生物和光电子信息产业专项扶持资金、高新技术产业风险投资基金和创新投资引导基金,发挥财政科技投入资金的作用。

3. 以低碳园区培育特色低碳产业群

湖北低碳产业集群发展,应坚持以东湖高新、武汉光谷、襄阳节能产业园区以及其他循环经济示范区为重要平台,大力培育五大特色低碳产业群:核电技术研发以及配套设备制造产业群、太阳能光伏发电产业群、电动汽车动力设备模组产业群、节能环保新材料产业群、生物质能与生物医药产业群等。创建低碳武汉城市圈,以集群经济为核心推进产业结构创新,以循环经济为核心推进节能减排创新,以知识经济为核心推进内涵发展创新,改善低碳城市能源结构,建立起低碳化产业发展和消费模式①;开发黄石等“城市矿山”的低碳城市,回收利用的废弃物

① 卢小祁:《南昌发展低碳经济的路径选择研究》[J],《经济研究》,2009(7)。

的循环利用，做到“变废为宝”；提高低碳化的城市交通系统，开发低碳居住空间；对资源枯竭型城市进行低碳转型等。

4. 合理开发水力发电

湖北水能资源丰富，山多、河多、湖多，水能资源理论蕴藏量为3591万千瓦，可开发的500千瓦及以上水力发电装机容量2994万千瓦，居全国第4位。全部开发年发电量可达到1493.5亿千瓦时，相当于6000万吨标准煤。水电是清洁、可再生能源，具有明显的环保效益和建成后低成本的优势。把水电建设与生态环境建设结合起来，在财税、金融等方面给予支持，在保护生态基础上有序开发水电。

5. 以新技术来实现节能减排

开发低碳技术和低碳产品。广泛应用清洁燃料交通工具、节能型建筑、节能型家电、环保型农业等领域的低碳技术。迅速推广和应用市场现有的低碳技术，鼓励企业借助风险投融资体制开发低碳技术，通过地区间交流与合作促进发达地区对湖北的技术转让。如：实现新能源在汽车上的产业化应用；推进太阳能光电在城乡建筑领域的应用。对符合条件的光电建筑实际安装应用量，安排相应的补贴资金，以确保光电建筑应用示范工作的顺利实施。各级政府也要按照《湖北省民用建筑节能条例》的规定，设立建筑节能专项资金，对建筑节能的科学技术研究和产品开发、既有建筑节能改造、可再生能源在建筑中的运用、新型墙体材料和绿色建筑的推广应用等建筑节能给予鼓励和扶持。对生产、使用列入推广目录的建筑节能新技术、新工艺、新设备、新产品和新材料的，依法享受税收优惠等扶持政策。

6. 发展低碳相关产业

（1）培育壮大低碳装备制造业。利用全省现有产业基础，增加研发投入的同时发挥企业自主创新，扶持风电、核电、生物质能、太阳能光伏发电设备等新能源装备制造产业，支持风电机组、核电设备及配套材料、太阳能电池板及组件、多晶硅材料、环保机械、资源综合利用设备、节能技术改造关键设备研发和生产。借助武汉“中国光谷”，重点支持太阳能建筑一体化构件及集成系统、太阳能照明和光伏并网电站等的设计、研发、生产和安装。

（2）发展低碳技术产品产业。抓住国家大型核电站集中建设的机遇，重点发展核电生产必备的电机、压缩机、鼓风机、输变电设备、高性能仪器仪表、核电保温材料、高压泵阀、核电专用工具、电器开关等配套产品，力争形成核电配套产业群。充分利用国家产业政策导向，发挥东风公司开发电动车的技术优势，加大新能源汽车研发和产业化力度，提高电动汽车生产规模和市场份额。推动湖北省高效汽车蓄电池、太阳能蓄电池组、混合动力汽车发动机及高效节能电冰箱、空调器、洗衣机、太阳能热水器等家用电器的开发和生产，加快开发新型紧凑型荧光灯、直管荧光灯、金属卤化物灯、LED灯、太阳能灯及微型太阳能光伏发电机组，并实现产业化发展，形成一批具有一定规模和实力的低碳产业群。

(3)发展电子信息产业。围绕国家重点发展的电子元器件、集成电路、通信设备等领域，结合湖北省科教优势和产业实际，大力推动光电子、通信设备等特色优势产业快速发展，形成技术领先与规模优势。加快建设消费电子、集成电路等产业集群，实现规模与结构协调发展。大力发展软件及信息服务业，加快具有自主知识产权的技术成果产业化，实现湖北省电子信息产业跨越式发展。

(4)发展碳汇产业。重点发展高效经济林、速生丰产林、花卉苗木、中药材产业及生态旅游业。通过加快林业产业集聚，打造林业科技产业园。积极开展碳汇造林，鼓励大型企业、组织、团体出资营造碳汇林或自愿购买森林碳汇。开展林业碳汇研究，加快培育二氧化碳吸收率高的树种和品种，探索二氧化碳清除率高的营造林模式。加强碳汇林固碳能力的计量与监测，为碳汇林的营建提供科技支撑。

7. 推动低碳技术的研究应用与创新

(1)引进和研发低碳技术。通过CDM项目引进发达国家先进的低碳技术，鼓励企业依靠商业渠道引进技术，鼓励企业通过CDM项目在联合国CDM执行理事会注册，以获得更多的资金及技术支持，同时加强地区间交流与合作，促进发达地区对湖北省的技术转让。增强自主创新能力，鼓励企业开发低碳技术和低碳产品，重点研究新一代生物燃料技术、二氧化碳捕集、运送和埋存技术、智能电力系统开发和电力储存以及提高能效的相关技术等。大力实施煤炭净化技术和加强相关基础设施的建设。

(2)推广应用低碳技术及产品。研究制定发展低碳经济的技术指导目录和技术发展指导意见，鼓励低碳服务公司或中介服务机构的发展。推广一批先进成熟适用的低碳技术及产品，加快科技成果转化；加快太阳能光电技术、新型墙体材料、可再生能源等在城乡建筑领域的应用，逐步扩大覆盖面。推广高能效空调和冰蓄冷技术，加快中央空调系统改造。积极实施“金太阳示范工程”，推进光伏发电的规模化示范应用。在城市推广太阳能集中供热水工程，建设太阳能采暖和制冷示范工程，在农村和城镇推广户用太阳能热水器、太阳房和太阳灶等。

(3)建立低碳技术支撑体系。各地各有关部门要密切配合，加强合作，及时跟踪国际低碳经济及相关影响事件的最新动态，加强与相关专业机构和高校、研究院所的技术合作，提高全省低碳经济研究水平；加大低碳经济相关研究的投入，加快有关技术的研发、示范和推广，提高科技创新和推广应用水平；统筹开展可再生能源、清洁能源、节能新技术、温室气体减排技术以及促进碳吸收技术等领域的适应性技术研究。加快建立人才基地，培养一批专业化的人才队伍。

6.4.3　目前工作重点

湖北省聚集了一大批科研机构、高等院校，具备研发、实施低碳经济的人才基础，科教人才优势明显，在风电、核能、生物质能以及光电子技术自主研发方面，传统科教优势更为明显。同时，国家区域发展政策优势，国家给予湖北最大的政策优势，赋予了武汉城市圈在推进低碳经济发展过程中"先行先试"的政策权限，为低碳经济的技术创新和制度创新提供了政策条件。

因此，湖北省发展低碳经济，目前的工作重点应该包括以下几个方面：

1. 尽快建立湖北省低碳经济工作领导组织机构

湖北省发展低碳经济，首先必须建立相应的工作领导组织，由具体的职能部门负责落实研究全省低碳经济发展战略和规划，将低碳经济发展战略融于"两圈一带"之中，与"两圈一带"发展战略和"两型社会"建设战略相结合。同时，要着手组织研究适合于湖北经济社会发展的低碳经济开发、推广、对外合作、技术引进等重大政策。组织协调解决低碳经济发展中的矛盾和困难。

湖北省按照"两型社会"和低碳经济模式的要求，积极主动抓好低碳经济示范区建设，努力争取国家把湖北纳入全国"低碳经济示范区"试点地区。同时，着手建立低碳经济试验区，并在建立的低碳经济试验区内安排一些低碳经济重点开发项目，并从资金、技术、税收等方面给予必要的支持和倾斜。因为，湖北省是能源匮乏省份，需要大力发展新能源；武汉城市圈是国家"两型社会"建设试验区，"两型社会"建设的要求与发展低碳经济完全一致；湖北科教实力雄厚、自然资源丰富，为低碳经济发展提供了前提条件。湖北省有关部门应尽早向国家相关部委做好汇报，多争取一些低碳经济试验和推广项目，争取国家在鄂设立低碳经济试验区。如：2008 年初，世界自然基金会以上海和保定两市为试点推出"低碳城市"发展示范项目，两个城市的建筑节能、可再生能源和节能产品制造与应用等领域是一个良好的开端①。尽快建立低碳社会实践区、低碳产业实践区、低碳经济区、低碳城市实践区。湖北省要利用国家积极争取世界自然基金会等国际组织扩大中国低碳城市试点机会，在全省范围内建设起若干低碳社区、低碳商业区和低碳产

---

① 金乐琴：《中国如何理智应对低碳经济的潮流》[J]，《经济学家》，2009(3)：38—40。

业园区等低碳发展综合实践区,以促进低碳技术的应用,带动低碳经济的发展。

湖北武汉城市圈具有较为充足的土地资源,可以为低碳经济示范区将在能源、建筑、交通运输、城市建设等方面进行创新研发。因此,湖北省可以在电力、交通、建筑、冶金、化工、石化等能耗高、污染重行业先行低碳产业试点,或在湖北经济相对发达的地区和重点能源地区确定低碳经济发展试验区①。如:武汉城市圈逐步成为科学发展的示范区域,其产业调整正逐步向发展高端服务业、高端制造业和高新技术产业等"三高"产业方向发展。低碳经济示范区内推广节能新技术。推进节能减排科技进步,根据终端能源需求选择国家关键技术,大幅提高节能研发投入在能源研发投入中的比例,引导和鼓励企业开发节能技术,促进成果市场化、产业化。推动以企业为主体、产学研相结合的节能减排技术创新与成果转化体系建设,增强企业自主创新能力,推广一批潜力大、应用面广的重大节能减排技术。制定政策措施,鼓励和支持企业进行节能减排的技术改造,采用节能环保新设备、新工艺、新技术。推进节能技术进步,建立能源管理信息系统,推行绩效合同等政策和措施,促进工业部门的节能。开发新能源、新材料技术。要大力发展再生清洁能源,如太阳能、风能;要大力发展新型再生生态材料,减少对资源的消耗;要大力推广新技术,减少二氧化碳的排放量。

湖北省必须出台相应的激励政策,政策宣传低碳经济。从税收、信贷、土地、产业等方面,对促进低碳经济发展提出具体支持意见,特别是新能源和高效节能技术研发和成果转化应给予激励政策。低碳经济是一项新生事物,需要加大宣传力度,充分发挥新闻媒体的重要作用,广泛宣传发展低碳经济的作用、意义和好处,形成政府推动、市场引导、全民参与的浓厚氛围。当前,党中央、国务院实施积极的财政政策和适度宽松的货币政策,加大了投资力度,用于保增长、扩内需和调结构,特别是用于调整经济结构,节约资源、保护环境等方面的投资明显增加,为湖北发展低碳经济提供了重大战略机遇。湖北在保增长走低碳道路上,调整优化经济结构,切实转变经济发展方式,缓解资源环境瓶颈制约。

2. 推进新能源产业化建设

新能源产业化建设,包括核电、风力发电、生物能源开发和太阳能等产业化。开发利用太阳能、风能、地热能、生物质能等新能源和可再生能源;依靠技术进步不断降低利用成本,切实解决新能源发电上网难题;加快研发先进技术和设备,推进第四代核能技术研发和产业化。(1)发展核电。利用2008年初,国家启动我国内陆核电建设,同意湖北开展前期工作,并明确湖北核电投资业主。当前,要科学

① 任力:《低碳经济与中国经济可持续发展》[J],《社会科学家》,2009(2):47-50。

编制湖北核电中长期发展规划；做好核电厂选址工作，应用世界最先进的核电技术，加快确定的核电项目进程，研发核电项目与相关产业的关联效应，通过核电站的建设带动一批产业。(2)开发风力发电。湖北风能资源比较丰富，合理开发风力发电，可以有效缓解全省水电丰枯矛盾，实现风电与水电互补。挖掘全省风力资源，吸收先进风力发电技术，出台相关政策，借助多元投资，加快风电设备产业的发展。(3)开发生物质能。利用湖北现有林地1.29亿亩，其中可改造的低产低效林、可利用的荒山、荒地、荒滩、荒坡约4000多万亩，实现开发木本生物质能源工业化。如：凯迪研究院成功掌握具有自主知识产权的从生物质中提取各类能源世界领先地位的核心技术。争取国家能源林基地建设的财政补贴；制订扶持生物质能源的优惠政策，建立融资平台，多渠道筹资，增加生物质能源研发投入。(4)发展太阳能产业。湖北太阳能除鄂西南外，大部分地区均具有较好的太阳能光能资源，年平均太阳辐射能大于100千卡/平均厘米，推广太阳能热利用产品应用，降低碳消费，发展太阳能热利用产业集群，加大太阳能热利用宣传和推广力度，加快光伏产业发展步伐，充分利用武汉“中国光谷”，开辟光伏产业发展。

3.建设新型低碳工业体系

目前，根据湖北省权威部门公布的的数据，2008年，第二、三产业每万元增加值能耗分别为2.05吨标煤和0.35吨标煤。计算出湖北省单位生产总值能耗中，工业单位增加值能耗是非工业部门的8.1倍左右，工业增加值占GDP的比重每提高1个百分点，需要多消耗能源约120万吨标煤；而各产业间，火力发电业、非金属矿物制品业、黑色金属冶炼及压延加工业、有色金属冶炼及压延加工业、化学原料及化学制品制造业、石油加工等这六大行业万元增加值综合能耗为3.72吨标准煤，比电子信息等七大先进制造业高出2.8倍。湖北省在发展低碳产业的产业结构转型升级过程中，避免能耗高、物耗高、碳排放高的重化工业过度发展，发展高能效低碳排放的产业。具体做法可以从以下几个方面入手：首先，提高“高碳”产业准入门槛；其次，调整结构向前端延伸，从生态设计入手形成自主知识产权；向后端延伸，形成品牌与销售网络，提高核心竞争力；再次，发展高新技术产业和现代服务业，用高新技术改造钢铁、水泥等传统产业；最后，将低碳发展纳入产业振兴规划。

具体做法是：(1)推行清洁生产机制。制定重点行业、企业、园区等“两型”建设与发展标准、评价指标体系和强制性清洁生产审核技术指南，建立推进清洁生产实施的技术支撑体系。全面推动工业企业积极实施清洁生产方案。对污染物排放超过国家和地方标准或总量控制指标的企业，以及使用有毒有害原料或者排放有毒物质的企业，要依法实行强制性清洁生产审核。在产业园区的规划建设上，积极摸索低碳和零碳屋的建设经验。(2)严格产业环境准入标准。在确定电力、钢铁、有色、建材、化工等行业准入条件时应充分考虑环境保护要求，新建项目必须符合国家规定的准入条件和排放标准。已无环境容量的区域，禁止新建增加污染物排放量的项目。健全完善鼓励发展先进装备制造业、高附加值轻工业、高新技术产业、生产性服务业、文化创意产业、环保节能产业等低能耗、低污染的现代产业体系的政策导向。依据国家产业政策和环保法规，加大淘汰污染严重的落后工艺、设备和企业的力度，把淘汰落后作为走环境友好的新型工业化道路的重要途径。鼓励、引导外商投资节能环保领域和高新技术领域，严格限制高耗能、高污染外资项目，促进外商投资产业结构升级。提高加工贸易准入门槛，凡达不到节能环保要求的，严禁开展加工贸易。(3)发展循环经济。要加快建设生态工业园区——循环经济的有效实现形式，要尽快形成循环经济产业链条，通过废物交换、循环利用、清洁生产等手段，最终实现最大限度地提高资源利用和能量转化效率，尽量减少废物排放甚至实现零排放的目标。要认真贯彻落实《循环经济促进法》，编制循环经济发展规划，建立抑制资源浪费和污染物排放的总量调控机制，形成以生产者为主的责任延伸制度。要采取各种激励措施，鼓励建立工业垃圾回收系统，推动工业垃圾的循环利用①。根据湖北地区区域经济发展的特点，坚决淘汰浪费资源、污染环境、不符合安全生产条件的企业和落后生产能力，同时不断探索各个产业链条上的技术工艺过程及管理制度革新，加快企业联合重组，组建若干大型企业集团来提高产业集中度。开拓高端服务业、高端制造业和高新技术产业等高端产业，并带动生态农业、特色旅游、文化艺术和创意设计等行业的发展。坚持“节能优先，效率为主”，重点是提高能源效率。实现节约降耗、资源综合利用和清洁生产，同时，循环利用废旧物资。

4. 创建“环境资源交易市场”，依法完善碳交易与排放制度

湖北省应该准备设立环境资源交易所，并通过市场来推动低碳经济发展。因为，碳金融不仅有利于湖北企业降低减排成本、促进清洁能源发展和减缓碳风险，拓展金融创新的领域，同时也是推动湖北经济向低碳经济转型的重要政策工具。服务于减少温室气体排放的各种金融制度安排和金融交易活动，主要包括碳排放权及其衍生品的交易和投资、低碳项目开发的投融资以及其他相关的金融中介活动。要尽快建立碳交易市场，发挥市场机制在减排上的基础作用。利用期货交易所、产权交易所在专业服务能力、市场基础设施、交易结算系统上的互补性，开展碳交易和气候衍生品交易，降低交易成本，提高交易的透明度和流动性，实现交易

① 任力：《国外发展低碳经济的政策及启示》[J]，《发展研究》，2009(2)：23－27。

的规模效应。要建立为碳管理服务和低碳技术投资的碳基金,支持节能减排企业和环保项目发行债券,建立清洁能源、生态环保等产业投资基金,开发绿色建筑、节能和可再生能源、环保汽车等信贷业务和保险产品。通过协同银行、保险机构以及机构投资者等机构,共同努力,实现碳掉期交易、碳证券、碳期货、碳基金等各种碳金融衍生品的金融创新。

湖北处于中部地区,在我国的不同功能区中,属于生态屏障区,依照国际通用的"碳源——碳汇"平衡规则,生态收益区应当在享受生态效益的同时,拿出享用"外部效益"的合理份额,对于生态屏障区实施补偿,补偿原则是碳源大于碳汇的省份按照一定的价格向碳源小于碳汇的省份购买碳排放额,以此保证各省经济利益和生态利益总和的相对平衡。通过市场运作,开展国际技术合作,通过共同研发,合理转让等方式提高科技水平和创新能力,尽快缩小与先进低碳技术方面差距。中部地区企业应当积极参与全球、全国建立低碳领域的技术创新机制,力争在清洁和高效能源技术方面取得突破,在国内碳减排市场中取得竞争优势。同时,湖北省必须把各种能源直接引入市场,根据价格规律和市场的供求关系来调整资源价格,使市场价格准确地反映环境成本,最终建立一个可持续的能源价格体系。要逐步建立科学的煤炭成本核算体系,及时反映国际市场价格变化和国内市场供求关系,在生产、销售等环节建立竞争性的市场结构。

借助市场机制发展低碳经济的同时建立和完善相应的法制,形成具有法效的低碳体制。推动低碳经济发展的重要驱动因素是政策制度的创新,以制定相应政策来解决我国低碳技术创新问题。

建立"可测量、可报告、可核实"的技术转让与资金支持新机制。国外在低碳社区、低碳城市等领域有很多先进经验,我们完全可以借鉴。中国要积极参与全球应对气候变化体系中来,参与全世界的碳市场,促进碳交易机制在中国的发展。应加强与发达国家的技术交流合作,引进消化先进的节能技术、提高能效的技术和可再生能源技术。特别是要加强与欧盟、美国低碳合作。积极探索与西方国家之间,企业之间,学术、研究、管理、培训机构之间,以及其他非政府组织和协会之间的合作伙伴关系,为环境的可持续发展探索新的合作模式,开展具体项目技术合作、经验交流及能力建设等形式的合作活动①。

5. 注重低碳技术的研究应用与创新

湖北省在研究制定的发展低碳经济的技术指导目录和技术发展指导意见指

① 陈志恒:《日本构建低碳社会行动及其主要进展》[J],《现代日本经济》,2009(5):12—15。

引下,将先进成熟适用的低碳技术的科技成果转化为产品和服务。如:太阳能光电技术、新型墙体材料、可再生能源等在城乡建筑领域的应用,高能效空调和冰蓄冷技术与光伏发电的规模化示范应用等。

7 湖北发展低碳经济的对策建议

湖北作为一个传统产业比较集中的地区,大力发展低碳经济对我国实施可持续发展战略具有积极的意义。大力发展低碳经济就必须以科技创新和机制体制创新为动力,以产业结构调整、能源结构调整、节约能源和增加碳汇为抓手,以低碳基础设施建设(硬件)和低碳文化建设(软件)为保障,全方位,多途径推进湖北省低碳经济发展。

7.1 大力推进科技创新,提高低碳经济核心竞争力

科技创新作为发展低碳经济的重要途径对提高低碳经济核心竞争力具有重要的影响。湖北是一个科教资源比较丰富的地区,充分发挥其在低碳经济发展中的决定作用必将推动湖北低碳经济的快速发展。

7.1.1 积极发挥高等学校和科研单位在技术创新中的创新源作用

湖北是我国高等学校和科研单位分布比较集中的地区。据统计,2006 年武汉市高等院校、科研院所和工业企业从事科技活动人员共 84482 人,其中高等院校 38579 人,占总数的 45.7%;独立研究与开发机构 11631 人,占 13.8%;工业企业 34272 人,占 40.5%,为湖北的创新发展提供了人才、技术和智力支撑,但长期以来产、学、研脱节,高等学校、科研单位的成果转化不及时等问题制约了科研成果的产业化,使湖北没有成为一个科技强省。强化高等学校和科研单位在技术创新中的创新源作用主要是要做好以下工作:

一是要提高对高等学校和科研单位在技术创新中的创新源作用的认识。分布在湖北的高等学校和科研单位有许多是国字头的,其中集中了一大批一流的人才和先进的科研设备,它们在为国家培养大量科技人才的同时,也为国家承担和完成了大量的高新科技研究项目,已经成为国家科技创新的重要力量和创新基地。积极开展与其合作,不仅可使其为我所用,成为湖北科技创新的主战场,为湖北的科技创新提供保障和支撑,也可为湖北培养和提供大量的科技创新人才。当

前,湖北并没有意识到这些高等学校和科研单位在湖北科技创新中的独特作用,使湖北的科技创新工作缺乏高等学校和科研单位的支持和参与,出现了大量高新技术成果孔雀东南飞的局面。加强与其沟通与联系,重视和鼓励其参与湖北的科技创新工作,必将推动湖北科技创新工作新局面的形成。

二是要进一步发挥科技孵化器在科研成果产业化中的中介作用。湖北在科技孵化器的建设和发展上一直走在全国的前列,已成为科研成果转化的重要力量和桥梁。科技孵化器是科技成果转化和产业化的重要环节,如何将高等学校和科研单位的科研工作与科技孵化器的建设与发展结合,并形成互动的格局,为加速高等学校和科研单位科研成果转化的速度和产业化率创造条件。

三是积极开展与高等学校和科研单位的合作,形成产、学、研互动的新格局。产、学、研互动是科技成果产业化的重要形式。当前,在科技创新工作中,产、学、研脱节的问题比较突出,大量的科研工作不能反映现实的需要,或很难产业化,而市场的需要又没有科研成果,或者说与市场的要求存在着巨大的差距。强化产、学、研互动就必须加强信息建设,形成产、学、研的信息互通和共享,同时,科研工作在跟踪和从事前沿科技的过程中要切实面向经济建设的主战场,使科技成果更贴近市场。

7.1.2　充分发挥企业在技术创新中的主力军作用

湖北省从组织实施技术创新工程、开展技术创新活动以来就把建立以企业为主体的技术创新体系作为技术创新工程的关键环节,积极推进。一是以大中型企业为主建设企业技术中心。已经建立了武汉钢铁公司、武汉锅炉股份有限公司、国营武昌造船厂、武汉凯迪电力股份有限公司、烽火通信科技股份有限公司等为代表的国家级企业技术中心,以及神龙汽车有限公司等为代表的省级企业技术中心,引导和支持企业技术中心紧跟国际先进技术,实现自主创新。全省有科技活动的企业占企业总数的45.5%;平均每1.5家有科技活动的企业就有1家企业办科技机构;二是全面推广产学研结合。通过企业与高校、科研机构相结合,企业形成了稳定、有效的技术源,越来越多的科技成果转化为现实生产力。企业投入高等教育,建设起人才培养和技术开发基地。从多方入手,形成企业技术进步的运行机制。

支持企业增强自主创新能力主要应从两个方面着手:

一是以优势制造业为支持重点,提高优势制造业的自主创新能力。产业集聚具有回浪和扩散效应,湖北省的装备制造业在全国具有很强的优势,特别是在汽车制造业和船舶制造业两方面优势更加明显。湖北应当充分利用发展装备制造业的技术研发、产业集群和组织管理经验,以装备制造业为支点,加强高新技术产业发展。湖北在技术研发方面要加大投入力度,形成制造业富有活力的技术创新体系和机制。鼓励制造业的大企业和有条件的科技企业、中小企业建立研发中心;鼓励企业与科研机构联合,建立产学研紧密结合的创新机构;鼓励引导企业加大研发投入,使企业真正成为制造业技术进步的投入主体。

二是实施支持现代制造业技术创新的财税、金融等激励政策。在省级预算中设立现代制造业专项发展基金,为发展现代制造业提供财政补贴或无息、低息贷款。在政府采购中,适当采用本省工业产品优先的政策。对即将在湖北实施的增值税转型制定相应的配套措施,以保证转型顺利实施,真正减少工业企业负担。湖北省政府要充分利用国家赋予的一部分税收自主权,制定税收优惠政策。在金融政策方面,构建由省属地方商业银行、城市商业银行和中外合资银行构成的地方金融体系,促进地方全融机构的不断发展和完善。加强银行与企业之间的联系,形成产融结合的新格局。在进一步完善主办银行制的前提下,进行银企之间相互参股和银企共同出资组建金融性和非金融性机构的尝试。

7.1.3 鼓励和引导创新主体开展技术创新活动

高等学校、科研单位和企业作为创新主体,其创新活动的活跃程度对发展低碳经济具有重要的支撑作用,鼓励和引导其创新活动的开展可从以下几个方面着手:

1. 建立低碳经济科研与研发基地,实施低碳经济高级人才引进工程,开展低碳经济宣传和教育,全面加强与国际组织、外国政府、金融机构、科研机构等在低碳经济领域的交流与合作。

2. 组织对共性、关键和前沿节能技术的科研开发,实施重大节能示范工程,促进节能技术产业化。建立以企业为主体的节能技术创新体系,加快科技成果的转化。引进国外先进的节能技术,并消化吸收。组织先进、成熟节能新技术、新工艺、新设备和新材料的推广应用。

3. 制定节能技术开发、示范和推广计划,明确阶段目标、重点支持政策,分步组织实施。制定《湖北省节能技术政策大纲》,引导企业有重点地开发和应用先进的节能技术,引导企业和金融机构投资方向。在全省中长期科学技术发展规划、高技术产业发展项目计划等各类科技计划中,加大对重大节能技术开发和产业化的支持力度。

4. 建立节能共性技术和通用设备科研基地(平台)。鼓励依托科研单位、企业和个人,开发先进节能技术和高效节能设备。引入竞争机制,实行市场化运作,政府对高投入、高风险的项目给予经费支持。

5. 各地区人民政府要采取积极措施,加大资金投入,加强节能技术开发、示范和推广应用。

6. 提高湖北省节能中心对节能技术研发、推广及服务能力。

7.1.4 开展低碳技术国际合作

借助武汉城市圈建设“两型”社会的重要机遇,提出将武汉城市群或湖北省打造成为国家低碳经济国际合作新平台的战略目标,成立湖北省低碳经济技术国际合作机构。充分发挥湖北省区位、市场和综合优势,抓住国际应对全球气候变化的有利时机,利用各种对外合作渠道和资源,重点吸引发达国家低碳技术,开展低碳技术国际合作。

同时,结合国际清洁发展机制(CDM)项目,引导和推进节能服务市场化,强化节能技术服务能力。

7.1.5 建立低碳技术信息网络交互系统,推广和普及低碳技术

以湖北省电子信息、生物医药、新材料、先进装备制造、国防科技等主导产业集群为依托,建立基于湖北省整体科技资源基础上的低碳经济技术信息网络平台。平台的内容包括清洁生产技术,节能和环保技术,减量化、再利用、资源化、替代技术,共生链接和系统集成技术,能源节约技术,水资源的梯级利用技术,中水回用技术,固体废弃物和副产品的供求信息等,促进省内企业通过信息平台开发、使用和交换节能减排新技术。

7.2 着力推进机制体制创新,形成促进低碳经济发展的制度环境

机制体制作为低碳经济发展的重要保障在低碳经济发展中占有重要的地位,着力开展机制体制创新就能够为低碳经济的发展提供良好的制度环境。

7.2.1 成立低碳经济工作协调领导小组

成立湖北省低碳经济工作协调领导小组,由省长任组长,分管节能减排工作的副省长任常务副组长,省发改委牵头,有关职能部门负责人和地市行政长官为成员,全面负责湖北全省低碳经济工作的领导、协调、组织和决策;协调领导小组下设办公室,设在省发改委,领导小组办公室主任由省发改委主要负责人担任,办

公室负责统一组织协调具体实施工作的开展,具体负责组织低碳经济建设规划、技术指导及各项重点工程建设的实施和监督。

7.2.2 试点建立以废气、废水和废弃物为主要内容的环境交易市场

低碳经济作为一种新的发展方式,对构建新的人与自然和谐发展的关系,解决全球气候变化问题将产生积极的作用,但从当前的现实来看,碳排放只是影响环境变化的一个重要因素,因此,仅仅强调减少碳排放,对保护环境仍然是不够的,也是不全面的:第一,近年来,对环境产生不利影响的因素不仅仅是碳,同时SO_2、NO_2、化学需氧量、重金属、躁声、光等对环境产生的破坏影响也是不能低估的,因此,在强调减少碳排放的同时,要全面控制和减少废气、废水和废弃物的排放的数量;第二,应将碳、SO_2、NO_2、化学需氧量、重金属、躁声、光等对环境产生不利影响的因素都纳入到环境管理中,建立全面、系统的环境管理机制,为解决环境问题提供制度保障。为此,本研究认为必须从系统解决碳、SO_2、NO_2、化学需氧量、重金属、躁声、光等对环境产生不利影响的因素出发,借鉴废气、废水等利用排污权交易机制治理的经验和做法,建立以废气、废水和废弃物为主要内容,全面、系统的环境交易和管理机制。

为此,我们建议成立湖北省环境交易所,其交易的内容包括碳、SO_2、NO_2、化学需氧量、重金属等废气、废水和废弃物等。以废气、废水为主要内容的排污权交易制度已在我国进行了多年的试点,并取得了明显的进展,它弥补了依靠行政收费治理环境的不足,为我国探索市场的方法来治理环境问题提供了新的思路和途径。碳排放作为影响气候变化的重要因素,近年来受到了国际社会的广泛关注,利用排污权交易理论来解决碳排放问题已成为国际社会的共识,并在许多国家得到了应用。我国是一个碳排放大国,而湖北又是一个传统产业比较集中的地区,碳减排任务艰巨,作为国家"两型"社会建设试点地区,积极探索用市场的办法来控制湖北的碳排放问题对我国实施可持续发展战略具有积极的现实意义。根据国际碳交易市场相关制度和国家低碳经济相关法规,在减少碳排放方面要充分借鉴欧盟排放权交易制(European Union Greenhouse Gas Emission Trading Scheme, EUETS)、英国排放权交易制(UK Emissions Trading Group, ETG)、美国芝加哥气候交易所(Chicago Climate Exchange,CCX)等国际环境交易经验和模式,结合我国国情,争取国家发改委支持,采取湖北省政府、国内相关大型企业、国际碳交易所共同投资成立,或由湖北省政府、国内相关大型企业投资,研究和执行符合中国国情和企业实际的二氧化碳等环境因素测量、报告和核实体系、目标承诺与减排和交易体系,提供正式会员、合作会员、减排量供应、减排量打包、交易、买家等六种参

与形式以满足不同的排放需求，试行开展节能减排和环保技术及资产类的交易、国家发改委已经批准的减排项目的碳自愿减排（VER）项目，鼓励省内企业从社会责任、品牌建设、社会效益等方面，开展碳减排等环境交易。

7.2.3 建立低碳经济评价体系和考核体系

以发展低碳经济为目标，结合国家节能减排任务和湖北省低碳经济基本要求，建立具有湖北特色的、科学可行的低碳经济评价指标体系，充分发挥各区域和行业发展低碳经济的优势，积极推动重点区域和行业协会探索建立具体区域和行业的低碳经济评价指标体系，为湖北省制定具体的低碳经济行业标准提供经验。

近期重点结合节能、节地、节水、节材、资源综合利用等实施细则，重点建立健全低碳经济标准体系，制定资源消耗综合评价制度和标准，进一步建立健全建设项目的能耗、水耗、地耗、污染排放等综合评价制度，配合国家、湖北省相关指标体系的出台，根据不同区域和不同行业建立不同的评价指标体系，建立具有湖北特色的低碳经济评价指标体系（见表7—1）。

表7—1 湖北省低碳经济评价指标体系

指标类	指标层	序号	具体指标	单位	指标值		
					2015	2020	2025
低碳生产	低碳生产消耗	1	单位工业增加值能耗	吨标准煤/万元	≤0.4	≤0.25	≤0.15
		2	单位工业增加值新鲜水耗	吨/万元	≤9	≤5	≤2
	低碳生产排放	3	单位工业增加值碳排放强度	吨 CO_2/万元	≤0.8	≤0.5	≤0.3
		4	单位能耗碳排放因子	吨 CO_2/吨标准煤	≤2	≤2	≤2
	低碳生产设施	5	低碳能源使用比率	%	≥30	≥40	≥50
		6	城市新建建筑低碳建筑比率	%	80	90	100
	低碳生产管理	7	工业企业清洁生产审核实施率	%	90	95	100
		8	固定资产投资项目能评与能审实施率	%	100	100	100
低碳生活	低碳生活方式	9	城市居民绿色出行比率	%	≥60	≥70	≥80
		10	日人均生活耗电量	千瓦时	≤2	≤2	≤2
		11	日人均生活碳排放	千克 CO_2	≤0.5	≤0.5	≤0.5
	低碳生活设施	12	低碳社区比率	%	≥60	≥70	≥80
		13	城市市区步行500米范围内有公共交通站的居住区和商务区域比例	%	80	90	100
		14	公共交通电气化率	%	≥60	≥70	≥80
	低碳生活文化	15	公众对低碳生活知识普及程度	%	≥90	≥95	≥95

指标类	指标层	序号	具体指标	单位	指标值 2015	指标值 2020	指标值 2025
低碳生态	低碳生态建设	16	森林覆盖率	%	≥30	≥35	≥38
		17	湿地面积占土地面积比例	%	≥40	≥40	≥40
	低碳环境保护	18	区内空气质量好于等于二级标准的天数	天数	≥310	≥310	≥310
		19	重大环境污染事故和生态破坏事件发生率	%	0	0	0
		20	区内地表水环境质量		达到地表水Ⅲ类水质要求，区内无劣Ⅳ类水	达到地表水Ⅲ类水质要求，区内无劣Ⅳ类水	达到地表水Ⅲ类水质要求，区内无劣Ⅳ类水

在完善低碳经济评价指标体系的基础上，建立低碳经济目标责任制。

同时建立低碳环境安全管理与制度保障长效机制，有效引导企业清洁生产审核，建立企业长效污染减排机制，加强企业的环境监管，严格实行节能评估和审查制度，推进区域ISO14000环境管理体系，开展绿色招商，推行绿色采购和绿色消费，实施应急管理计划APELL（Awareness and Preparedness for Emergencies at Local Level）“地区级紧急事故意识和准备”计划），推进低碳经济评价和考核。

7.2.4 完善政策支撑体系，形成低碳经济激励机制

灵活使用行政法规、财政税收等多种政策手段和调控措施，形成一套相辅相成、较为完备的政策支撑体系。

（1）建立低碳经济发展专项基金。湖北省政府设立低碳财政预算，专项用于支持全省低碳经济工作；积极争取国家、专项资金对低碳经济重大技术示范项目和产业化项目的支持，湖北省财政设立配套资金，建立低碳经济发展专项基金，资助省内企业的废物减量化、资源化、无害化项目、节能减排重点工程、新能源项目和低碳基础设施建设项目等。尤其支持废旧物资回收处理和再利用技术、区域环境综合治理、节能以及新能源等公用性事业实用技术的研究、开发与推广，并对获得省级以上节能减排及低碳经济专项资金的单位和个人给予相应资金配套扶持，调动全社会发展低碳经济的积极性。

（2）加大财政补贴力度。利用财政补贴对从事于低碳经济相关的工艺技术研究、示范和培训给予补贴，重点支持列入污染防治和生态保护的项目建设，对新能源开发、节能技改、再生资源回收加工处理，再生资源信息网络等方面的示范项目，优先安排资金并给予财政贴息，实施低碳产品政府采购工程。

建立低碳建筑环保补贴基金和制度，根据低碳住区、工业建筑采用不同节能环保材料建设投资成本，政府进行环保绩效点核算后，进行财政资金激励补贴。

(3)实施税收优惠政策，鼓励企业减排。凡与政府签订气候变化协议的企业，若完成规定的减排目标，可以减免一定的税收。

大力推行低碳经济税收优惠政策，对在新能源开发、节能减排、再生水利用、余热余压利用、新能源利用、再生资源回收利用等方面开发出重大低碳经济技术并取得显著环境和社会效益的企业和单位实行一定的税收优惠。

7.3 加快推进产业结构战略性调整，转变经济发展方式

7.3.1 加快淘汰落后产能

落后产能可从两个方面加以理解：一是根据生产的技术水平进行判断。所谓落后产能，就是指技术水平低于行业平均水平的生产设备、生产工艺等生产能力；二是从生产能力造成的后果进行判断。如果生产设备、生产工艺的污染物排放、能耗、水耗等技术指标高于行业平均水平，则该生产能力就是落后产能。从这个角度来说，产能落后与否是个技术判断问题，而在具体实践中，落后产能是指技术水平(包括设备、工艺等)达不到国家法律法规、产业政策所规定标准的生产能力。

落后产能虽然与技术落后有着直接的关系，但它是产能过剩的重要条件。因此，淘汰落后产能能够改变市场的供求关系，减轻产能过剩的程度。落后产能具有物耗能耗高、环境污染重、安全无保障的特点，它是导致我国发展质量和效益不高、竞争力不强的重要因素之一。只有加快淘汰落后产能，才能为先进产能腾出市场容量，提高技术装备水平和国际竞争力，实现工业由大变强。当前，落后产能主要集中在水泥、造纸、印染、焦炭、炼铁、铁合金、制革等行业之中。

湖北是一个传统产业占主导的地区，落后产能仍然大量存在。在推进产业结构战略性调整，转变经济发展方式的新形势下，淘汰落后产能对湖北的可持续发展显得尤为重要和迫切。淘汰落后产能可采取以下措施：一是组织专家对企业从技术水平和市场供需状况两个方面进行评估，确定需淘汰的企业、技术名单，并对其退出市场提出严格的淘汰时间表；二是对未按规定限期淘汰落后产能的企业采取针对性的措施，如吊销排污许可证；银行业金融机构不得提供任何形式的新增授信支持；投资管理部门不予审批和核准新的投资项目；国土资源管理部门不予批准新增用地；相关管理部门不予办理生产许可，已颁发生产许可证、安全生产许可证的要依法撤回。同时，对未按规定淘汰落后产能、被地方政府责令关闭或撤

销的企业，限期办理工商注销登记，或者依法吊销工商营业执照。必要时，政府相关部门可要求电力供应企业依法对落后产能企业停止供电。

7.3.2 积极培育战略性新兴产业

加快培育和发展节能环保、新一代信息技术、生物、高端装备制造、新能源、新材料、新能源汽车等战略性新兴产业，通过科技进步加速推进产业结构优化升级，大力发展节约型经济、循环经济、环保型经济，加快转变经济增长方式，采取切实可行的措施提高资源利用效率、控制污染物排放总量，到2020年，战略性新兴产业增加值占国内生产总值的比重力争达到15%左右，形成集约发展、清洁发展的国民经济体系。

东湖高新技术开放区作为国家级开放区，具有人才、技术和高新技术产业集聚的优势和条件，现已成为国家自主创新示范区，充分发挥东湖高新技术开放区信息技术、能源、生物、新材料等战略性新兴产业集中的主阵地和示范带动作用，要将其打造成为新兴产业聚集的高地，为湖北战略性新兴产业的快速发展创造条件和区域依托。

7.3.3 有序引导企业向产业园区集中，形成区域化产业布局新格局

产业园区是指相关产业共同集聚的地区，具有共生性，它一方面可为区域的环境治理降低成本，也为企业降低交易成本提供了条件，已成为产业布局的新方向，目前，湖北的各类产业园区分布较为广泛，已成为湖北产业布局的主要形式。有序引导企业向产业园区集中，可形成区域化产业布局新格局。当前，湖北的区域化产业布局新格局已形成雏形，但仍然存在着许多不可忽视的问题，强化区域化产业布局应重点开展以下工作：

一是调整和优化制造业产业结构。通讯、电子、生物制品、精密仪器等属资本密集型制造业部门，当初建立这些资本密集、不符合湖北省比较优势的制造业部门，不是市场选择的结果，而是政府奉行赶超战略使然。依其产品的市场特性，可分成以下几个方式来调整和优化：对于那些国内市场容量很大的资本密集型制造业部门，可以采用以市场换资本的办法，吸引外国的资本来降低资本的价格；对于那些国内市场规模有限，或产品已不再有市场需求的制造业部门，除了极少量关系到国防安全，必须由政府以财政继续给予支持以维持生产外，其他没有市场前景的企业，应该进行转产，由企业自己寻找，转入生产符合我省比较优势、而又具有市场前景的产品。思路是有所为有所不为，优势继续保持，结构进一步优化，劣

势一分为二,该支持的支持,不符合要素禀赋和比较优势的转产。

二是建设湖北现代制造业聚集区。湖北建立现代制造业集聚区的主导产业应选择:交通运输设备制造业、黑色金属冶炼及压延加工业、电子及通信设备制造业、医药制造业。化工业可作为次主导产业或重点产业予以发展。在湖北现代制造业集聚区的空间布局上,要合理布局并保证相互协调统一。武汉工业基础雄厚且高校云集、科研实力强,可着重发展技术含量高的制造业,同时,注意产业选择的多样性、综合性;黄石、襄阳、宜昌等地区,有良好的装备制造业的基础,应发挥优势,重点突出;其他的地区也应重点发展少数几个有优势的产业部门,培育地区的主导产业。

7.4 深入推进节能工作,改变能源供给结构

减少能源消耗和改善能源结构是控制温室气体排放的最直接方式。

湖北省是一个"缺煤、少油、乏气"的缺能省份,目前,湖北煤炭储量不到全国的1%,每年自产煤炭仅1000万吨左右,而且大部分是劣质煤,每年需要的煤炭90%以上依赖外省调入;石油剩余可开采量不到全国的1%,每年自产石油80万吨左右,只能满足全省10%左右的需求;天然气地质储量少,产量低,只能满足全省5%左右的需求。

湖北是全国第四大能源调入省份,80%以上的能源必须从省外调入。随着经济的发展和人民生活水平的不断提高,湖北能源的供需矛盾日益突出,能源生产和消费面临严峻挑战。同时湖北省正处于工业化中期,经济结构偏重,又是一个重耗能省份,经济增长对能源的依赖程度较高。2008年,湖北单位GDP能耗为1.31吨/万元,比全国高18%。湖北的钢、水泥、火电、电解铝、粗铜等主要产品单耗水平也高于全国。缺能而又低效用能的现实决定了提高能源效率,节约能源应是湖北省解决能源问题和发展低碳经济的优先方案,在节能的前提下发展新能源,改变能源利用结构是必然选择。

湖北新能源和可再生能源的开发利用严重滞后,风电刚起步,太阳能发电、地热能和生物质能尚未大规模利用,核电利用尚处于起步阶段,积极开展新能源和可再生能源的开发利用对提高湖北的电力保障能力和可持续发展具有重要的意义。

7.4.1 深入推进节能工作

节能工作在节能减排中占有重要的地位。推进节能工作,主要包括以下几个方面:

(1)建立全面的节能战略规划体系。依据《中华人民共和国节约能源法》和

《国家中长期节能规划》,尽快编制《湖北省节能战略规划》,对湖北省2050年前节能工作做出战略性的部署。尽快编制各行业和部门节能规划,编制专项规划要把节能作为重要内容加以体现,各地区(县)相应制定节能中长期规划,重点用能企业也应编制节能规划。

(2)协调部门管理机制。有关部门及企事业单位要加强对节能工作的领导,明确专门的机构、人员和经费,制定规划,组织实施。行业协会要积极发挥桥梁纽带作用,加强行业节能自律。在整合现有相关机构的基础上,成立湖北省节能中心,确定节能中心的责任和目标,协调开展政策研究、固定资产投资项目节能评估、技术推广、宣传培训、信息咨询、国际交流与合作等工作。

(3)加强基础能力配备。提高节能计量测试和监控仪表的普及程度和覆盖率,提高自动化监控能力。加强企业、事业和机关单位能源消耗原始记录、统计台帐及分析报表制度建设,各行业应根据自身耗能过程特点,逐步实现记录、统计、报表的规范化与数字化。用能单位应定期进行能源消耗统计分析和能量平衡分析,完善能源消耗统计制度,提高原始数据的统计和收集能力。各地区人民政府要加强节能管理队伍建设,充实节能管理力量。

(4)完善节能法规标准。加快建立和完善以《节约能源法》为核心,地方配套法规、标准相协调的节能法律法规体系,依法强化监督管理。一是研究完善节约能源的相关法律,抓紧制定《湖北省节约石油管理办法》、《湖北省能源效率标识管理办法》等地方配套法规、规章和条例,制定《湖北省固定资产投资项目节能评估和审查的具体办法》。二是制定和实施强制性、超前性能效标准。组织修订和完善湖北省主要耗能行业节能设计规范、建筑节能标准,加快制定建筑物制冷温度控制标准等。三是加快节能法规、标准制定与修订,修订余热余能资源评价和利用标准、完善产品单耗和窑炉耗能标准,修订各行业"节能设计规范",制定和修订不同类型项目可行性研究的节能评价标准。

(5)探索节能新机制。增强节能评估、审查和监察制度的协调性和统一性。建立节能奖励基金,在全国帅先推行节能自愿协议,即耗能用户或行业协会与政府签订节能自愿协议。在全省率先推行化石能源消费总量控制制度试点,缓解全省煤炭、石油和天然气供应压力。建立节能信息发布制度,利用现代信息传播技术,及时发布各类能耗信息、先进的节能新技术、新工艺、新设备及先进的管理经验,引导企业挖潜改造,提高能效。完善综合资源规划和电力需求侧管理,将节约量作为资源纳入总体规划,引导资源合理配置。采取有效措施,提高终端用电效率、优化用电方式,节约电力。建立节能投资担保机制,促进节能技术服务体系的发展。制定《湖北省节能设备(产品)目录》,重点是终端用能设备,包括高效电动机、风机、水泵、变压器、家用电器、照明产品及建筑节能产品等,对生产或使用《目录》所列节能产品实行鼓励政策;将节能产品纳入政府采购目录。对一些重大节能工程项目和重大节能技术开发、示范项目给予投资和资金补助或贷款贴息支持。政府节能管理、政府机构节能改造等所需费用,纳入同级财政预算。

(6)提高节能监管力度。强化节能工作的监督管理和日常监察(监测)工作,依法开展节能执法和监察(监测),依法强化监督管理。

在借鉴国外成功的建立现代监管体制的经验基础上,逐步建立起独立运作、政监分离、职能完善和有效监督与制衡的现代监管体制。应建立激励性的政策和制定规范的检查流程,提高监管的强制性、有效性。

提高执行力是关键。在前置审批环节,管理重点着眼于外部性的准入管理和环保、能效等准入标准,强调政策的导向性、公开性和透明性。在事中管理环节,管理重点是监督、监管和检查,健全能效审计机制,完善机构设置和人员保障。在事后管理环节,管理重点是查处违规者,补偿损失。

实现监管转型。由以往的经济性监管为主、社会性监管为辅的旧监管模式,转向以社会性监管为主、经济性监管为辅的新监管模式。新监管模式包括:完善市场准入监管。公开准入制度,取消所有制歧视,保证政策的透明化,建立合理的申诉制度。

加强工程项目节能管理。对实施项目应加强建设过程中监督和竣工后的节能测试、验收。

消费领域是能源消费的重要组成部分,近年来呈现出了快速发展的态势,加强消费领域节能监管对节能减排具有重要的作用。

(7)提高节能服务能力。加强节能技术咨询、信息服务,培育和规范节能技术市场。加强节能技术服务中心建设。当前,应重点做好以下工作:一是培育公益性节能服务机构;二是组建湖北省节能服务团。

7.4.2 大力开发利用新能源

湖北省在水电、核能、地热能、生物质能等新能源方面具备一定的资源优势和政策优势,但其开发利用严重滞后,除水电开发规模较大外,风电刚起步,太阳能发电、地热能和生物质能尚未大规模利用,核电利用尚处于起步阶段,未来湖北省大规模开发新能源的潜力较大。

1. 有序开发利用水能资源

湖北省水能资源丰富,目前全省已建成水电装机容量达1800万千瓦。有关部门估算,省内还有约1000万千瓦的水电开发潜力。在近年来的水电开发热潮中，进入湖北水电领域投资开发的民营企业达130余家，50%是来自省外的浙江和福建，涉及的河流有101条，目前仅汉江及堵河流域就立项修建电站50多处。但"跑马圈水"的后遗症开始显现，一些开发商"圈河"式无序开发，谋取商业利益，不仅带来地质灾害、环境恶化、资源浪费等问题，一些仓促上马的工程甚至在安全方面也存在严重隐患，直接影响公共安全和社会稳定及人民利益。因此，湖北水电资源开发的核心工作是加强全省水电开发的有序性。

首先，要明确各级行政主管部门对水电资源开发管理的责任。各级水行政主管部门是水能资源开发管理的主管部门，负责水能资源规划编制、设计审查、建设监管、水库防汛调度等的管理，并负责水能资源开发项目前期勘测设计各阶段的技术审查、建设施工全过程的安全质量监管；各级投资行政主管部门负责制定水能资源开发利用中长期总量目标，负责水能资源开发项目的立项、审批（核准）；环境保护行政主管部门负责水能资源开发项目环境影响评价审查、工程区域内生态、环境监管；安全生产监督行政主管部门要加强水能资源开发项目建设的安全监管；电力、物价、国土资源、移民、林业等相关行政主管部门在各自职责范围内负责有关管理工作。

其次，要加强和规范水能资源开发规划、开发使用权的管理，严格规范水能资源开发建设管理，加强水能资源开发工程防洪安全管理，开展水能资源开发利用项目的核查、清理等工作提出了具体要求。

三是实行水能资源开发工程建立责任追究制。主持和参与水能资源开发项目审查、审批（核准）、验收的单位要对其批准的工程方案和验收的工程项目终身承担相应责任。

四是严格水电开发项目的审批，对于装机容量在300千瓦以下的小水电站应有所控制。

五是加强立法工作，争取出台规范的水能资源管理办法，以建立长期有效的约束机制，真正做到在保护生态的基础上，实现水能资源的有序开发。

2. 加大核能利用，建设中国内陆核电基地

核能是一种安全、清洁、可靠的经济能源。与火电相比，核电不排放二氧化碳、二氧化硫、烟尘等氮氧化物。对于缺煤、少油、乏气的湖北来说，发展核电其经济意义更为显著。目前，核电已成为一种成熟技术，在世界上得到广泛应用，核电在世界能源结构中居于重要地位。据有关资料统计，核电年发电量已占到世界发电总量的17%左右。

经过前期的不懈努力，湖北发展核电工作正在有序推进。2008年初，国家正式明确启动我国内陆核电建设，同意湖北开展前期工作，并明确湖北核电投资业主。目前我国内陆首个核电项目已落户咸宁。当前,一是要科学做好核电厂址选定工作,对已确定的核电项目要加快进程,力求早日开工建设;二是要广泛应用世界最先进的核电技术,提高科技含量,降低造价和电价,提高核电竞争力;三是积极研发核电项目与相关产业的关联效应,力争通过核电站的建设带动一批产业。

3. 大力开发生物质能,推广农村沼气利用

生物质能是唯一可以转化为液体燃料的可再生能源,不仅具有能源功能,而且还有其他可再生能源不具备的材料功能,同时,还具有生态保护功能。湖北具备发展森林木本生物能源的广阔空间。现有林地1.29亿亩,其中可改造的低产低效林、可利用的荒山、荒地、荒滩、荒坡约4000多万亩,为湖北木本生物能源的种植提供了充足空间。湖北已初步具备木本生物质能源工业化的技术条件。凯迪研究院经过四年多的艰苦探索,已成功掌握具有自主知识产权的从生物质中提取各类能源的核心技术,该技术具有世界领先地位。为加快湖北生物质能的开发利用,一是要尽快制定扶持生物质能源的优惠政策,包括支持公司和农户开发改造能源林规模等;二是争取国家能源林基地建设的财政补贴;三是建立融资平台,多渠道筹措生物质能源产业发展的建设资金;四是加大生物质能源研发投入,省财政应安排资金,支持开展能源林优良品种选育、丰产栽培、机械采收、生物质能源提炼加工等方面的技术攻关,使湖北生物质能开发技术在国际国内保持领先水平。

同时湖北农村地区具备推广和普及沼气利用的条件和潜力,目前政府应通过加大对农村沼气利用的补贴范围和补贴力度,推动农村沼气利用的普及。

4. 积极推广太阳能利用

湖北太阳能产业具有广阔前景,开发利用潜力大,除鄂西南外,大部分地区均具有较好的太阳能光能资源,年平均太阳辐射能大于100千卡/平均厘米。太阳能具有能量大、利用范围广、清洁安全等优点。国家将实施“金太阳”工程,采取财政补贴方式,加快启动国内光伏发电市场。当前,湖北在太阳能利用方面可从以下方面进行开发利用。一是大力发展太阳能热利用产业集群,扩大太阳能发展规模;二是加快光伏产业发展步伐,充分利用武汉“中国光谷”,建设光伏太阳能电池器件与应用产业基地,应充分发挥湖北的技术和人才优势,抢先在国内第一个建立光伏太阳能电池器件与应用技术研发中心,整合资源、创新技术、服务产业、培养人才,占领技术高地;三是加大太阳能热利用宣传和推广力度,扩大覆盖面,加快推进太阳能光电在城乡建筑领域的应用。

5. 鼓励利用地热能

湖北的地热能资源较为丰富,主要为中低温热泉,在咸宁、英山、罗田、应城、洪湖、京山、房县等地均有分布。但是目前只有部分得到开发利用,且主要用于旅游洗浴,综合利用效益不高。2000 年以来,武汉、荆州等地在居民住宅、商业和办公楼等建筑中已逐渐使用地源热泵空调。这是一种利用浅层地温能进行供热制冷的高效节能空调系统。冬天从地下水吸收热量,夏季向地下水释放热量,再由热泵机组向建筑物供热或供冷。该系统相比传统空调省电 50% 以上,使用寿命在 20 至 30 年,远远超过传统空调 8 至 10 年。虽然地源热泵空调系统的造价比传统中央空调要高 20% ,但运行费用只是普通中央空调的 50% 至 60% ,使用 3 至 5 年后,仅节省电费一项就可以赚回高出的那部分造价,而且还不排放有害气体。湖北地下水资源较为丰富,利用地下水发展地源热泵技术具有优越的自然条件。因此,要加强地热能利用技术的研发,加快地热利用设备生产和成套设备技术的开发,提高地源热泵技术设备的国产化程度,搞好地源热泵空调应用技术规程的制定工作,并通过制定减免电价、排污费等激励政策,鼓励新建建筑采用地源热泵空调系统,用好地热能资源。

6. 适度发展风力发电

在国家政策的大力支持下,我国各地正在兴起风电建设热潮。湖北风能资源比较丰富,发展潜力较大。目前省内开工建设的风电场有九宫山风电、利川风电等项目,投产 10 万千瓦以上。此外,还有大悟仙居顶、钟祥华山观、随州四十里冲、黄冈龙感湖等 4 个预选风电场,恩施州正力争将利川齐岳山风电场建设成全国 20 个重点大型风电场之一;大悟仙居顶风力发电项目已确定,拟建 5 万千瓦风力发电场。合理开发风力发电,可以有效缓解全省水电丰枯矛盾,实现风电水电互补。而且风电是环保型能源,没有废气排放,且建设周期短,见效快。因此,发展风力发电大有可为。为实现湖北风力发电的快速发展,一是要加大风能资源勘测力度,尽快摸清全省风力资源潜力,为合理开发风力发电提供科学依据;二是吸收先进风力发电技术,重点支持发展磁悬浮风力发电技术,大力开发起风速度低的磁悬浮风力发电技术,以扩大可开发风能区域面积;三是鼓励风电多元投资,风力发电具有适合分散投资等特点,应出台相关政策,允许多元投资风电,扩大风场装机规模;四是加快风电设备产业的发展,建立比较完善的风力发电产业体系。目前,新疆、辽宁、四川、江苏等省市区的风电设备制造业虽然已形成规模,但其产品大部分是小型风力发电机,其技术全部是国外上世纪 90 年代引进的。湖北如果围绕技术领先的直驱式磁悬浮风力发电机发展风电设备制造业,则可后来居上，占领起风速度低的磁悬浮风力发电装备制造业市场。由于风力发电具有上网难、占地多、不稳定等局限性，湖北省在风力发电项目上要适度，但在风电设备的研发和制造产业上应加快发展步伐。

7.5 增加森林碳汇，试点碳捕获和碳封存

7.5.1 大力打造绿色环境，提高森林碳汇

胡锦涛总书记在联合国气候峰会上做出了我国争取到2020年森林面积在2005年基础上增加4000万hm2的庄严承诺，增加碳汇是发展低碳经济的一个重要方面。在提倡CO_2减排的同时，通过植树造林等方式把排放到大气中的CO_2以生物量的形式固定下来，这是控制温室气体和应对气候变化的正确方向。

在水土资源、气候条件方面，湖北省林业发展潜力较大，具有营造绿色环境、提高森林碳汇的自然基础，应对气候变化为湖北林业建设赋予了新的历史使命和新的历史机遇。在广大平原地区，可将林业建设与社会主义新农村建设、农田基础设施建设结合起来，引入民间资本，大力推广农田防护林建设；在山区和丘陵地区，利用荒山、荒坡、荒沟，建设水土保持林和经济型果林，将提高植被覆盖率、防止水土流失和提高农民收入紧密结合起来。

7.5.2 试点碳捕获和碳封存

选择重点用能企业和行业试点"碳捕获与封存"（Carbon Capture and Storage，以下简称CCS），即将能源生产和利用过程中产生的二氧化碳捕集后进行封存，避免其排放入大气。

碳捕获工艺目前分为三种，即燃烧后捕获、预燃烧捕获和含氧燃料燃烧捕获工艺。目前华能集团已在国内启动两个碳捕获示范项目，主要用于热电厂。碳封存常见的三种方式是碳封存于地下底层的自然孔隙中、地质深层盐水层及深海封存。中科院武汉岩土力学研究所、西安热工研究所等科研单位在该领域具有一定技术储备，湖北省应积极开展这一领域的试点和探索，积极与国内外机构合作，推进省内重点耗能企业进行试点和示范，战略低碳核心技术制高点。

7.6 建设低碳型基础设施,提高低碳经济发展硬件水平

7.6.1 低碳能源设施建设

1. 智能电网工程

以坚强智能电网(Strong Smart Grid)为基础,以通信信息平台为支撑,以智能控制为手段,包含电力系统的发电、输电、变电、配电、用电和调度各个环节,覆盖所有电压等级,实现"电力流、信息流、业务流"的高度一体化融合,是可靠、经济高效、清洁环保、透明开放、友好互动的现代电网。我国于2009年5月由国家电网公司提出智能电网计划,湖北省应争取智能电网首批试点省,以智能电网的要求高标准建设和改造省内输配电系统,缩小电损,提高输电效率。

2. 低碳能源推广计划

城市低碳照明计划。推广和普及太阳能路灯、太阳能观景灯、太阳能庭院灯、太阳能草坪灯等系统照明设备,用于绿地照明、公路照明、城市造型景观等照明系统。

家庭节能灯推广计划。以政府补贴的形式鼓励家庭更换使用节能灯。

太阳能建筑一体化和光伏屋顶发电推广计划。在商业大楼、学校、医院、政府大楼等公共建筑顶部装备太阳能建筑一体化和光伏屋顶发电设备。使光伏发电由边远地区向城市过渡,由集中电站向分布式供电模式过渡,逐步增加太阳能利用在能源结构中的比例。

3. 节能监测系统建设

建设企业用电在线监测系统,通过重点用能企业数据平台,对用电计量数据进行采集、对用电设备状态进行监测、安全评估和远程维护,帮助企业实时掌握自身的能耗情况,为企业节能工作提供依据。

普及楼宇自控系统,引进社区能源管理系统。该系统就是将建筑物或者建筑群内的变配电、照明、电梯、空调、供热、给排水等能源使用状况,实行集中监视、管理和分散控制的管理与控制系统,是实现建筑能耗在线监测和动态分析功能的硬件系统和软件系统的统称。它由各种计量装置、数据采集器和能耗数据管理软件系统组成。

7.6.2 低碳交通设施建设

低碳交通设施是发展低碳经济的重要物质支撑,也是现代交通的发展趋势。发展低碳交通设施主要应从以下几个方面着手:

1. 完善交通路网体系

科学合理设计路网系统,提高路网通达度。

道路施工管理过程中,使用先进的工程技术,实现节能节材,严格执行绿色标准。

2. 推广低碳型交通工具,完善配套设施

大力推广轨道交通,重点发展城市轨道交通。

大力推广新能源汽车,城市建立起以清洁型电动汽车、混合动力(或天然气)无障碍公共交通运输为核心的无污染、高效节能、快速便捷的内部公共交通体系。

完善电动汽车充电网点和天然气汽车加气站网络。

3. 城市智能交通系统工程

智能交通系统将先进的信息技术、数据通讯传输技术、电子传感技术、电子控制技术以及计算机处理技术等有效地集成运用于整个交通运输管理体系,而建立起的一种在大范围内、全方位发挥作用的,实时、准确、高效的综合运输和管理系统。它通过人、车、路的和谐、密切配合提高交通运输效率,缓解交通阻塞,提高路网通过能力,减少交通事故,降低能源消耗,减轻环境污染。

湖北省各城市可委托国家智能交通工程技术研究中心、西门子、中兴等知名研究机构和企业设计城市交通智能调度、机动车自动控制等智能交通系统,使其成为低碳交通体系的中枢。

7.6.3 低碳供水设施建设

供水设施是能源消耗的重要领域,发展低碳供水设施可为低碳经济的发展创造条件。为此,应重点开展以下工作:

1. 多源供水保障系统工程

包括再生水回用系统、雨水收集利用系统、地下水补充供给系统等。

2. 分质用水利用工程

加快水生态系统的治理与修复,对现状受污染水体进行水生态修复与重建。

再生水优先用于建筑杂用水、其次是市政杂用,再次是河湖水系的蒸发渗漏补水,剩余水量用于地表水系的换水。

3. 雨水利用工程

雨水实行分散收集与就近利用结合,优先考虑雨水下渗、屋面雨水收集利用;其次考虑大面积绿地及道路径流雨水的收集利用。

4. 雨污分流管网工程

结合路网建设,逐步完善供水主干管网、污水输送网建设。

7.6.4 低碳信息基础设施建设

通过采用先进信息技术和建设高效信息基础设施,加强区域的联系,以信息化提高低碳经济运行效率。其工作重点包括:

1. 光纤到户工程

将光缆一直扩展到城市家庭或企业,高标准打造湖北省高速互联网络平台。

2. 物联网工程

物联网(The Internet of Things)就是"物物相连的互联网",是在互联网基础之上的延伸和扩展的一种网络,其用户端延伸和扩展到了任何物品与物品之间,进行信息交换和通信。物联网的定义是通过射频识别(RFID)装置、红外感应器、全球定位系统、激光扫描器等信息传感设备,按约定的协议,把任何物品与互联网相连接,进行信息交换和通信,以实现智能化识别、定位、跟踪、监控和管理的一种网络。物联网可以提高经济效益,大大节约成本。湖北省应在智能交通、环境保护、政府工作、公共安全、平安家居、智能消防、工业监测、老人护理、个人健康、林木栽培、水系监测等领域率先利用物联网技术,以信息化提升低碳经济运行效率。

3. 三网融合工程

三网融合是指电信网、广播电视网和计算机通信网的相互渗透、互相兼容、并逐步整合成为全世界统一的信息通信网络。通过三网合一可以实现网络资源的共享，避免低水平的重复建设，形成适应性广、容易维护、费用低的高速带宽的多媒体基础平台。武汉市在光线通讯领域具有技术领先优势，应力争成为我国三网合一首批试点城市，应抓住国家推进三网融合这一历史机遇，打造我国中部地区三网融合首个样板区。

7.7 建设低碳文化，提高低碳经济发展软实力

着力构建企业、消费、社区、家庭、个人等在内的全方位的低碳文化体系，充分发挥政府在税收政策、准入制度、奖罚制度等政策层面上的导向作用，通过组织各类群众喜闻乐见的生态社区活动、家庭低碳活动和个人低碳积分活动，引导企业、居民形成良性的低碳生产、生活模式，使低碳经济成为全省人民的自觉行为。

通过建立完善的企业、消费、社区低碳文化体系，建设低碳型社会，推进低碳经济持续发展。

7.7.1 企业低碳文化建设

企业低碳文化建设就是要使保护环境、维护生态平衡成为企业精神或风范的重要方面，成为企业共同的价值观和信念，并渗透于企业的实际生产过程中。企业低碳文化建设主要包括：确定低碳战略、打造低碳组织、推动低碳设计、强化低碳生产、推动低碳营销五个方面（见图7—2）。

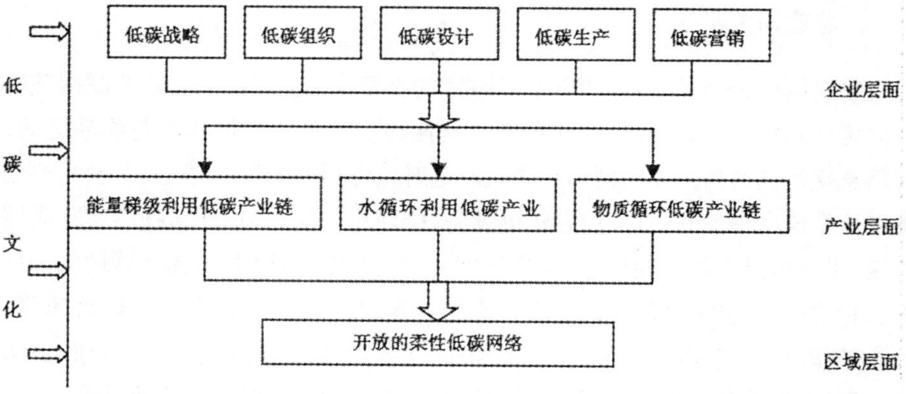

图7—2　低碳文化结构图

确立低碳战略——企业的经营方针必须包括企业在环境方面的认识和宗旨即环境方针，其主要内容是企业对污染防治和持续改进的承诺及对遵守法律、法规及其他要求的承诺。提供建立和评审环境目标和指标的框架，企业的环境方针

应向全社会公开,并使全体员工全面理解其要求和意义。

打造低碳组织——指导和督促企业打造低碳组织结构,促使企业更好地整合职能部门和人力资源,使生态意识固化为组织习惯;鼓励企业建立健全与低碳文化建设有关的管理机构及执行机构,制定一系列的衡量企业经济、社会和生态效益的标准。鼓励企业内部专门设置环保职位,一方面在企业最高管理层即董事会中设置专职环保董事负责处理环境事务,另一方面按照国际标准化组织ISO14001标准的要求设立环境管理者代表,负责企业环境管理体系的实施。

推动低碳设计——要求企业在材料选购、生产工艺、废弃物回收利用及处理等方面进行生态设计,进行产品的全寿命周期设计,从根本上防止污染、节约资源和能源。

强化低碳生产——推广和促进清洁生产,使企业建立生产成本和环境成本、经济效益和环境效益、短期效应和长期效应的企业生态发展理念;鼓励企业在产品生产或服务的整个生命周期中,鼓励企业选用可再生原料和利用废弃的材料,使用清洁能源和原料、最小化废物与污染物的产生,并且在采购过程中减少对环境的破坏。

推动低碳营销——要求企业必须采取低碳价格、低碳渠道、低碳促销等低碳营销手段,引导社会发展低碳消费,减少消费过程对生态的破坏,增强企业的社会责任感。

从企业、产业和区域三个层面构建企业生态网络:企业层面确立低碳战略、打造低碳组织、推动低碳设计、强化低碳生产、推动低碳营销;产业层面构建能量梯级利用低碳产业链、水循环利用低碳产业链、物质循环低碳产业链;最终形成区域层面的开放柔性低碳网络。

7.7.2 低碳消费模式建设

(1)培育低碳消费意识,倡导和推动低碳消费。可持续消费促可持续生产,促进整个经济再生产过程的低碳,推动产业和产品结构升级以及技术进步。

(2)建立确保低碳消费的社会机制。公众树立良好的消费环境意识,建立可持续生活消费模式;全社会形成使用具有环境标志的低碳产品和通过ISO14000认证的产品意识和习惯。

(3)建立低碳消费的教育宣传机制。建立一个完整的生态消费教育网络和教育体系,加强公众的环境意识和可持续消费观念,使公众自觉地购买环境友好产品,为促进低碳经济发展奠定基础。

(4)培育低碳产业和低碳消费互动体系。鼓励企业开拓生态消费品,建立起生态产品开发体系和销售网络,发展生态市场,培育生态产业和生态消费互动体系。

7.7.3 社区低碳文化建设

社区低碳文化建设是培养社区居民自觉维系自然界生态平衡、保护环境和持续利用不可再生资源的一种新型社区建设活动。社区低碳文化建设要坚持科学性、整体发展、以人为本、因地制宜的原则,加大社区基础建设的投入,发挥社区自身优势,在社区低碳文化建设的实践上下功夫,引导社区居民树立正确的低碳文化观,实现社区的可持续发展。

(1)社区低碳文化建设指导思想。将低碳文化建设与精神文明建设有机结合起来,作为全面建设小康社会的优先发展领域,从战略高度上加以重视。逐步在全社会树立高度的生态意识,创造富有可持续发展理念的社会氛围和管理体制。在弘扬优秀传统文化的基础上,形成富有地方民俗特色和时代特征的物质文明、政治文明、精神文明和生态文明。以营造低碳文化为切入点,全面推动和谐社会建设。

(2)低碳社区建设方案:从精神和物质两个层面建设低碳社区文化(见图7—3)。

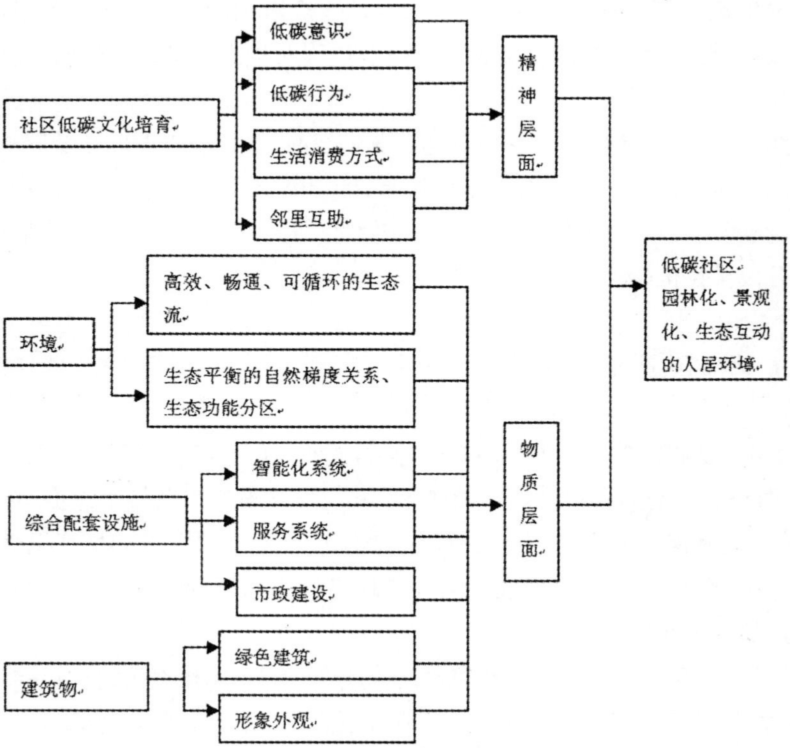

图7—3 低碳社区建设方案图

7.7.4 低碳文化机制创新

(1)建立完善低碳文化建设综合决策机制

推行适应环境发展要求的行政管理和决策方法,严格执行生态环境影响评价制度;重大决策行动实行听证会制度,通过媒介向公众实事求是地公布情况、征求意见,为决策层提供充分的依据,实现决策的民主化与科学化。

(2)建立完善公众参与和监督机制

成立生态环境保护协会,建立完善公众参与和监督机制。

(3)建立有效的管理机制

建立有效的管理机制,将低碳机制体制贯穿于具体的经济、社会发展决策中,实施环境与经济发展综合决策,为低碳文化建设支撑起低碳骨架;完善环境法规,加强环境执法力度,着力建设引导性的环境政策;调整经济发展制度,用以指引"低碳经济"发展。

(4)开展生态科学知识普及,建立公民生态意识教育机制

在中小学课程中设置低碳文化课程;投资建设生态科普教育基地,组织开展生态保护与建设科普展览等活动;鼓励、支持民间组织、社会团体和社区开展群众性生态科普宣传活动,实施保护生态环境的示范项目;鼓励企业建设具有集生态科普、生态旅游、生态保护、生态恢复示范等功能于一体的生态项目等。

7.7.5 低碳文化行动计划

(1)社区低碳文化节。开展优秀低碳社区评比、低碳文化创意活动、低碳文化展、低碳文化宣传牌、节能环保展,定期举办社区低碳文化节。重点突出低碳文化的宣传,倡导发达国家先进的消费文化与理念。

(2)低碳家装文化节。围绕低碳环保型建筑与家庭装修装饰产品与工艺,由政府倡导、企业承办"低碳家装文化节"。主要包括现场展示绿色环保型楼盘设计成果与模型、最新的低碳材料和施工工艺展示,由专业讲解员向客人讲解各种环保建筑设计材料和工艺,工程专家举办"低碳材料和施工工艺"讲座等活动。在低碳家装文化节现场,企业提前征集若干套低碳高品质样板房,顾客可以参观标准装修示范工地,还可享受设计费、管理费折扣,装修材料升级,品牌主材商现场特卖等活动。

(3)低碳家庭活动。"低碳家庭"可以通过开展读书征文、知识竞赛、小创造小发明等一系列群众喜闻乐见的活动,大力宣传普及低碳生活的理念,倡导低能

耗、低开支、低代价的家庭低碳生活方式。

(4)碳足迹和低碳积分活动。碳足迹制度是使得二氧化碳排放量“可视化”的有效手段,采用碳足迹制度,可以为居民提供简单有效的碳排放计算方法。建立低碳积分制度,对居民购入节能产品和节能服务时赋予积分,居民可以用这种积分交换到相应的商品和服务。

(5)低碳市民公约。以听证会、公开征求意见的形式制定低碳市民公约、低碳社区居民公约、低碳企业职工公约,明确公众环保权利与义务、实行相应的奖惩措施。以社区为单位,发放由科技部编制的“全民节能减排手册——36 项日常生活行为节能减排潜力量化指标”,向社会宣传普及节能减排的科学知识与方法,提高公众的节能减排意识和能力,推动全民参与。

参考文献

[1]付允等:《低碳经济的发展模式研究》[J],《中国人口·资源与环境》,2008(3)

[2]胡鞍钢等:《低碳经济方兴未艾:"绿猫"模式的新内涵低碳经济》[J],《世界环境》,2008(2)

[3]牛文元:《低碳经济是落实科学发展观的重要突破口》[J],《中国科技奖励》,2009(3)

[4]吴晓青等:《将加快研究制定国家低碳经济发展战略》[J],《创新科技》,2008(5)

[5]李俊峰,马玲娟:《低碳经济方兴未艾:低碳经济是规制世界发展格局的新规则》[J],《世界环境》,2008(2)

[6]潘岳:《低碳经济是建设生态文明的突破口》,2009/2/1/09:36 来源:国际能源网

[7]吴昌华:《城市引领中国低碳经济转型》[J],《中国投资》,2009(2)

[8]周宏春:《中国低碳经济的发展重心》[J],《绿叶》,2009(1)

[9]任力:《低碳经济与中国经济可持续发展》[J],《社会科学家》,2009(2)

[10]金涌等:《低碳经济:理念·实践·创新》[J],《中国工程科学》,2008(9)

[11]何建坤:《发展低碳经济,关键在于低碳技术创新》[J],《绿叶》,2009(1)

[12]洪芳柏:《低碳经济与温室气体核算》[J],《杭州化工》,2009(1)

[13]成万牍:《我国发展"碳金融"正当其时》[J],《上海投资》,2008(7)

[14]庄贵阳:《节能减排与中国经济的低碳发展》[J],《气候变化研究进展》,2008(5)

[15]张一鹏:《低碳经济与低碳生活》[J],《中外能源》,2009(4)

[16]吴晓江:《转向低碳经济的生活方式》[J],《社会观察(上海)》,2008(6)

[17]金乐琴:《中国如何理智应对低碳经济的潮流》[J],《经济学家》,2009(3)

[18]王利:《低碳经济:未来中国可持续发展之基础——兼谈中国相关法律与政策的完善》[J],《池州学院学报》,2009(2)

[19]章宁:《从丹麦"能源模式"看低碳经济特征全球科技》[J] ,《经济瞭望》,2007(12)

[20]尼克·巴特勒:《中国如何向低碳经济过渡?》[J],《中国企业家》,2008(20)

[21]庄贵阳:《中国经济低碳发展的途径与潜力分析》[J],《国际技术经济研究》,2005,8(3)

[22]毛玉如、沈鹏、李艳萍等:《基于物质流分析的低碳经济发展战略研究》[J],《现代化工》,2008,28(11)

[23]金涌、王垚、胡山鹰等:《低碳经济:理念·实践·创新》[J],《中国工程科学》,2008,10(9)

[24]邢继俊、赵刚:《中国要大力发展低碳经济》[J],《中国科技论坛》,2007(10)

[25]王春峰:《低碳经济下的林业选择》[J],《世界环境,2008(2)

[26]辛章平、张银太:《低碳经济与低碳城市[J],《城市发展研究》,2008,15(4)

[27]夏堃堡:《发展低碳经济实现城市可持续发展》[J],《环境保护》,2008(3)

[28]任卫峰:《低碳经济与环境金融创新》[J],《上海经济研究》,2008(3)

[29]付允、马永欢、刘怡君等:《低碳经济的发展模式研究》[J],《中国人口·资源与环境》,2008,18(3)

[30]孙佑海、丁敏:《依法促进低碳经济的快速发展》[J],《世界环境》,2008(2)

[31]丁丁、周冏:《我国低碳经济发展模式的实现途径和政策建议》[J],《环境保护与循环经济》,2008(3)

[32]庄贵阳:《中国经济低碳发展面临的机遇和挑战》[A],中国社科院环境与发展研究中心:《中国环境与发展评论第三卷》[C],北京:社会科学文献出版社,2007

[33]庄贵阳:《低碳经济:气候变化背景下中国的发展之路》[M],北京:气象出版社,2007

[34]国务院新闻办公室:《中国应对气候变化的政策与行动(白皮书)》[Z],2008—10—29

[35]张坤民:《低碳世界中的中国:地位、挑战与战略》[J],《中国人口·资源与环境》,2008,18(3)

[36]钱敏:《低碳经济:石化产业大势所趋》[N],《中国化工报》,2008

[37]秦大河等:《气候变化科学的最新进展:IPCC 第四次评估综合报告解析》,《气候变化研究进展》,2007(6)

[38]孙钰:《投资低碳经济,迎接气候挑战》[J],《环境保护》,2008(3)

[39]庄贵阳:《低碳经济引领世界经济发展方向》[J],《世界环境》,2008(2)

[40]IPCC 核心编写组:《气候变化 2007:综合报告》[R],日内瓦:政府间气候变化专门委员会,2007

[41]任力:《国外发展低碳经济的政策及启示》[J],《发展研究》,2009(2)

[42]朱四海:《低碳经济发展模式与中国的选择》[J],《发展研究》,2009(5)

[43]王宇:《绿色经济政策渐渐流行》[N],《中国经济时报》,2009—10—13(3)

[44]谢军安:《我国发展低碳经济的思路与对策》[J],《当代经济管理》,2008(12)

[45]杜飞轮:《对我国发展低碳经济的思考》[J],《中国经贸导刊》,2009(10)

[46]国务院发展研究中心应对气候变化课题组,《当前发展低碳经济的重点和政策建议》[J],《中国发展观察》,2009(8)

[47]谢军安、郝东恒、谢雯:《我国发展低碳经济的思路与对策》[J],2008(12)

[48]陈志恒:《日本构建低碳社会行动及其主要进展》[J],《现代日本经济》,2009(5)

[49]湖北省人民政府:《湖北省人民政府关于发展低碳经济的若干意见》,2009 年 11 月 10 日

[50]李元、王继停:《低碳经济的思维模式——哥本哈根会议掀起全球绿色浪潮》[J],《武汉理工大学学报(社会科学版)》,2010(4)

[51]王研、石敏俊:《中国城镇居民生活消费诱发的完全能源消耗》[J],《资源科学》,2009(12)

[52]吴晓江:《戒除嗜好！面向低碳经济》[N],《文汇报》,2008 年 6 月 5 日

[53]田晨:《低碳生活是一种更好的生活方式》[J],《世界环境》,2008(2)

[54]毛建国:《惟有通过法制催逼政府节能》[N],《中国青年报》,2008 年 6 月 17 日

[55]刘艳:《节能家电消费状况中存在的问题及对策研究》[J],《商场现代化》,2010(8)

[56]赵晓光等:《低碳消费战略框架体系研究》[J],《环境科学与技术》,2010(6)

[57]彭近新:《人类从应对气候变化走向低碳经济》[J],《环境科学与技术》,2009 (12)

[58]薛红艳:《试论我国居民低碳生活方式建立途径》[J],《理论月刊》,2009

[59]陈敏娟、邓国用:《论中国农村低碳生活方式的实现》[J],《消费经济》,2010(1)

[60]郭力方:《低碳消费 低碳经济的根基》[N],《中国能源报》,2009—9—18

[61]陈晓春、张喜辉:《浅谈低碳经济下的消费引导》[J],《消费经济》,2009(1)

[62]殷耀等:《改变不良消费嗜好 生活注重“低碳”细节》[N],《经济参考报》,2009 — 09 —08

[63]气候变化政府小组:《谁将在低碳消费方面发挥带头作用?》,世界银行网,2007 —10—20

[64]洪绂曾:《农村清洁生产与循环经济》[J],《中国人口资源与环境》,2008 (1)

[65]杨雄军:《浙江农民爱用沼气 一年减排二氧化碳 30 多万吨》[N],《浙江日报》,2009 — 10—9

[66]张坤民、潘家华、崔大鹏:《低碳经济论》[M],北京:中国环境科学出版社,2008

[67]付允、汪云林、李丁:《低碳城市的发展路径研究》[J],《科学对社会的影响》,2008(2)

[68]孙智萍、牟志云:《低碳经济呼唤低碳生活[J],《理论学习》,2010(8)

[69]李艳梅、张雷:《中国居民间接生活能源消费的结构分解分析》[J],

《资源科学》, 2008,30(6)

[70]冯之浚等:《关于推行低碳经济促进科学发展的若干思考》[N],《光明日报》,2009 — 04 —21

[71]宋德勇、卢忠宝:《我国发展低碳经济的政策工具创新》[J],《华中科技大学学报(社会科学版)》,2009 (3)

[72]姜鑫民:《选择适合中国国情的低碳之路》[J],《中国金融》,2009(24)

[73]中国科学院可持续发展战略研究组:《2009 中国可持续发展战略报告》[M],北京:科学出版社,2009

[74]崔奕、郝寿义、张立新:《高碳经济如何向低碳经济转变》[J],《生态经济》,2010(4)

[75]林而达编译:《清洁农作和林作在低碳经济中的作用》[M],科学出版社,2009

[76]蔡林海:《低碳经济 绿色革命与全球创新竞争大格局》[M],经济科学出版社,2009

[77]马洪、房维中:《中国地区发展与产业政策》[M],北京:中国财政经济出版社,1991

[78]俞金田:《湖北省三次产业劳动力结构评价》[J],《统计与决策》,2002(12)

[79]鲍健强,等:《低碳经济:人类经济发展方式的新变革》[J],《中国工业经济》,2008(4)

[80]龚建文:《低碳经济:中国的现实选择》[J],《江西社会科学》,2009,(7)

[81]李海燕:《低碳经济:"两型"社会建设的突破口》[J],《中国国情国力》,2009(12)

[82]道格拉斯. 诺斯:《制度、制度变迁与经济绩效》[M],上海三联书店、上海人民出版社,1994

[83]巴泽尔:《产权的经济分析》[M],上海三联书店、上海人民出版社,1997

[84]杜飞轮:《高碳能源如何发展低碳经济》[N],《中国财经报》,2009,7,14

[85]湖北省统计局:《湖北发展低碳经济问题研究》[EB/OL],湖北省统计局网站,http://www. stats—hb. gov. cn/structure/xxgk/tjfx/qstjfxzw_8070_1. htm

[86]陶良虎:《新形势下推进湖北低碳经济发展路径与对策研究》[J],《党

员生活》,2010(6)

[87]Johnston,D,Lowe,R,Bell,M. ,An Exploration of the Technical Feasibility of Achieving CO_2 Emission Reductions in Excess of 60% Within the UK Housing Stock by the Year 2050[J],Energy Policy,2005(33)

[88]Kawase,R,Matsuoka,Y,Fujino,J. ,Decomposition Analysis of CO_2 Emission in Long—term Climate Stabilization Scenarios[J],Energy Policy,2006(34)

[89]Koji Shimada,Yoshitaka Tanaka,Kei Gomi,Yuzuru Matsuoka. Developing a Long—termLocal Society Design Methodology Towards a Low—carbon Economy: An Application to Shiga Prefecture in Japan[J],Energy Policy,2007(35)

[90]Stern N,The Economics of Climate Change:The Stern Review[M],Cambridge,UK:Cambridge University Press,2006

[91]Abdeen Mustafa Omer,Focus on Low Carbon Technologies:The Positive Solution[J],Renewable and Sustainable Energy Reviews,2007(4)

[92] Martin F J, KubicW L, Green Freedom. A concept for produ—cing carbon—neutral synthetic fuels and chemicals [R],New Mexico:Los Alamos National Laboratory,2007

[93]N Stern,The Economics of Climate Change:The Stern Review[M],Cambridge:Cambridge University Press,2007